改訂版

大学入学 共通テスト

国語［古文・漢文］
予想問題集

矢野 雅子

＊この本は，2020年3月に小社より刊行された『大学入学共通テスト　国語［古文・漢文］予想問題集』の改訂版です。

KADOKAWA

はじめに

今までのセンター試験は「膨大な知識量」を要求しました！　原則、同一箇所を小問にしませんでした。

1「出典」…「的中」による不公平を避けて学力を診断するため、出題されたことのない［出典］箇所。

2「場面・状況の把握」…長いリード文や多くの注＋古文常識・漢文常識（＋歴史や思想の知識）。

3「単語・語句」…古文単語が本文に即して意訳されていると紛らわしい。漢文熟語の問題は標準。

4「文法問題・敬語の問題・白文問題」…選択肢が複雑。

5「和歌・漢詩の問題」…標準的な問題。（多くの知識が必要。）

6「解釈・心情説明（和歌・漢詩の心情説明）・理由説明」…選択肢が長く紛らわしい。

7「内容・登場人物説明」…選択肢が長く紛らわしい。


「共通テスト」では「思考力」「判断力」「表現力」が問題になります！「複数のテクスト」を「対比」、差異・関連を「分析・思考・判断」、さらに「小問の関連」（「会話」「研究発表」など）で「思考」を深める問題です。

「小問を関連」させて、同一箇所も深く読解させます。

1「出典」…「日本固有の伝統・文化」に深く関わり、古典を学ぶ意義を考えさせる（出典）箇所。

2「場面・状況の把握」…リード文や注は分析・思考・判断の大前提。センター試験と同じ。

3「単語・語句」4「文法問題・敬語の問題・白文問題」5「和歌・漢詩の問題」…基本。

6「解釈・心情説明（和歌・漢詩の心情説明）・理由説明」7「内容・登場人物説明」…「小問の関連」（「会話」「研究発表」など）で思考を深める新形式。

「共通テスト」の「思考を深める新形式」に慣れることが大切です。

改訂版　大学入学共通テスト　国語［古文・漢文］予想問題集　もくじ

この本の特長と使い方

この本の構成

次のような**特長**があります。

別　冊

●「問題編」：２０２１年１月実施　共通テスト・第１日程＋共通テストと第一回・第二回試行調査の新形式を踏まえた予想問題３回分。

本　冊

●「分析編」：共通テストと試行調査の傾向を分析し、「**具体的な勉強法**」にも言及しています。

●「解答・解説編」：単なる問題の解説だけでなく、共通テストで重視する「**思考力・判断力・表現力**」の養成に役立つ「**実践的解説**」が工夫されています。

「解答・解説編」の構成

次のように**使い方を工夫**しましょう。

●本文について：解説を読む前に、次の手順で各項目をチェックしましょう。

①**出典解説**……出題された文章と著者の基礎知識と「本文解説」で、概要を把握。

②**現代語訳**……本文（書き下し文）と現代語訳を上下で対比して、先に現代語訳を読んで内容を把握。

③**単語・語句・文法・句法**……上下で対比しても現代語訳するのが難しかった箇所をすべて確認。

●解説：小問単位で記載。正解・不正解にかかわらず、全部読みましょう。

④小問のタイトル：小問ごとのねらいと難易度を確認（学習ポイントと苦手箇所を確認できます）。

⑤思考力を養成：**対比！** **分析！** **思考！** **推測！** **統合！** **判断！** は「**思考の流れ**」です。

正解にたどり着くためのステップを大切にしましょう。

この本の使い方

異なるテクストを「対比」、差異・関連を「分析」、「小問の関連」「会話」「研究発表」で「思考」を深めるという新形式に慣れましょう。解説の「**思考の流れ**」を**何度も読み返し**ましょう！

分析編

共通テストはセンター試験とココが違う！

出題形式　複数のテクストを「対比」、差異・関連を「分析」、「思考・判断」、さらに「小問の関連」で「思考」を深める新形式。センター試験では、原則、同一箇所を避けて小問にしたが、共通テストでは、あえて小問を関連させて出題し、同一箇所を深く読解させる。思考を深める出題形式として、2021年実施の共通テストは「小問の関連」、第二回試行調査は「会話」、第一回試行調査は「研究発表」。2021年実施の共通テストでは、アクティブ・ラーニング（＝生徒が主体的に学ぶこと）やディベート（＝討論）が難しかった（2020年の特殊な）状況を踏まえ、「会話」「研究発表」が避けられた。漢文は、従来のセンター試験に近い出題形式。

出題分量　古文…文章量はセンター試験より短め、設問数はセンター試験と同程度。漢文…文章量はセンター試験と同程度、設問数はセンター試験とほぼ同程度。

難易度　古文は標準～やや難。小問を関連させて思考を深める過程において、文法・敬語・和歌の本質的理解が必要。特に「和歌の表現の差異」から、内容・心情に迫る新形式が、やや難しかっただろう。漢文はやや易。リード文に明示されている共通の「話題」（関連）に留意し、注と「絵」でイメージを豊かにし、小問を関連させて思考すれば、具体的な内容把握は容易。

共通テスト・第1日程の大問別講評

＊別冊に掲載されている問題も参照。本書の都合により、一行の字数と行数は実際と異なる。

第3問 標準～やや難

《出題形式と出典》 異なる複数のテクストがある新形式。【古文】＋【問5 現代文＋和歌一首】。中心となる【古文】の出典は『栄花物語（＝栄華物語）』巻第二十七「ころものたま」。問五の和歌は『千載和歌集』巻第九哀傷歌の和歌。

《分量》【古文】（22行×一行57字）＋【問5】（現代文4行＋和歌1行）。センター試験（26～34行）より短め。

《設問数》 5題（解答8）。センター試験6題（解答8）と同程度。

《小問形式》 センター試験とほぼ同じ小問形式・順（問2の複雑な文法・敬語問題がない）。

問1　解釈の問題（センター試験と同じ形式で、3題。品詞分解・単語・敬語・文脈把握。）

問2　理由説明問題（センター試験と同じ形式。単語・文脈把握・心情把握。）

問3　語句や表現に関する説明問題（心内文・敬語・助動詞・文脈把握・心情把握。新形式。）

問4　登場人物の説明問題（⑤以外は同一箇所を避けて読解させる問題。）

問5　和歌の説明問題（和歌の表現の差異から内容・心情把握問題。新形式。）

《講評》 **中心となる文章を読解し小問を関連させて「思考」を深める新形式。** まとまった文章を中心に読解するのは第二回試行調査と同じ。センター試験にも複数の和歌の説明問題はあったが、問5のように、本文の和歌と異なるテクストの「和歌の表現の差異」を「対比・分析・思考・判断」して内容・心情を把握させるのは新形式でやや難。センター試験問2のように独立した文法・敬語問題と複雑な選択肢はないが、文法・敬語は、読解とほぼすべての小問に必要。単語や慣用句、古文常識も必要。小問が関連しているので、丁寧に解いていくと自然に本文を深く読解できる。

第4問 やや易 **《出題形式と出典》**複数のテクストを共通の話題で関連させる。**【問題文Ⅰ】**は『欧陽文忠公集』巻五の五言古詩「有馬示徐無党」。高校の授業で学習することが多い韓愈『雑説』の「千里の馬」を踏まえた漢詩。**【問題文Ⅱ】**は『韓非子』第七巻第二十一「喩老」。高校で学習する故事成語「守株」「矛盾」は韓非子の巧みなたとえ話。

《分量》【問題文Ⅰ】五言古詩は二十二句(11行)。**【問題文Ⅱ】**漢文は4行。センター試験(9〜11行)と同程度。

《設問数》6題(解答数9)。センター試験6〜7題(解答数8)と同程度。

《小問形式》センター試験とほぼ同じ小問形式・順。問4の白文問題の選択肢は短め。

問1　語の意味の問題(センター試験と近い形式で、2題。読み・意味・句法。)
問2　語と語句の解釈の問題(センター試験と同じ形式で、3題。読み・意味・句法。)
問3　漢詩の空欄補充問題(漢詩の押韻・異なるテクストを関連させた空欄補充問題。新形式。)
問4　白文問題(センター試験と同じ形式。返り点と書き下し文の組合せの問題。「所」の用法。)
問5　解釈の問題(センター試験と同じ形式。対句表現と受身形。)
問6　内容把握問題(異なるテクストを共通する話題で関連させた内容把握問題。新形式。)

《講評》複数のテクストを共通の「話題」を明示して関連させ小問を関連させて「思考」を深める新形式。問1問2は語の読み・意味に加え句法も問題にしている。問4の白文問題は第二回試行調査と同じく「所」の用法。問6の具体的な内容把握問題は、共通の「話題」(関連)に留意し、小問を関連させて思考すれば、センター試験の漢詩の問題よりは読解しやすく易しい。

共通テストで求められる学力

出題のねらい

次の3つの学力を身につけましょう。

❶ **基礎学力** 高校の普段の授業で学ぶ基礎知識（古文では、単語・文法・敬語・和歌・古文常識・文学史。漢文では語句の読みと意味・再読文字・句法・漢詩）。本質を理解すること。

❷ **日本固有の伝統・文化の理解** 古文では、教科書や『百人一首』にある有名な和歌（これからはさらに、歌論・俳諧も）。漢文では、教科書にある（日本固有の伝統・文化に深く関わる）漢詩文や故事成語。

❸ **分析力・思考力・判断力（＋表現力）** 異なるテクストを「対比」し、差異・関連を「分析・思考・判断」し、思考を深め統合する力。3つの新形式「小問の関連」「会話」「研究発表」などで、思考を深める力。

問題の解き方

次の3つに留意して問題を解きましょう。

❶ **リード文や「系図」を必ずしっかり読む** 古文も漢文も、まず最初に、リード文や注や「系図」をもとに異なるテクストの差異、または場面・状況・人間関係を正しく把握することが大切。「対比・分析・思考・判断」の大前提である。

❷ **内容を正しく把握する** 共通テストは内容そのものについて「対比・分析・思考・判断」する。センター試験のように長く紛らわしい選択肢を吟味する必要はない。

❸ **現代文（「解説」「会話」「研究発表」など）や「絵」があれば必ず参考にする** 古文も漢文も複数のテクストで構成される新形式だが、現代文（「解説」「会話」「研究発表」など）があれば、「対比・分析・思考・判断」のための、大きなヒントにしよう。「絵」があれば、イメージを豊かにして読解を深めよう。

共通テスト対策の具体的な学習法

●普段の高校の授業を大切にする

基礎知識を身につける。基本と本質を理解することが大切！

●代表的な古文・漢文（日本の伝統・文化にかかわる出典）を大切にする

現代の日本人が「古文（＝日本の古典）」「漢文（＝中国の古典）」を学ぶ意義を考えさせる［出典］箇所は大切である。「国際社会で、日本を紹介するのにふさわしい古典とは何か」を意識しよう！古文では、（教科書にもある）『源氏物語』『枕草子』さらには『百人一首』の和歌や松尾芭蕉の俳諧など。また、日本は昔から優れた中国の文化（漢詩文）を取り入れて、独自に発展させてきた。漢文では、日本固有の伝統・文化に深く関わる漢詩文、（現代でも使う）故事成語（のもとになった［出典］箇所）。さらには落語などのもとになっている漢文の［出典］箇所。

●新形式に慣れる

複数のテクスト＋思考力を深める3つの新形式「小問の関連」「会話」「研究発表」で「思考を深める」練習をする。

●対比・分析・思考・判断の訓練

「なんとなく、これが正解かな？」は通用しない。同一箇所を深く読解させるので、複数のテクスト（の表現）をしっかり「対比」し、「根拠（差異・関連）」を探して、「分析・思考・判断」する。「根拠（差異・関連）」は、リード文・注・本文（・小問）・会話にある。

予想問題は和歌・敬語・漢詩などの「受験生が最も苦手とする所」を勉強できる［出典］箇所を選んでいます。共通テスト・試行調査の3つの新形式「小問の関連」「会話」「研究発表」で思考を深める練習をするために、解答数は少し「多く」しています。（普段の高校の授業と関連して）古文常識・漢文常識・文学史などの基礎知識と本質を理解するために、「会話」「研究発表」は少し「長く」しています。古文・漢文が苦手な人は、最初に本文の現代語訳を読んでから、「対比・分析・思考・判断」の練習をしましょう。

解答・解説編
2021年1月実施　共通テスト・第1日程

解　答

問題番号	設問	解答番号	正解	配点
第3問	1	1	4	5
		2	3	5
		3	1	5
	2	4	1	7
	3	5	1	6
	4	6	5	6
	5	7−8	3−6	16（各8）

問題番号	設問	解答番号	正解	配点
第4問	1	1	1	4
		2	5	4
	2	3	5	5
		4	3	5
		5	4	5
	3	6	2	6
	4	7	4	6
	5	8	5	6
	6	9	3	9

（注）
−（ハイフン）でつながれた正解は、順序を問わない。

第3問 古文 やや易

出典解説

栄花物語　『栄花物語・栄華物語』平安時代中期（正編三十巻は一〇二八～一〇三七）から後期（続編十巻は一〇九二以降）にかけて成立した歴史物語。四十巻。作者は未詳。正編は赤染衛門、続編は出羽の弁とする説がある。宇多天皇から堀河天皇までの十五代、およそ二百年を編年体（年代順に記述する方法）を用い、仮名で物語風に記述。正編は藤原道長の栄華を賛美することを目的に、宮中の貴族の歴史が記されている。続編は宮廷一般のできごとも記されている。

千載和歌集　平安時代末成立。八代集（勅撰和歌集）の第七番目。二十巻。後白河院の院宣で、撰者は藤原俊成。

《本文解説》

問題文は『栄花物語（＝栄華物語）』巻第二十七「ころものたま」の一節。藤原長家の妻が亡くなった後、家族の悲しみの中、棺を載せた車が法住寺に到着する。忌中の四十九日の間、法住寺にお悔やみの手紙や和歌が届く中で、長家は妻の死を現実と受け止められず悲しみに暮れ、亡き妻の素晴らしさを思い出すという場面。

本文直前で、長家の妻は亡くなった子供を胸に抱くようにして「棺」に納められ、本文の少し後で、牛車に「棺」を載せたまま車輪を外して、霊屋《たまや》（＝葬送の前にしばらく遺骸を納めておく所）に入れたと記述されている。

問5の【文章】では『千載和歌集』巻第九哀傷歌の和歌Zと問題文の和歌Yとの差異を指摘し、長家の心情を簡略に解説している。『千載和歌集』巻第九哀傷歌の和歌Zは、『栄花物語』の和歌Yよりも、Xと贈答歌として表現が対応して整っている。

《読解のポイント》

妻を亡くして悲しみに暮れる長家の心情を把握すること。

『栄花物語』の和歌と『千載和歌集』の和歌の表現の差異から、妻を亡くした長家の心情に深く迫ろう！

現代語訳

問題文

大北の方も、この殿ばらも、またおしかへし臥《ふ》しまろばせたまふ。

これをだに悲しくゆゆしきことにいはでは、また何ごとをかはと見えたり。

さて御車の後《しり》に、大納言殿、中納言殿、さるべき人々は歩ませたまふ。

いへばおろかにて、えまねびやらず。

北の方の御車や、女房たちの車などひき続けたり。

御供の人々など数知らず多かり。

法住寺には、常の御渡りにも似ぬ御車などのさまに、僧都《そうづ》の君、御目もくれて、え見たてまつりたまはず。

さて御車かきおろして、つぎて人々おりぬ。

大北の方（＝故人の母親）も、この殿たち（＝故人と縁故のあった人々）も、また繰り返し身を投げ出し（てころげまわって悲しみ）なさる。

（せめて）このことをだけでも悲しく不吉なことに（言いたいのに、それさえ）言わないでは、また何事を（悲しく不吉なことと言おう）か、（何事も悲しく不吉だと言わない）と思われた。

さて（亡骸を運ぶ）御車の後に、大納言殿（藤原斉信）、中納言殿（藤原長家）、しかるべき（縁故の深い）人々が（徒歩で）歩みなさる。

（口に出して）言うと並一通りのことで、（とても）表現し尽くすことはできない。

（大）北の方（＝故人の母親）の御車や、女房たちの車などを（その後に続けて）連ねている。

お供の人々などは数知らず多い。

法住寺では、通常のお越し（＝ご来訪）にも似ないお車などの様子に、僧都の君（＝故人の叔父）は、御目の前も真っ暗になって、（御車を）見申し上げなさることができない。

さて御車を舁《か》きおろして（＝牛を外して牛車の轅《ながえ》をおろして）、（そ

さてこの御忌《いみ》のほどは、誰《たれ》もそこにおはしますべきなりけり。

山の方をながめやらせたまふにつけても、わざとならず色々にすこしうつろひたり。

鹿の鳴く音《ね》に御目もさめて、今すこし心細さまさりたまふ。

宮々よりも思《おぼ》し慰むべき御消息《せうそこ》たびたびあれど、ただ今はただ夢を見たらんやうにのみ思されて過ぐしたまふ。

月のいみじう明《あか》きにも、思し残させたまふことなし。

内裏《うち》わたりの女房も、さまざま御消息聞こゆれども、よろしきほどは、「今みづから」とばかり書かせたまふ。

進内侍《じんのないし》と聞こゆる人、聞こえたり。

れに）ついで人々が降りた。

さてこの御忌の間は、誰もそこ（＝法住寺）にいらっしゃるはずであった。

（中納言殿長家が）山の方をぼんやり目をやりなさるにつけても、自然にさまざまな色に少し紅葉している。

鹿の鳴く声に（中納言殿長家は）御目もさめて、（さらに）もう少し心寂しさがまさりなさる。

宮々（＝長家の姉の彰子や妍子）からも（中納言殿長家へ）『お心を慰めなさる（ように、そうする）（のがよい。）（せよ。）』（と）お便りがたびたびあるけれど、（中納言殿長家は）ただ今はただ夢を見ているような様子にばかりお思いにならずにはいられなくて過ごしなさる。

月がたいそう明るいのに（つけて）も、思い残しなさることはない（ほど物思いを尽くしなさる）。

宮中あたりの女房も、さまざまに（お悔やみの）お便りをさしあげるけれども、（関わりが）並一通りである程度（の相手へ）は「いずれ自身で（…お会いして弔問へのお礼のご挨拶を申し上げます。）」とだけお書きになる。

進内侍と申し上げる人が、（中納言殿長家にお悔やみの歌を）さしあげた。

契りけん　千代は涙の　水底《みなそこ》に　枕ばかりや　浮きて見ゆらん

※「涙」は「無み（＝無いので）」と「涙」の掛詞。

中納言殿の御返し、

起き臥しの　契りはたえて　尽きせねば　枕を浮くる　涙なりけり

また東宮の若宮の御乳母《めのと》の小弁《こべん》、

悲しさを　かつは思ひも　慰めよ　誰もつひには　とまるべき世か

御返し、

慰むる　方しなければ　世の中の　常なきことも　知られざりけり

かやうに思しのたまはせても、いでや、もののおぼゆるにこそあめれ、まして月ごろ、年ごろにもならば、思ひ忘るるやうもやあらんと、われながら心憂く思さる。

約束したとかいう　千年は無いので　涙の水の底に　枕ばかりが　浮いて見え（るほど涙を流し）ているだろうか

中納言殿（長家）の御返歌、

（千年もともに）起き臥し（しようと）の　約束は絶えて　尽きないので　枕を浮かべる　涙であったなあ

（※「尽きせねば」が「つきせぬは」の誤りとする諸説に従えば、「尽きないのは」。）

また東宮の若宮の御乳母の小弁（からのお悔やみの歌）、

（亡き妻を偲ぶ）悲しさを　（しかし）一方では思いも　慰めよ。　誰も結局は　とどまることのできる（この）世か、（いや誰もとどまることのできないこの世だ）

（中納言殿長家の）御返歌、

心を慰める　方法（など）が無いので　世の中が　無常であることも　わきまえることができなかったなあ

（中納言殿長家は）このようにお思いになっておっしゃっても、『なんとまあ、（こんな悲しい状況でも返歌を詠む）分別心があるのであるようだ（が）、まして数ヶ月、数年にもなるならば、（悲しみを）思い忘れる事もあるのだろうか』と我ながら（＝自分自

何ごとにもいかでかくとめやすくおはせしものを、顔かたちよりはじめ、心ざま、手うち書き、絵などの心に入り、さいつころまで御心に入りて、うつ伏しうつ伏して描《か》きたまひしものを、この夏の絵を、枇杷殿《びはどの》にもてまゐりたりしかば、いみじう興じめでさせたまひて、納めたまひし、よくぞもてまゐりにけるなど、思し残すことなきままに、よろづにつけて恋しくのみ思ひ出できこえさせたまふ。

年ごろ書き集《つ》めさせたまひける絵物語など、みな焼けにし後《のち》、去年《こぞ》、今年のほどにし集めさせたまへるもいみじう多かりし、里に出でなば、とり出でつつ見て慰めむと思されけり。

身のことではあるが）情けなくお思いにならずにはいられない。

『（亡き妻は）何事につけてもどうしてこのように（すぐれていらっしゃるのか）と（思われるほど）感じがよくていらっしゃったのになあ（＝感じがよい人でいらっしゃったのになあ）、容貌からはじめ、性格（もよく）、文字を（上手に）書き、絵などが気に入り、先頃まで熱中なさって、うつ伏しうつ伏し（して）描きなさったのになあ、この夏の絵を枇杷殿（妍子）に持って参上していたところ、枇杷殿（妍子）はたいそうおもしろがり（興をお寄せになり）褒めなさって、納めなさった（が）、（我ながら）よくぞ持って参上したことよ』など（と）、思い残しなさることがない（ほど物思いを尽くしなさる）ままに、万事につけて恋しいとばかり思い出し申し上げなさる。

長年書き集めなさった絵物語などが（火事で一度）みんな焼けてしまった後、去年、今年の間に、とり集めなさっていた絵物語もたいそう多かった（が）、（法住寺から）自邸に帰ったならば（その時には）、取り出しては見てなぐさめようと（中納言殿長家は）お思いにならずにはいられなかった。

単語・文法

- **ばら**（接尾語）複数を表す。～たち。～ども。
- **おしかへす**（サ四）繰り返す。

●**臥しまろぶ**（バ四）身を投げ出して（あちこちに）ころぶ。ころげまわる。

●**せ・たまふ**　尊敬の助動詞「す」連用形＋ハ行四段活用の尊敬の補助動詞「たまふ」終止形。（お）〜なさる。お〜になる。

●**だに**（副助詞）①最小限の限定（希望・願望）、期待される最小限の物事・状態を指示する。せめて〜だけでも。せめて〜なりと。（述語に）願望・意志・仮定・命令または打消・反語（がある）。（打消・反語と用いられる時は「せめて〜だけでも」と願っているのに「（その）〜さえ＋打消・反語」という意味。）②類推　さえ。程度の軽いものをあげて重いものを類推させる。ここでは①。

●**ゆゆし**（形シク）①恐ろしい。②（穢れているので忌み避けなければならない）不吉だ。忌まわしい。③（通念をはるかに超えて）程度が甚だしい。④（不吉なほど）すばらしい。立派だ。美しい。⑤気味が悪い。いやな感じである。ここでは②。

●**で**（接続助詞）打消の接続。〜ないで。

●**かは**（係助詞）反語。ここでは「悲しくゆゆしきことと言はむ」などが省略されている。

●**さる・べき・人々**　しかるべき（縁故の深い）人々。

●**おろかなり**（形動ナリ）①粗略だ。いいかげんだ。並一通りだ。②（言ふも・言へば・とは・なども）おろかなり＝言い尽くせないほどだ。言うまでもない。③愚かだ。④未熟だ。劣る。ここでは②。

●**え**（副詞）〜打消＝〜でき（ない）。

●**まねぶ**（バ四）①まねをする。口まねをする。②（見たり聞いたりしたことを）そのまま人に語り伝える。③勉強する。ここでは②。

●**連用形＋やら・ず**　十分に〜しきらない。完全に〜してしまわない。

●**え・まねび・やら・ず**　十分に（そのまま人に）語り伝えきることはできない。

●**ひき続く**（カ下二）連ねる。続ける。

●**多かり**　形容詞ク活用「多し」終止形。「多し」には補助活用がすべてである（＝終止形と已然形もある）。平安時代の和文では補助活用の終止形「多かり」が一般的で、本活用の終止形「多し」は漢文訓読語として用いられた。

●**目・も・くる**（ラ下二）目の前も真っ暗になる。

●たてまつる（ラ四）　謙譲語
本動詞　さしあげる。
補助動詞（連用形）＋たてまつる　（お）～申しあげる。お～する。～（て）さしあげる。

●かきおろす（サ四）　①牛を外して牛車の轅をおろす。②かかえて下におろす。ここでは①。（この文章の直前で、長家の妻は亡くなった子供を胸に抱くようにして棺に納められたと記述されている。少し後で、牛車に棺を載せたまま、車輪を外して、霊屋に入れたと記述されている。）

●忌（名詞）　喪にこもる一定の期間。忌中。四十九日。

●ほど（名詞）　①様子。程度。②頃。間。③広さ。距離。④身分。年齢。「よろしきほど」は①。「御忌のほど」は②。

●べき　当然の助動詞「べし」連体形。～はず。

●ながめやる（ラ四）　物思いにふけって遠くを見やる。

●わざと・なら・ず　何気ないさまである。自然なさまである。

●色々なり（形動ナリ）　様々な色である。

●うつろふ（ハ四）　①移動する。別な場所に行く。②色が変わる。色づく。紅葉する。③色あせる。衰える。④（花などが）散る。⑤心変わりする。⑥時が過ぎていく。ここでは②。

●思ひ慰む（マ四）　心が慰められる。気が紛れる。

●思ひ慰む（マ下二）　自分で心を慰める。気を晴らす。

●思し慰む（マ四・マ下二）　「思ひ慰む」の尊敬語。

●思し慰む・べき　「べき」は適当・命令の助動詞「べし」連体形。「お心を慰めなさるように、（そうする）（のがよい）」「お心を慰めなさい」。

●消息（名詞）　便り。手紙。

●見・たら・ん　マ行上一段活用動詞「見る」連用形＋完了・存続の助動詞「たり」未然形＋婉曲の助動詞「ん」連体形。「見ているような」。

●思さ・れ・て　「れ」は自発の助動詞「る」連用形。「自然とお思いになられて。

●思ひ残す（サ四）　物思いをし尽くさないで残す。

●思し残さ・せ・たまふ・こと・なし　「せ」は尊敬の助動詞「す」連用形。「たまふ」はハ行四段活用の尊敬の補助動詞。「思い残しなさることがない（ほど物思いを尽くしなさる。ありったけの物思いをなさる）」。

●**内裏**（名詞）宮中。天皇。

●**聞こゆ**（ヤ下二）
一般動詞　①聞こえる。②世に知られる。噂される。③理解される。わかる。④思われる。
謙譲語　本動詞　①申し上げる。②人名＋聞こゆ＝申し上げる。お呼び申し上げる。③（手紙などを）さしあげる。
謙譲語　補助動詞　（連用形）＋聞こゆ＝（お）～申し上げる。お～する。

●**よろし**（形シク）①まあよい。②普通だ。並一通りである。ここでは②。

●**内侍**（名詞）内侍司《ないしのつかさ》（天皇に近侍し、奏請・伝宣・陪膳にあたり、後宮の礼式をつかさどった）の女官。

●**契る**（ラ四）約束する。愛を誓う。夫婦の関係を結ぶ。

●**けん**（助動詞）①過去推量　～ただろう。②過去の原因推量　～たのだろう。③過去の伝聞・婉曲　～たとかいう。～たという。～たような。「けん＋体言」は③。ここでは③。

●**無み**　形容詞ク活用「無し」語幹＋原因・理由を表す接尾語「み」。「無いので」。「涙」と掛詞。

●**枕・浮く**（枕が浮くほど）涙を流す。慣用表現。

●**らん**（助動詞）①現在推量（今頃）～ているだろう。②原因推量　～のだろう。③伝聞・婉曲　～とかいう。～という。～ような。ここでは①。疑問の係助詞「や」の結びで連体形。現在推量「らん」は目に見えていないことについて「（今頃）～ているだろう」と（視界外のことを）現在推量するのが原義。

●**起き臥し**（名詞）起きたり臥したりすること。

●**尽きせ・ね・ば**　サ変動詞「尽きす」未然形（意味は「尽きる」）＋打消の助動詞「ず」已然形＋順接確定条件の接続助詞「ば」。「尽きないので」。諸説では「尽きせ・ぬ・は（＝尽きないのは）」の誤りとする。

●**浮く**（カ下二）浮かべる。「浮くる」は連体形。

●**なり・けり**　断定の助動詞「なり」連用形＋詠嘆の助動詞「けり」終止形。「～であったなあ」。

●**かつは**（副詞）一方では。

●**とまる**（ラ四）とどまる。生き残る。

●**とまる・べき・世・か**　「べき」は可能の助動詞「べし」連体形。「か」は反語の係助詞（体言・連体形に接続する文末用法）。「とどまることのできる（この）世か、（いやとどまることのできない（この）世だ」。

- **慰む**（マ下二） 自分で心を慰める。
- **慰むる・方・し・なけれ・ば** 「し」は強調・強意の副助詞。（副助詞「し」は、不確実・不確定であるとする話し手の判断を表明し、条件句や打消・推量・係助詞を伴うことが多い。「もしや〜でも。〜など」のニュアンスが原義で、遠慮・卑下・謙遜の気持ちがこもっている。平安時代から、同じ動詞を重ねる強調表現の間に用いられるようになった。訳しにくい時は訳さなくてもよい。）「心を慰める方法（など）がないので」。

《発展》副助詞「し」＋係助詞「も」は強調・強意。「しも」で一語の副助詞としてもよい。意味は「もしや〜でも。〜など」「〜に限って。よりによって。とりわけて。まさに。必ずしも〜（打消）」。

- **常なし**（形ク） 無常である。
- **知ら・れ・ざり・けり** ラ行四段活用動詞「知る」未然形＋可能の助動詞「る」未然形＋打消の助動詞「ず」連用形＋詠嘆の助動詞「けり」終止形。「わきまえることができなかったなあ」。
- **かやうなり**（形動ナリ） このよう。

- **のたまはす**（サ下二） 尊敬語 本動詞 おっしゃる。
- **いでや**（感動詞） いやもう。なんとまあ。
- **もの・の・おぼゆ** 意識がはっきりする。正気である。
- **に・こそ・あ・めれ** 断定の助動詞「なり」連用形＋強調・強意の係助詞「こそ」＋ラ変補助動詞「あり」連体形「ある」（が「あん」と）撥音便（になり）「ん」無表記＋推定・婉曲の助動詞「めり」已然形。「〜であるようだ」。（「こそ〜已然形、〜」の逆接用法ならば、逆接的に「が」と下に続く。この文章の心内文の中は、句点「。」の箇所も、すべて読点「、」で統一しているので、どちらでも解釈できる。）
- **月ごろ**（名詞） この数か月の間。数か月来。
- **年ごろ**（名詞） 長年。この何年の間。数年来。
- **心憂し**（形ク） 情けない。つらい。いやだ。
- **思さ・る** サ行四段活用の尊敬の動詞「思す」未然形＋「る」は自発の助動詞「る」終止形。「自然とお思いになられる。お思いにならずにはいられない」。
- **いかで**（副詞） ①願望 なんとかして。②疑問 どうして。どうやって。③反語 どうして〜か、いや〜ない。ここでは②。「いかでかく」の下に「すぐれたまふ（＝

すぐれていらっしゃる)」などが省略されている。

●**かく**（副詞）このように。

●**めやすし**（形ク）感じがよい。見苦しくない。

●**めやすく・おはせ・し・ものを**　形容詞ク活用「めやすし」連用形＋サ変の尊敬の補助動詞「おはす」未然形＋過去の助動詞「き」連体形＋詠嘆の終助詞「ものを」。（※過去の助動詞「き」は連用形接続。ただしサ変・カ変に、過去の助動詞「き」の連体形「し」・已然形「しか」が接続する時は、未然形にも接続する。）「ものを」は文中では逆接の接続助詞。意味は「のに」。文末では詠嘆の終助詞。意味は「～のになあ」。全体で「感じがよくていらっしゃったのになあ」。

●**心ざま**（名詞）気立て。性格。

●**手**（名詞）①筆跡。文字。②演奏法。曲。③腕前。技量。名人。④部下。⑤手傷。⑥手立て。方法。手段。⑦舞い方。ここでは①。

●**うち**（接頭語）語調を整える。訳さなくてもよい。

●**心・に・入る**　気に入る。心にかなう。深く心にとまる。

●**さいつころ**（名詞）先頃。先日。

●**もてまゐる**（ラ四）謙譲語　本動詞　持って参上する。

●**興ず**（サ変）おもしろがる。興に入る。

●**めづ**（ダ下二）①愛する。心ひかれる。かわいがる。②誉める。賞美する。

●**よくぞ**（副詞）よくもまあ。

●**もてまゐり・に・ける**　ラ行四段活用の謙譲の本動詞「もてまゐる」連用形＋完了の助動詞「ぬ」連用形＋詠嘆の助動詞「けり」連体形。

●**まま・に**　名詞「まま」＋格助詞「に」。①～にまかせて。②～につれて。③～の通りに。④～ので。～から。⑤～やいなや。

●**のみ**（副助詞）①限定　～だけ。～ばかり。②強調・強意　ただもう～ばかり。

●**思ひ出で・きこえ・させ・たまふ**　ダ行下二段活用動詞「思ひ出《い》づ」連用形＋ヤ行下二段活用の謙譲の補助動詞「きこゆ」未然形＋尊敬の補助動詞「さす」連用形＋ハ行四段活用の尊敬の補助動詞「たまふ」終止形。「(長家殿は亡き妻を)思い出し申し上げなさる」。

●**焼け・に・し・後**　「に」は完了の助動詞「ぬ」連用形。「し」は過去の助動詞「き」連体形。「焼けてしまった後」。

●**し集《つ》む**（マ下二）「為集《しあつ》む」の転。なし集める。

●**させ・たまへ・る・（絵物語）** 「る」は完了・存続の助動詞「り」連体形（準体法。下に「絵物語」が省略されている）。「～なさっていた絵物語」。

●**里**（名詞） 「人々が育ち生活し生きる本拠となる所。家々の多くある所」が原義。①「生まれ育った家や土地。住んだことのある土地」②「（旅などに出た時の、あとに残した）我が家。自邸」③「（公の場である宮中に対して生まれ育った）自邸。実家」④「妻の（育った）実家」⑤「人々が多く住んでいる所。人里」⑥「（ふりにし里の形で）旧都」。ここでは②。

●**出で・な・ば** ダ行下二段活用動詞「出づ」連用形＋完了・強意の助動詞「ぬ」未然形＋順接仮定条件の接続助詞「ば」。直訳は「（法住寺から）自邸に出て（帰っ）てしまうならば（その時には）」。意訳は「（法住寺から）自邸に戻った（ならば、その）時には」。

現代語訳

問5【文章】

誰もみな　とまるべきには　あらねども　後《おく》るるほどは　なほぞ悲しき

誰もみんな（この世に）とどまることができる身では　ないけれども　先立たれる時は　やはり悲しい

単語・文法

●**べき（身）** 可能の助動詞「べし」連体形（準体法。下に「身」などが省略）。「～できる（身）。～できるはず（の身）」。

●**に・は・あら・ね・ども** 断定の助動詞「なり」の連用形＋係助詞「は」＋ラ変の補助動詞「あり」未然形＋打消の助動詞「ず」已然形＋逆接確定条件の接続助詞「ども」。「～ではないけれども。～ではないが」。

●**後る**（ラ下二） ①後れる。②死に後れる。先立たれる。③劣る。ここでは②。

設問解説

問1【解釈の問題】

設問のねらい 品詞分解＋古文単語＋文脈把握

(ア) 1 **正解** ④ やや難

分析！……品詞分解

え	まねび	やら	ず	。
副詞「え」	バ行四段活用動詞「まねぶ」連用形	ラ行四段活用(補助)動詞「やる」未然形	打消の助動詞「ず」終止形	

副詞「え」～打消「ず」は「～できない」の意味。（これでは選択肢は選べない。）⬇「連用形＋やら・ず」は「十分に～しきらない。完全に～してしまわない」。⬇「まねぶ」はバ行四段活用動詞。「真似ぶ」でイメージ！ 意味は①「相手の言うことをそのまま言う。口まねをする」②「見聞きしたことをそのまま人に語り伝える」③「手本にしてまねる。学ぶ」。

文脈！

直前「いへばおろかに」は慣用句「言へばおろかなり」「言ふもおろかなり」と同じ。**意味は「（口に出して言うと）不十分なほどである。（とても言葉には）言い尽くせない」。**

思考！

何を、「（とても言葉には）言い尽くせない」のか？⬇**親族らが長家の妻の亡骸を法住寺に運ぶ様子。**

推測！

悲しみに暮れた様子のはず！⬇だから（とても言葉には）言い尽くせない。⬇筆者として「見聞きしたことをそのまま人（＝読者）に語り伝える」こともできないはず！

判断！

「まねぶ」の意味は「見聞きしたことをそのまま人に語り伝える」。＋現代語訳（直訳）「十分にそのまま人に語り伝えきることはできない」。＋意訳「表現しつくすことはできない」。⬇**正解は④**。

(イ) 2 **正解** ③ 標準

分析！……品詞分解。詳細は **単語・文法** 欄参照。

めやすく	おはせ	し	ものを、
形容詞ク活用「めやすし」連用形	サ変の尊敬の補助動詞「おはす」未然形※	過去の助動詞「き」連体形	詠嘆の終助詞 心内語なので読点「、」だが、文末と判断。

判断！

現代語訳（直訳）は「感じがよくていらっしゃったのになあ」。意訳は「感じのよい人でいらっしゃったのになあ」。

「めやすし」（「目安し」でイメージ！）の意味「感じがよい」で判断。⬇**正解は③**。

(ウ) 3 **正解** ① やや易

分析！……品詞分解。詳細は **単語・文法** 欄。

里	に	出で	な	ば
名詞	格助詞	ダ行下二段活用動詞「出づ」連用形	完了・強意の助動詞「ぬ」未然形	接続助詞「ば」順接仮定条件

文脈！

長家は妻の喪に服して「寺（＝法住寺）」にいる。

判断！

忌中の四十九日が過ぎると「(寺から）自邸（に帰る)」。「里」の意味は「自邸」。


文法・分析！

「な」は完了・強意の助動詞「ぬ」未然形。未然形接続の接続助詞「ば」は、順接仮定条件「もし～ならば」の意味。


統合・判断！

現代語訳（直訳）は「(法住寺から）自邸に出て（帰っ）てしまうならば（その時には)」。意訳は「(法住寺から）自邸に戻った（ならば、その）時には」。**⬇正解は**①。（④は接続助詞「ば」の解釈が確定条件になっているので誤り。）

問2 【理由説明問題】 4 正解 ① 標準～やや難

設問のねらい 単語「今」「よろし」「ほど」＋文脈把握＋心情把握

分析！

「今」は副詞。意味は「近いうちに。いずれ」。

❶《「よろしきほど」の解釈》

文脈・分析！

直前の「消息（＝手紙)」は「内裏わたりの女房」から、妻を亡くした長家へお悔やみの手紙。


単語・分析！

「よろし」は形容詞シク活用。意味はP18参照。


推測！

宮中の女房は、受領階級などの中流貴族以上の娘が中心なので、それなりの身分はある。

思考・推測！ **「よろしきほど」とは、長家との関わりの程度**か？

❷《長家の心情把握》

心情分析！ **本文［ただ今はただ夢を見たらんやうにのみ思されて］**の主語は長家。

本文［思し残させたまふことなし］の主語は長家。

判断！ 長家は妻が亡くなったのを夢かと思って、物思いを尽くしている。**⬇長家に、心の余裕は無い。**

統合・判断！ **❶「よろしきほど」とは「（長家と）並一通りの程度（の関わりの女房からのお悔やみの手紙）」の意味。**

❷長家は（丁寧に手紙の返事をする）心の余裕が無い。

❶＋❷⬇正解は①。

②［妻と仲のよかった女房たち］［この悲しみが自然と薄れるまでは返事を待ってほしい］が誤り。

③［心のこもったおくやみの手紙］［表現を十分練って返事をする必要があり］が誤り。

④［見舞客の対応で忙しかった］［いくらか時間ができた時には、ほんの一言ならば返事を書くことができた］が誤り。

⑤［大切な相手からのおくやみの手紙］［すぐに自らお礼の挨拶にうかがわなければならない］が誤り。

古文常識！ 「死」は「穢れ」なので原則、死者の家族は忌中（四十九日）に外部との接触を避けて身を慎む。仏教思想に基づき、人が死んでから次の生を受けるまでの期間を中有・中陰という。四十九日目にはすべての人が次の生を得るとする。

問3 【語句や表現に関する説明問題】 5 正解 ① 標準～やや難

設問のねらい 心内文（心内語）と地の文＋敬語による主体・客体判定＋文脈把握＋副詞「よくぞ」＋助動詞「けり」「き」「さす」＋心情把握＋内容把握

《心内文》

本文「かやうに思しのたまはせても、いでや、もののおぼゆるにこそあめれ、まして月ごろ、年ごろにもならば、思ひ忘るるやうもやあらんと、われながら心憂く思さる。何ごとにもいかでかくとめやすくおはせしものを、顔かたちよりはじめ、心ざま、手うち書き、絵などの心に入り、さいつころまで御心に入りて、うつ伏しうつ伏して描きたまひしものを、この夏の絵を、枇杷殿にもてまゐりたりしかば、いみじう興じめでさせたまひて、納めたまひし（こと）、よくぞもてまゐりにけるなど、思し残すことなきままに、よろづにつけて恋しくのみ思ひ出できこえさせたまふ。」

心内文の分析！

心内文と判断するには、文末引用の格助詞「と」・副助詞「など」をチェック。その上が心内文。

思考・推測！

心内文は二カ所。それぞれの始まりは？

分析！

感動詞「いでや」は会話文・心内文で用いられることが多い。

「思し　のたまはせ」「思さる」は尊敬語を用いている。「おぼゆる」「思ひ忘るる」は尊敬語を使っていない。

思考・推測！

地の文では、長家の動作には尊敬語を用いている。⬇長家の心内文の中は、長家自身の動作に尊敬語を用いていない？

判断！

最初の長家の心内文『いでや、〜あらん』。（文末引用の格助詞「と」）

地の文［かやうに思しのたまはせても、］［われながら心憂く思さる。］

分析！

問1(イ)「めやすくおはせしものを、」との関連。

「おはせ」は尊敬の補助動詞「おはす」未然形。

「し」は過去の助動詞「き」の連体形。過去の助動詞「き」は、確かに記憶にあることを回想する助動詞。

思考・推測！

長家が、心内文で、亡き妻のことを回想している？

判断！

二回目の長家の心内文『何ごとにも〜よくぞもてまゐりにける』。（文末引用の副助詞「など」）

《副詞「よくぞ」＋助動詞「けり」》

分析！

本文［よくぞもてまゐりにける］

「よくぞ」は副詞。副詞「よく」を強めた語。意味は「よくもまあ」。

困難なことや考えられないことを成し遂げたと、感嘆・称賛する気持ちを表す。心内文の中での「ける」は、詠嘆の助動詞「けり」連体形。

判断！

解釈『よくもまあ持って参上したことよ』

思考！

誰が何をどこへ持っていったのか？　**誰が何を感嘆・称賛**しているのか？

《敬語による主体・客体判定＋助動詞「き」＋文脈把握》

分析！

本文［何ごとにもいかでかくとめやすくおはせしものを、］

敬語：長家の心内文。サ変の尊敬の補助動詞「おはす」未然形。

助動詞：過去の助動詞「き」の連体形「し」（「き」は確かに記憶にあることを回想する助動詞）。

文脈：長家は亡き妻の死を悲しんでいる。

思考！

長家の心内文で、尊敬語「おはせ」だけを用いているので、亡き妻の様子！

判断！

❶「**感じがよく」の主体は、亡き妻。**

分析！

本文［顔かたちよりはじめ、～うつ伏しうつ伏して描きたまひしものを、］

敬語：長家の心内文。ハ行四段活用の尊敬の補助動詞「たまふ」連用形。

助動詞：過去の助動詞「き」の連体形「し」（「き」は確かに記憶にあることを回想する助動詞）。

文脈：長家は亡き妻の死を悲しんでいる。

思考！

長家の心内文で、尊敬語「たまひ」だけを用いているので、亡き妻の様子・動作！

判断！

❷「容貌が美しい＋性格がよい＋字がうまい＋絵を気に入って熱心に描いた」主体は、亡き妻。

分析！

本文［この夏の絵を、枇杷殿にもてまゐりたりしかば、］

敬語：長家の心内文。ラ行四段活用の謙譲の本動詞「もてまゐる」連用形。

助動詞：過去の助動詞「き」の已然形「しか」（「き」は確かに記憶にあることを回想する助動詞）。

文脈：絵を描いたのは亡き妻。

注と系図（と史実）：枇杷殿は長家の姉である妍子。宮々とは長家の姉たち。彰子と妍子は宮々と表現されているので、帝に嫁いで皇族となっている。（太皇太后彰子、皇太后妍子、中宮威子たちは長家の異母姉）。

古文常識：女性は原則あまり外出しない。

思考！

長家の心内文で、謙譲語「もてまゐり」だけを用いているので、長家自身の動作！　客体は枇杷殿（妍子）。

判断！

❸「この夏の絵」を描いたのは、亡き妻。➡「枇杷殿（妍子）に持って参上した」のは長家自身。

分析！

本文［いみじう興じめでさせたまひて、納めたまひし、］

敬語：尊敬の助動詞「さす」連用形＋ハ行四段活用の尊敬の補助動詞「たまふ」連用形（二重尊敬・最高敬語）。ハ行四段活用の尊敬の補助動詞「たまふ」連用形。

助動詞：過去の助動詞「き」の連体形「し」（「き」は確かに記憶にあることを回想する助動詞）。

思考！

長家の心内文で、尊敬語「させ・たまひ」（二重尊敬）を用いているので、「いみじう興じめで」は、枇杷殿の動作！

接続助詞「て」の前後で主語が同じことが多く、尊敬語「たまひ」も用いているので、「納め」も枇杷殿の動作！

判断！

❹「絵をおもしろがり（興を寄せ）褒めて受けとった」のは枇杷殿（妍子）。

分析！

本文［よくぞもてまゐりにける］

敬語：心内文で、謙譲語「もてまゐり」だけを用いている。

助動詞：「ける」は心内文の中では、詠嘆の助動詞「けり」連体形。

思考！

長家の心内文で、謙譲語「もてまゐり」だけを用いているのは、長家自身の動作！

統合・判断！

❶＋❷＋❸＋❹⬇「持って参上した」主体は長家。客体は枇杷殿（妍子）。「持って参上した」ものは、亡き妻の絵。

思考・推測！

枇杷殿（妍子）が、長家の妻の絵をおもしろがって褒めて受け取ったのは、絵の素晴らしさを評価したから。「絵も上手だ」という妻の名を高めることになった。⬇枇杷殿（妍子）は、長家の妻が亡き後、絵を（亡き妻を偲ぶ）形見として見て、「（長家の亡き妻は）絵も上手だった」と話しているかも知れない。

統合・判断！

長家の心内語の中の**「よくぞ」**とは、**「長家が、この夏の（妻が描いた）絵を枇杷殿（妍子）に持って行って献上したという自身の行動」に対して、「われながらよくもまあ」と感嘆・称賛**している。

《内容把握＋心情把握》

亡き妻は絵も上手で、長家がこの夏の（妻が描いた）絵を枇杷殿（妍子）の所へ持って行くと、枇杷殿（妍子）はおもしろがり（興を寄せ）褒めて受け取った。長家は、その絵が評価され、妻が亡き今では、絵が（亡き妻を偲ぶ）形見となり、「絵も上手だった」という亡き妻の名を高めることにもなったために、絵を枇杷殿（妍子）に持って行って献上した自身の行為に対して、感嘆・称賛し「そうしておいてよかったなあ」としみじみ感じている。⬇正解は①。

②［妻とともに過ごした日々に後悔はない］が誤り。「思し残す」はサ行四段活用の尊敬の本動詞。「思ひ残す」の尊敬語。「思ひ残す」は「物思いをし尽くさないで残す」意味。**「思し残すことなし」で「思い残すことがないほど物思いを尽くしなさる」という意味。主体は長家。**

③［それでもやはり］［長家が妻の死を受け入れたつもり］が誤り。「ままに」は名詞「まま」＋格助詞「に」。ここでの意味は「～のままに。～につれて」。

④［妻の描いた絵物語のすべてが焼失してしまったことに対する長家の悲しみ］が誤り。「よろづにつけて」とは「万事につけて」という意味。

⑤［「させ」は使役］［ともに亡き妻のことを懐かしんでほしいと、長家が枇杷殿に強く訴えている］が誤り。「思ひ出でき

こえさせたまふ」は、ダ行下二段活用動詞「思ひ出づ」連用形＋ヤ行下二段活用の謙譲の補助動詞「きこゆ」未然形＋尊敬の助動詞「さす」連用形＋尊敬の補助動詞「たまふ」終止形。副助詞「など」以下の部分［など、思し残すことなきままに、よろづにつけて恋しくのみ思ひ出できこえさせたまふ］は地の文。「思ひ出づ」の主体は、亡き妻を忘れられない長家。客体は亡き妻。枇杷殿（妍子）に思い出させるのではない。

問4 【登場人物の説明問題】 6 正解 ⑤ 標準

設問のねらい 敬語による主体・客体判定＋和歌の解釈＋内容把握

①「大北の方」について

分析！

本文［大北の方も、この殿ばらも、またおしかへし臥しまろばせたまふ。］

思考！

係助詞「も」に注目！「大北の方も」悲しみのあまり取り乱している！

判断！

① **［冷静さを保って人々に指示を与えていた］が誤り。**

②「僧都の君」について

分析！

場面：（長家の亡き妻の亡骸を運ぶ）牛車の後に、男性近親者は徒歩で続き、女性近親者は牛車に乗って続いている。

注と系図：「僧都の君」は法住寺の僧で、「長家の亡き妻（＝故人）」の叔父。

本文［法住寺には、常の御渡りにも似ぬ御車などのさまに、僧都の君、御目もくれて、え見たてまつりたまはず。］

二方面への敬意の方向

尊敬語は主体に対する敬意の方向。（会話文なら話し手から。地の文なら作者・筆者から。）

謙譲語は客体に対する敬意の方向。（会話文なら話し手から。地の文なら作者・筆者から。）


A（主体）が B（客体）に 謙譲語＋尊敬語

※謙譲語＋尊敬語の時は、主体も客体も貴人。

「見」はマ行上一段活用の動詞「見る」連用形。

「たてまつり」はラ行四段活用の謙譲の補助動詞「たてまつる」連用形。

「たまは」はハ行四段活用の尊敬の補助動詞「たまふ」未然形。

「見る」動作の主体Aは「僧都の君」。

「見る」動作の客体Bは「（長家の亡き妻の亡骸を運ぶ）御車」。

「たてまつり」は謙譲語なので客体B「長家の亡き妻」に対する敬意の方向。

「たまは」は尊敬語なので主体A「僧都の君」に対する敬意の方向。


思考・推測！


［常の御渡りにも似ぬ御車などのさま］に対して、「僧都の君」は目の前が真っ暗になって、**「（長家の亡き妻の亡骸を運ぶ）御車」を見ることができない。**「長家の亡き妻の亡骸」は牛車の中。

「僧都の君」は［（牛車の中の）長家の亡き妻の亡骸］を牛車の中に入って、直視したのか？

「僧都の君」は「（長家の亡き妻の亡骸を運ぶ）御車」を牛車の外からでも、見ることができなかったのでは？


分析！

本文［さて御車かきおろして、つぎて人々おりぬ。］

「かきおろし」はサ行四段活用の動詞「かきおろす」連用形。
意味は①「牛を外して車の轅《ながえ》をおろす」。②「かかえて下におろす」。

思考!

「僧都の君」への敬語を用いていない!⬇もしも主体A「僧都の君」が客体B「長家の亡き妻の亡骸」を牛車から「かかえておろす」ならば、本文は、[動詞「かきおろし」+謙譲の補助動詞「たてまつり」+尊敬の補助動詞「たまひ」]などになる!

判断!

動詞[かきおろし]は「僧都の君」の動作ではない!⬇② [気丈に振る舞い亡骸を車から降ろした]が誤り。

思考・推測!

動詞「かきおろす」の意味は①「牛を外して車の轅《ながえ》をおろす」。
主体は不明。敬語を使っていないので、貴人ではない。

古文常識!

「轅《ながえ》」とは牛と牛車をつなぐために牛車から突き出ている二本の棒。牛車から牛を外して、人が降りる。人は牛車に後ろから乗って、「轅」をおろして、前から降りる。貴人の葬儀に際して「棺」を載せて運ぶ車(霊柩車)は「轜車《じしゃ》」という。車輪に布を巻いた。
(本文では[常の御渡りにも似ぬ御車などのさま]と表現!)

本文前後の解説!

本文直前の記述:長家の妻は、亡くなった子供を胸に抱くようにして「棺」に納められた。
本文の後の記述:「棺」は牛車に載せたまま、車輪を外して、霊屋《たまや》(=葬送の前にしばらく亡骸を納めておく所)に入れた。

本文には、これらに関する注がないので、敬語で判断する！

③長家について

《季節》

分析！

本文「色々にすこしうつろひたり」 → さまざまな色に（山の木の葉が）少し紅葉。

本文「鹿の鳴く音」 → 鹿が（繁殖期を迎えて）鳴くのは秋。

判断！

季節は秋。紅葉が始まったばかり。

古文常識！

秋の季節は旧暦の文月（七月）・葉月（八月）・長月（九月）。紅葉の季節は長月（九月）。

《長家の様子》

分析！

本文「ただ今はただ夢を見たらんやうにのみ思されて過ぐしたまふ。」

思考！

長家は妻が亡くなった悲しみのあまり、死を現実として受け入れられず、夢を見ているかのように思っている。

判断！

③ **「妻を亡くしたことが夢であってくれればよいと思っていた」が誤り。**

④進内侍について

分析！

本文［契りけん　千代は涙の　水底《みなそこ》に　枕ばかりや　浮きて見ゆらん］

約束したとかいう　千年は無いので涙の　水の底に　枕ばかりが　浮いて見え（るほど涙を流し）ているだろうか

「契りけん」＝（千年も変わらぬ愛を）（長家が亡き妻と）約束したとかいう。「けん」は過去の伝聞・婉曲の助動詞「けん」連体形。

「千代は涙の」＝千年は無いので、（長家が悲しみの）涙（を流す、そ）の。「無み」は形容詞ク活用「無し」の語幹＋原因・理由を表す接尾語「み」。意味は「無いので」。「涙」と掛詞。「水底《みなそこ》に」＝水の底に。「枕ばかり」＝（長家の）枕ばかり。「や」疑問の係助詞。

「浮きて見ゆらん」＝浮いて見えているだろうか。「らん」は現在推量の助動詞「らん」連体形。（疑問の係助詞「や」の結び。）

「枕・浮く」＝慣用表現。（寝ながら）（枕が浮くほど）涙を流す。

「らん」は、目に見えていないことについて「（今頃）～ているだろう」と考える（視界外の）現在推量の助動詞。

古文常識！

内侍《ないし》は内侍司《ないしのつかさ》（天皇に近侍し、奏請・伝宣・陪膳にあたり後宮の礼式をつかさどる）女官。特に掌侍《ないしのじょう》を指すこともある。

思考・推測！

進内侍は宮中にいる。長家は法住寺にいる。

判断！

進内侍は、（宮中から）、（目に見えていない）法住寺にいる長家が（今頃）枕が浮いて見えるほど涙を流しているだろうかと現在推量している。

④**「自分も枕が浮くほど涙を流している」が誤り。**

⑤長家の妻について（問3と関連！　同一箇所をより深く読解！）

分析！

本文［顔かたちよりはじめ、心ざま、手うち書き、絵などの心に入り、さいつころまで御心に入りて、うつ伏しうつ伏して描きたまひしものを、］

敬語：長家の心内文。八行四段活用の尊敬の補助動詞「たまふ」連用形。

助動詞：過去の助動詞「き」の連体形「し」（「き」は確かに記憶にあることを回想する助動詞）。

文脈：長家は亡き妻の死を悲しんでいる。

思考！

長家の心内文で、尊敬語「たまひ」だけを用いているのは、亡き妻の様子・動作！

判断！

亡き妻は「容貌が美しい＋性格がよい＋字がうまい＋絵を気に入って熱心に描いた」。⬇正解は⑤。

問5 【和歌の問題】 7 ・ 8 正解 ③⑥ 標準～やや難

設問のねらい XYZ三首の和歌の内容・心情把握＋異なるテクストYZ二首の和歌の表現の差異を把握

《Xの和歌について》

分析！

詠んだ人	東宮の若宮の御乳母の小弁。
相手	長家へ。
場面・目的	妻を亡くした長家へのお悔やみ。

本文［X　悲しさを　かつは思ひも　慰めよ　誰もつひには　とまるべき世か］

解釈　（亡き妻を偲ぶ）悲しさを　（しかし）一方では思いも　慰めよ。　誰も結局は　とどまることのできる世か、（いや誰もとどまることのできない世だ）

思考！

X内容：（亡き妻を偲ぶ悲しみを）思い慰めよ。
人は誰も結局はこの世にとどまることができない（＝死んでいく）。

判断！

X心情：この世は無常で人は誰でも必ず死ぬという道理を悟らせ、妻を亡くした長家の悲しみを慰めたいという心情。

《Yの和歌について》

分析！

詠んだ人　　長家。
相手　　東宮の若宮の御乳母の小弁へ。
場面・目的　　お悔やみ（の和歌）への（お礼の）返歌。
本文「Y　慰むる　方しなければ　世の中の　常なきことも　知られざりけり」
解釈　心を慰める　方法（など）が無いので　世の中が　無常であることも　わきまえることができなかったなあ

思考！

Y内容：妻を亡くした悲しみを慰める方法がない。この世は無常だとわきまえられない。

判断！

Y心情：この世は無常だという道理を悟って、妻を亡くした悲しみを慰めよと言われても無理だという心情。

※（この後、長家は心内文で亡き妻を偲ぶ。問3と関連！）

《Zの和歌について》

分析！

詠んだ人　長家。

相手　東宮の若宮の御乳母の小弁へ。

場面・目的　お悔やみ（の和歌）への（お礼の）返歌。

本文［Z　誰もみな　とまるべきには　あらねども　後るるほどは　なほぞ悲しき］

解釈　誰もみんな　（この世に）とどまることができる身では　ないけれども、（妻に）先立たれる時は（残された私は）やはり悲しい

思考！

Z内容：（あなたの言う通り）誰もこの世にとどまることができない（＝死ぬ身）。妻に先立たれる時（＝今）は（残された私は）やはり悲しい。

判断！

Z心情：この世は無常だという道理を頭ではわかっているが、妻に先立たれる時（＝今）は、やはり悲しい。

対比・思考・推測！

XとYの贈答では、Xの慰めも世の道理も、Yは受け入れられないほど悲しみに暮れている。感情的！

XとZの贈答では、Xの慰めも世の道理も、Zは受け入れつつ悲しんでいる。少し感情を抑えている！

XとZの贈答の方が、贈答歌としての表現が対応していて、抑えてはいるが、情感は深い！

分析・統合！

Xの和歌の心情＋Yの和歌の心情＋Zの和歌の心情！

判断！

正解　③⑥

③［和歌Xが、誰でもいつかは必ず死ぬ身なのだからと言って長家を慰めようとしている］が適当。［和歌Zはひとまずそれに同意を示したうえで、それでも妻を亡くした今は悲しくてならない］が適当。

⑥［和歌Yは、世の無常のことなど今は考えられないと詠んだ歌］が適当。［長家が、いつかは妻への思いも薄れてゆくのではないかと恐れ、妻を深く追慕してゆく契機となっている］は、和歌の直後の本文［かやうに思しのたまはせても、いでや、もののおぼゆるにこそあめれ、まして月ごろ、年ごろにもならば、思ひ忘るるやうもやあらんと、われながら心憂く思さる］に対応しているので、適当。

①［和歌Xは、妻を失った長家の悲しみを深くは理解していない、ありきたりなおくやみの歌］［「悲しみをきっぱり忘れなさい」と安易に言ってしまっている部分に、その誠意のなさが露呈］が誤り。

②［和歌Zはその内容をあえて肯定することで、妻に先立たれてしまった悲しみをなんとか慰めよう］が誤り。

④［和歌Zが、「誰も」「とまるべき」「悲し」など和歌Xと同じ言葉を用いることで、悲しみを癒やしてくれたことへの感謝を表現している］が誤り。どうしようもなく悲しみに暮れているだけ。**贈答歌では同じ言葉を用いる。**［和歌Yはそれらを用いないことで、和歌Xの励ましを拒む姿勢を表明］が誤り。どうしようもなく悲しみに暮れているだけ。

⑤［（和歌Yは）私の心を癒やすことのできる人などいないと反発した歌］［長家が他人の干渉をわずらわしく思い］が誤り。どうしようもなく悲しみに暮れているだけ。

発展！アドバイス！……難しければ、一首ずつチェックしよう！　消去選択法で正解③⑥を選ぼう！

Xの内容・心情を確認して選択肢をチェック！①は誤り。

Yの内容・心情を確認して選択肢をチェック！④と⑤は誤り。

Zの内容・心情を確認して選択肢をチェック！②は誤り。

第4問　漢文　やや易

出典解説

欧陽文忠公集　北宋の政治家・歴史学者・文学者である欧陽脩（「修」とも書く）の全集。百五十三巻。附録五巻。没後、南宋の紹熙・慶元年間（一一九〇〜一二〇〇）に成立。

欧陽脩（一〇〇七〜一〇七二）、姓は欧陽、名は脩。字《あざな》は、永叔《えいしゅく》、号は酔翁または六一居士。諡《おくりな》は文忠。

四歳で父を亡くし、文具を買うお金もなく、母は砂の上に荻で字を書いて教えた。十歳の時、近所の旧家の書庫から韓愈（中唐の政治家・文学者。文章家としては「古文復興運動」の提唱者。詩人としては白居易と並び称される。字は退之《たいし》、号は昌黎《しょうれい》）の全集の不完全本を見つけて読んだのが新しい文学への目覚めであったという。一〇三〇年に科挙試験（進士科）に合格し官吏となった。旧勢力との衝突で二度ほど挫折するものの、名声を高め、宰相になる。「古文復興運動」を提唱した「唐宋八大家」の一人でもある欧陽脩が、科挙の最高試験官の時に、（後の唐宋八大家の）曾鞏《そうきょう》・蘇軾・蘇轍、さらには（宋学の先駆者である）程顥《ていこう》・張載が合格したのは、彼がいかに人材を見る目があったかを示している。

文章家としては、散文に於いて韓愈・柳宗元の「古文復興運動」を継承して大きな成果をあげた。著作は『朋党論』など多数。詩人としては、その詩風は抒情を抑えて思想の表明を重んじるもので、委曲を尽くした叙述と議論を展開する古体詩に優れている。『日本刀の歌』などもある。歴史学者としては、歴史書として『五代史記』（＝『新五代史』）、宋祁《そうき》と共著の『新唐書』がある。

一〇七一年に引退し、翌年、欧陽脩がかつて期待を掛けた王安石が、彼の期待を裏切り、「新法」の改革を強行する中で亡くなった。

韓非子《かんぴし》　戦国時代末期の法家思想家の韓非（?〜前二三三）の著とされる。二十巻、五十五編。中唐の韓愈と区別して韓非子と言われ、著作も『韓非子』と言われる。

韓非子は、商鞅《しょうおう》の「法（＝君主が定める成文法・法令）」、申不害《しんふがい》の「術（＝臣下統御術）」、慎到《しんとう》の「勢（＝権力と地位）」

を統合した、専制統治における官僚統制法を編み出した。すなわち①「君主は「勢（＝権力と地位）」を堅持する必要がある。」②「君主は臣下に「名（＝言葉・議論）」と「刑＝形（＝実質・実績）」が一致することを求め、それを照らし合わせて、賞罰を決定する（「刑名参同」＝「形名参同」・「刑名審合」）必要がある。」③「「法（＝君主が定める成文法・法令）」のもとで「信賞必罰」を行って臣下を統御するという「術（＝臣下統制術）」を用いる必要がある。」と主張した。「守株（＝株を守る）」などの巧みなたとえによって、古代の聖人である堯・舜のやり方の真似をして、乱世の今の時代を治めようとするのは時代錯誤も甚だしいと、儒家の礼儀道徳を退けた。

韓非子は韓の王族、公子であった。「性悪説《せいあく》」を主張した儒家の荀子（＝荀況《じゅんきょう》・荀卿《じゅんけい》）のもとで、李斯《りし》とともに学んだ。

韓非子の法家の思想は秦王嬴政《えいせい》（後の始皇帝）に大きな影響を与え中国統一へとつながることとなった。

《本文解説》

【問題文Ⅰ】は『欧陽文忠公集』巻五にある五言古詩。押韻は偶数句末。題は『有リレ馬。示ス二徐無党ニ一（馬有り。徐無党に示す）』または『有レ馬リテ示ス二徐無党ニ一（馬有りて徐無党に示す）』。「徐無党」は、欧陽脩の弟子。

韓愈『雑説』では千里の馬と伯楽を、優れた才能を持つ人材とそれを見分ける明君・賢相にたとえた。この詩では韓愈『雑説』を踏まえた上で『韓非子』の「術」も引用する。優れた御者が名馬の性質を心得て、心を一つにして操り遠くまで行くように、明君・賢相には優れた人材を見抜くだけでなく、その性質をよく心得て心を一つにし、御し使いこなす「術」が必要であることを示唆する。また優れた人材には、その能力を発揮させてくれるよき理解者である明君・賢相が必要だと示唆する。

【問題文Ⅱ】は『韓非子』第七巻『喩老《ゆろう》』（歴史や伝説を引用し、老子の教訓を紹介する）第二十一の一節。馬車の競走をして趙襄主が王良に負けた理由は、心が馬とそろっていないからだと説明する。

《読解のポイント》

共通の話題は「御術」。**【問題文Ⅰ】**の「千里の馬」「伯楽」から、韓愈の『雑説』の巧みなたとえを想起しよう。**【問題文Ⅰ】**の最後「箴（＝いましめ）」に注目し、「良馬」と「善馭」が何のたとえか考えよう。**【問題文Ⅰ】**の「術」と**【問題文Ⅱ】**韓非子の主張する「術（＝臣下を統御する方法）」を関連させて、欧陽脩の主張に深く迫ろう！

書き下し文・現代語訳

字音（＝音読み）は現代仮名遣いカタカナルビ。
字訓（＝訓読み）は古典仮名遣い平仮名ルビ。

漢文では適宜時制を補って解釈する。
「ば」の解釈は（平安時代の古典文法と違い）現代語に近い。

問題文Ⅰ

吾《われ》に千里《センリ》の馬《うま》有《あ》り　毛骨《モウコツ》何《なん》ぞ蕭森《ショウシン》たる
疾《はや》く馳《は》すれば奔風《ホンプウ》のごとく　白日《ハクジツ》に陰《かげ》を留《とど》むる無《な》し
徐《おもむ》ろに駆《か》くれば大道《タイドウ》に当《あ》たり　歩驟《ホシュウ》は五音《ゴイン》に中《あ》たる
馬《うま》に四足《シソク》有《あ》りと雖《いへど》も　遅速《チソク》は吾《わ》が心《こころ》に在《あ》り
六轡《リクヒ》は吾《わ》が手《て》に応《オウ》じ　調和《チョウワ》すること瑟琴《シッキン》のごとし
東西《トウザイ》と南北《ナンボク》と　山《やま》と林《はやし》とを高下《コウゲ》す

私に一日に千里走る優れた馬がいる
毛並みと骨格はなんとひきしまって美しいことか
はやく走らせるとはやい風のようで
輝く太陽のもとで馬のかげをとどめることは無い
ゆったりと走らせると大きな道路に出会い
馬が駆ける音は（伝統的な）五音階にかなう
馬に四本の足があるというけれども
（馬の走る）遅さと速さは（手綱を持つ）私の心に在る
（六本の）手綱は私の手に応じて従い
調和することは瑟（＝大きな琴）と琴（＝小さな琴）の（音色の）ようだ
東西と南北と

惟《た》だ意《イ》の適《ゆ》かんと欲《ほっ》する所《ところ》にして　九州《キユウシユウ》周《あまね》く尋《たづ》ぬべし

至《いた》れるかな人《ひと》と馬《うま》と　両楽相侵《リヨウラクあひをか》さず

伯楽《ハクラク》は其《そ》の外《そと》を識《し》るも　徒《た》だ価《あたひ》の千金《センキン》なるを知《し》る

※（漢詩では「徒《ダ》」があっても、余情を生かすために、送り仮名に「のみ」を添えないことが多い。）

王良《オウリヨウ》は其《そ》の性《セイ》を得《え》たり　此《こ》の術《ジユツ》固《もと》より已《すで》に深《ふか》し

良馬《リヨウバ》は善馭《ゼンギヨ》を須《ま》つ　吾《わ》が言箴《ゲンシン》と為《な》すべし

山と林とを高い所低い所へ（馬走らせ）行く

（行く先は）ただ心がおもむこうとする所で

中国全土すみずみまで（あらゆるところに）訪れることができる

（すばらしい楽しみの境地に）至っているなあ（＝このような境地にまで到達できるものなのか）。人と馬と（は）

（人の喜びと馬の喜びと）二つの楽しみはお互いに相手の楽しみをそこなうことはない

（名馬を見分ける名人の）伯楽はその（馬の）外見を（目で見て、名馬であるかどうか）見分けたが

ただ（名馬の）価値が千金であることを知っていた（だけだ）

（すぐれた御者の）王良はその（馬の）性質を（理解し）得ていた

この（馬を御する）方法はもともとすでに深い

すぐれた馬はすぐれた御者を待ち望む

私の言葉はいましめとすることができる

語句

問題文Ⅰ

●**千里《ノ》馬**　「せんりのうま」。一日に千里も走る優れた馬、名馬。駿馬。韓愈の『雑説』では「優れた人物」のたとえ。

●**蕭**　「せう（＝しょう）」。ものさびしい。

●**森**　「しん」。木が多い。ものが多い。

●**蕭森**　「せうしん（＝しょうしん）」。①樹木が多い。②ものさびしい。馬の毛並みと骨格についてなので「ひきしまって美しい」。

●**馳《ス》**　「はす」。（馬や車を）走らせる。

●**奔風**　「ほんぷう」。はやい風。「奔」＝「疾（はやし）」。

●**白日**　「はくじつ」。①輝く太陽。②昼間。

●**留《ム》**　「とどむ」。後にとどめる。

●**徐《ロニ》**　「おもむろに」。ゆっくりと。ゆったりと。静かに。

●**駆《ク》**　「かく」。馬を早く走らせる。

●**当《タル》**　「あたる」。ぶつかる。出会う。適合する。かなう。

●**大道**　「たいだう（＝たいどう）」「だいだう（＝だいどう）」。①大きな道路。②天地の理法に（基づく）人の踏み行うべき道。③（老子のいう）宇宙の本体（としての道）。無為自然の道。④正しい道。正しい方法。

●**歩驟**　「ほしう（＝ほしゅう）」。歩むことと走ること。「驟」は馬が速く走る。ここでは馬が駆ける音の形容。

●**中《タル》**　「あたる」。適合する。かなう。

●**五音**　「ごいん」「ごおん」。音楽の五つの音色。宮・商・角・徴《チ》・羽。

●**六轡**　「りくひ」。馬車につけた六本の手綱。

●**調和**　「てうわ（＝ちょうわ）」。調子がよくととのう。

●**瑟琴**　「しつきん」。大きな琴と小さな琴。「瑟《しつ》」は大型の琴。

●**適《ク》**　「ゆく」。赴く。思うところに行く。

●**九州**　「きうしう（＝きゅうしゅう）」。古代、中国を九の州に分けた。転じて中国全土。

●**周《シ》**　「あまねし」。すみずみまでゆきとどいている。

●**尋《ヌ》**　「たづぬ」。訪れる。

●**両楽**　「りやうらく（＝りょうらく）」。二つの楽しみ。

●**侵《ス》**　「をかす（＝おかす）」。そこなう。

●**伯楽**　「はくらく」。名馬を見分ける名人。天馬をつかさどる星の名。

● 識《ル》「しる」。見分ける。気付く。

● 価「あたひ（＝あたい）」。値段。価値。

● 千金「せんきん」。大金。

● 王良「わうりやう（＝おうりょう）」。春秋時代、晋の人。馬を御するのに巧みな人として有名。優れた御者の代名詞のように用いられる。

句法

問題文Ⅰ

● **何《ゾ》 連体形。** 疑問の形「何ぞ～連体形。」
意味「どうして・なぜ～か。」
詠嘆の形「何ぞ～連体形。」
意味「なんと～ことか。なんと～ことよ。」
※疑問形か詠嘆形かは文脈で判断。

● **如《シ》レA《ノ》。** 比喩の形。「Aのごとし。」
意味「Aのようだ。」
※Aが活用語の連体形の時は「Aがごとし。」
※「若」も同様に用いる。

● **A《ト》与レB。** 並列の形「AとBと。」
意味「AとBと。」。英語の「and」的な用法。

● 術「じゆつ（＝じゅつ）」。目的を達成する手段・方法。
韓非子の「術」は「臣下を統御する方法」。

● 固《ヨリ》「もとより」。もともと。元来。言うまでもなく。

● 須《ツ》「まつ」。待つ。待ち受ける。待ち望む。

● 馭「ぎよ（＝ぎょ）」。馭者。馬を操る人。

● 箴「しん」。いましめ。箴言。

● **A《ノ》所レB《スル》。** 対象を表す形「AのBする所。」
意味「AがBする対象。」Aが主語。

● **欲《ス》レA《ント》。** 時・願望を表す形「Aんと欲す。」
意味「今にも～しようとする。」「今にも～しそうだ。」
「（これから）～したいと思う。」

● **A 哉。** 詠嘆の形「Aかな。」
意味「Aだなあ。Aであるなあ。」
※「矣《かな》・夫《かな》・乎《かな》」も同様に用いる。

● **徒《ダ》A《ノミ》。** 限定の形「徒だAのみ。」
意味「ただAだけだ。」

※漢詩の場合は余情を生かすために、Aの送り仮名に「ノミ」を添えないことが多い。漢詩以外でも、倒置・反語・疑問・感嘆・命令など、語勢によっては「ノミ」を添えないこともある。

●可シレA。可能の形「Aべし。」
意味「Aできる。Aしてかまわない。Aしてさしつかえない。Aするがよい。」許容・許可。

書き下し文・現代語訳

字音（＝音読み）は現代仮名遣いカタカナルビ。

字訓（＝訓読み）は古典仮名遣い平仮名ルビ。


漢文では適宜時制を補って解釈する。

「ば」の解釈は（平安時代の古典文法と違い）現代語に近い。

問題文Ⅱ

凡《およ》そ御《ギョ》の貴《たつと》ぶ所《ところ》は、馬体《バタイ》車《くるま》に安《やす》んじ、人心《ジンシン》馬《うま》に調《かな》ひ、
而《しか》る後《のち》に以《もつ》て進《すす》むこと速《すみ》やかにして遠《とほ》きを致《いた》すべし。
今君後《いまきみおく》るれば則《すなは》ち臣《シン》に逮《およ》ばんと欲《ほつ》し、
先《さき》んずれば則《すなは》ち臣《シン》に逮《およ》ばれんことを恐《おそ》る。
夫《そ》れ道《みち》に誘《すす》めて遠《とほ》きを争《あらそ》ふは、先《さき》んずるに非《あら》ざれば則《すなは》ち後《おく》るるなり。
而《しか》して先後《センゴ》の心《こころ》は臣《シン》に在《あ》り。

一般に御術（＝馬や馬車を扱う方法）が大切にすることは、馬の体が（つながれる）車に安らかに落ち着いて（しっくりと合い）、（乗り手の）人の心が馬（の心）にそろって（いることで）、その後に進む事が速くて遠方に行くことができる。

いま、あなた（わが君）は（私に）後れると（その場合は）、私に追いつこうとして（それだけを考え）、前に出ると（その場合は）私に（いつ追いつかれるかと）追いつかれる（ような）ことを恐れ（心配し）た。

そもそも（馬を）道にうながし（連れ出し）て遠い距離を競走するのは、前に出るのでなければ、（その時は）後になるのである。（＝先になったり後になったりするものである。）

それなのに（馬車が）先になったり後になったりする（時のわが

尚《な》ほ何《なに》を以《もっ》て馬《うま》に調《かな》はん。
此《こ》れ君《きみ》の後《おく》るる所以《ゆゑん》なり。

語句

問題文Ⅱ

- **凡ソ**「およそ」。おおかた。一般に。（これから一般論を述べる時に用いる発語。）
- **御**「ぎょ（＝ぎょ）」。馬や馬車を扱う、操る。またその方法や人。
- **貴ブ**「たつとぶ（＝たっとぶ）」「たふとぶ（＝とうとぶ）」。重んずる。大切にする。
- **安ンズ**「やすんず」。安らかになる。落ち着く。
- **于**「於」「于」「乎」は文中で読まない、書き下さない助字。置き字。場所・対象・時・受身・比較・起点などを表す。
- **調フ**「かなふ」。そろう。あう。適合する。
- **而ル後ニ**「しかるのちに」。かくして後に。その後に。
- **致レス遠キヲ**「とほきをいたす（＝とおきをいたす）」。遠方に行く。

君の）心は（馬にではなく）私にあった。やはり（それでは）どうして（心が）馬（の心）にそろっていようか、いやそろっていない。

これがあなた（わが君）が私に後れた原因である。

- **君**「きみ」。天子・諸侯・卿・大夫の呼称。わが君。
- **則チ**「すなはち（＝すなわち）」。～すれば、その場合は。～すると、その場合は。
- **臣**「しん」。主君に対する謙遜の自称。私。
- **逮ブ**「およぶ」。追いつく。
- **夫レ**「それ」。そもそも。（これから大切なことを話そうとする時に用いる発語。文脈や段落を明確にする。）
- **誘ム**「すすむ」。勧める。うながす。引き出す。連れ出す。
- **而《しか》シテ** 文頭で「しかして」「しかうして（＝しこうして）」。順接で「そうして。そして。」逆接で「それなのに。」ここは逆接。
  文頭で「しかれども」「しかるに」「しかも」。逆接で「そうではあるが。けれども。」

文頭では訓読するが、原則、文中で読まない、書き下さない（軽く文をつなぐ）助字。

●**先後** 「せんご」「せんこう」。先になることと、後になること。

●**所以** 「ゆゑん（＝ゆえん）」。①原因・理由。②方法・手段。

句法

問題文Ⅱ

●**可**シ二**以**テA一。 可能の形「以てAべし。」

意味「（これで）Aできる。Aしてかまわない。Aしてさしつかえない。Aするがよい。」許容・許可。

※「以」は形式化して意味がないことが多い。

●B（動詞）ラル／ル二｛於・于・乎｝A（名詞）一。

受身の形「AにBる。」「AにBらる。」

意味「AにBされる。」

「B（動詞）」が四段・ラ変・ナ変の時は「る」、それ以外の時は「らる」を送り仮名に添える。

※「於・于・乎」は読まない、書き下さない助字。置き字。

●**也** 「なり」。文末でひらがなで「なり」と書き下す（読まない、書き下さないこともある）助字。断定を表す。～である。～だ。

疑問・反語系の文末はひらがなで「や」「か」と書き下す。

語末や句末で強調する時はひらがなで「や」と書き下す。

●**見**《らる》ルレB（動詞）二｛於・于・乎｝A（名詞）一。

●**被**《らる》ルレB（動詞）二｛於・于・乎｝A（名詞）一。

受身の形「AにBる。」「AにBらる。」

意味「AにBされる。」

※「見・被」は「B（動詞）」が四段・ラ変・ナ変の時は「る」、それ以外の時は「らる」と訓読し、平仮名で書き下す。「見・被」が省略されたのが上の形。

●**何**ヲ**以**テAン。 反語の形「何を以てAん。」

意味「どうしてAしようか、いやAしない。」理由

「どうやってAしようか、いやAしない。」方法

※疑問詞としては理由・方法どちらにも用いる。

※「何《ヲ》以《テ》」は疑問形・反語形で用いられる。――※「奚《ヲ》以《テ》」も同様に用いる。

設問解説

問1【語の意味の問題（同じ意味の漢字を指摘させる問題）】

設問のねらい　語の読み・意味「徒」「固」＋語順＋限定形（漢詩）

(ア)　1　**正解**　①　標準

「徒」の読み・意味は「ただ」「いたづらに（＝いたずらに）〈むなしく〉」「かち〈徒歩〉」「歩兵」「しもべ」「門人・弟子」「人々」など。

分析！……漢詩は二句セットで考える。

主語　述語（動詞）　　　述語（動詞）

「伯楽《ハ》識《ルモ》二其《ノ》外《ヲ》一」――「徒知《ル》二価《ノ》千金《ナルヲ》一」

下に述語（動詞）「知《ル》」がある。

判断！

副詞「ただ」と訓読（「いたづらに」と訓読する選択肢はない）。

限定形「徒《たダ》～A《ノミ》。」は、漢詩では余情を大切にするため、Aの送り仮名に「のみ」を添えないことが多い。

「徒《ダ》」と訓読するのは「唯《ダ》・惟《ダ》・只《ダ》・但《ダ》・特《ダ》・直《ダ》」。**⬇正解は①「只」。**

読み・意味　②「また」③「まさに～べし」「あたる」「あつ〈あてる〉」④「よし」「よく」⑤「なほ」再読文字「なほ（＝なお）～ごとし」など。

（イ） 2 **正解** ⑤ 標準

「固」の読み・意味は「もとより〈もともと。元来。言うまでもなく〉」「まことに」「かたし」「かたむ」など。

分析！……漢詩は二句セットで考える。

［王良ハ得タリ二其ノ性ヲ一］ —— ［此ノ術固已ニ深シ］

（主語：此ノ術　副詞：固　述語（形容詞）：深シ）

王良は春秋時代、晋の人。馬を御するのに巧みな人として有名。優れた御者の代名詞のように用いられる。主語「此ノ術」とは「王良が馬の性質を理解して馬と一体となって御する方法」。下に述語（形容詞）「深シ」がある。

判断！

副詞「もとより」と訓読（「まことに」と訓読する選択肢はない）。

⑤「本」には「もともと。元来」という意味がある。「素」も「もとより」と訓読し「もともと」という意味がある。

正解は⑤。

読み・意味　①「つよし」「したたか」「つよむ」「つとむ」「しふ（＝しう）〈しいる〉」「しひて（＝しいて）」②「かたし」「むづかし（むずかし）」「むつかし」③「かならず」④「たつ」「たゆ」「たえて」など。

問2【語・語句の解釈の問題】

設問のねらい　「何」「周」「至」「哉」＋疑問形・反語形・詠嘆形

(1) 3 **正解** ⑤ 標準〜やや易

疑問詞「何」の読みは「なんぞ」「なにを」「なんの」「いづれの（＝いずれの）」「いづく（＝いずく）・いづくにか（いずくにか）」など。

「なんぞ」は疑問形・反語形で（原因・理由について）「どうして〜か。どうして〜か、いや〜ない」。
詠嘆形で「なんと〜ことか。なんと〜ことよ」。
「なにを」「なんの」は疑問形・反語形で（物事について）「なにを」「なんの。どのような」。
「いづれの」は疑問形・反語形で（時間・場所について）「いつの。どこの。どちら」。
「いづく」「いづくにか」は疑問形・反語形で（場所について）「どこに」。

分析！……漢詩は二句セットで考える。

［ 吾ニ有リ二千里ノ馬一 ］ ―― ［ 毛骨 何 蕭森タル ］
（毛骨：主語　蕭森タル：述語（形容動詞））

主語は「毛骨」。意味は（注）と第一句から「**私の**千里の馬の毛並みと骨格」。述語は「蕭森タル」。意味は（注）から「ひきしまって美しい」。状態を表す形容動詞タリ活用「蕭森タリ（蕭森たり）」の連体形。

《疑問詞と文末の確認》

疑問詞「何」は「なんぞ」と訓読する場合が多く、疑問形・反語形・詠嘆形で用いられる。

文末の助字（終助詞・終尾詞）「乎・哉」などが無い！

疑問詞「何ゾ」だけを用いる（文末の助字が無い）時の疑問形・反語形・詠嘆形

疑問形 何《なん》ぞ 〜 連体形。　訳 どうして・なぜ〜か。（理由を問う）

反語形 何《なん》ぞ 〜 未然形＋ん（や）。　訳 どうして〜ようか、いや、〜ない。

※送り仮名に「ん」、または「んや」を添える。

詠嘆形 **何《なん》ぞ ～ 連体形。** **訳 なんと～ことか。なんと～ことよ。**

判断！ 文末の活用語尾が連体形「蕭森《タル》」なので、**疑問形**か、**詠嘆形**。⬇疑問形か詠嘆形か、文脈で判断する！

思考・推測！ 「千里の馬」は一日に千里も走る優れた馬、名馬、駿馬。⬇自分が所有しているので、嬉しいはず！ 誇らしいはず！
毛並みや骨格をうっとりと見ているのか？

判断！ **詠嘆形と判断！ 「なんぞ」と訓読。⬇正解は⑤**

(2) **4** **正解** ③ **標準**

「周」の読み・意味は「あまねし」「めぐる」「いたる」「まはり（＝まわり）」「周（王朝名）」など。

分析！ ……漢詩は二句セットで考える。直前の句が白文問題になっているので、その前の句も確認！

［東西《ト》与二南北一］ ―― ［高二下《ス》山《ト》与《ヲ》レ林］

［惟意所欲適］ ―― ［九州可《シ》二周尋《ヌ》一］ **述語（動詞）**

「東西」へと「南北」へと、「千里の馬」で行く。「山」へと「林」へと、高い所でも上に下に「千里の馬」で行く。
「九州」は（注）から「中国全土」。「尋《ヌ》」には「訪れる」という意味がある。

思考・推測！

「千里の馬」で中国全土すみずみまで広くあらゆるところに訪れる！

判断！

形容詞「あまねし（すみずみまで広くゆきわたる、ゆきとどく）」。

動詞「尋《ヌ》」を修飾しているので、連用形で副詞的に「あまねく」と訓読する。

正解は③。

(3) 5 **正解** ④ 標準～やや易

「至」の読み・意味は「いたる」「いたす」「いたり」「いたつて（＝いたって）」など。

「哉」の（助字の）読み・意味は、疑問・反語「や」「か」、詠嘆「かな」など。

分析！ ……漢詩は二句セットで考える。

［至《レル》哉人《ト》与レ馬］（主語：人与馬） —— ［両楽不二相侵《サ》一］

「至《レル》哉」の主語は「人《ト》与レ馬」。ここは倒置。「両楽」とは「人」と「馬」との二つの楽しみ。「不二相侵《サ》一」とは「お互いに相手の楽しみをそこなうことはない」という意味。

思考！

思いのままに馬を走らせる「人」も、走らされている「馬」も、「心が楽しんでいる」！

判断！

「至《レル》」とは、「人」と「馬」の「走ることを楽しむ心・境地」が一体となり**「最高に達している」意味。**

「　哉　」は、詠嘆**「かな」**。疑問・反語「や」「か」ではない。

正解は④。

①［あのような遠くまで行くことができる］が誤り。距離ではない。
②［馬］が［人の気持ちが理解できる］が誤り。一方向ではない。
③［高い山まで登ることができようか］が誤り。反語ではない。
⑤［こんなにも遠く走ることができるだろうか］が誤り。疑問ではない。

問3 【空欄補充問題】 6 正解 ② 標準

設問のねらい 漢詩の知識（押韻）＋異なるテクストを関連させて空欄補充の語を選択

分析！

一句五字、二十二句からなる**五言古詩。五言**では**偶数句末**に**押韻**する（**「声」〈最初の子音〉を除いた部分「韻」をそろえる**）ことが多い。中国の発音をまねた**「字音（音読み）」**で考える。

【問題文Ⅰ】

二句末「森」**sin**／四句末「陰」**in**／六句末「音」**in**／十句末「琴」**kin**／十二句末「林」**rin**／十四句末「尋」**jin**／十六句末「侵」**sin**／十八句末「金」**kin**／二十句末「深」**sin**／二十二句末「箴」**sin**

韻は「in」。一つの韻で統一している「一韻到底」。（古体詩は途中で「換韻」することもある。）

《選択肢》

①「体」tai／②「心」sin／③「進」sin／④「先」sen／⑤「臣」sin

推測！

②「心」**sin**　候補？／③「進」**sin**　候補？／⑤「臣」**sin**　候補？

韻は「in」

思考！

「御術」の要点とは何か？

❶【問題文Ⅰ】問２の(3)と関連！

「人」と「馬」の「走ることを楽しむ心・境地」が一体となって最高に達していた！

❷【問題文Ⅱ】

「凡《ソ》御之所《ハ》レ貴《ブ》、馬体安《ンジ》二于車《ニ》一、人心調《ヒ》二于馬《ニ》一、」

「御術」は「馬の体と車」が合うことと、「人の心と馬（の心）」が合うことが大切！

判断！

❶＋❷「御術」の要点として「　心　sin　」が大切！➡正解は②。

問４【白文問題（返り点と書き下し文との組合せの問題）】 7 正解 ④ 標準～やや易

設問のねらい　「所」の用法＋「欲」の用法＋「適」

「所」の用法

主語　　　述語（動詞）

A《ノ》　所レ　B《スル》。

「所＋〔動詞〕」で「～する所」という短語を作る。Bの動作の主語Aは「所」の前に置かれる。

書き下し文　AのBする所。

意味　AがBする対象（相手・もの）。

「欲」の用法

欲《ス》レA《ント》。

「欲＋〔動詞〕」で時・願望を表す。

書き下し文　**Aんと欲す。**

意味　**今にもAしようとする。今にもAしそうだ。**　**時**

Aしようと思う。Aしたいと思う。　**願望**

分析！……漢詩は二句セットで考える。

主語「所」「欲」述語（動詞）

［惟意所欲適］――［九州可《シ》二周《ク》尋《ヌ》一］

分析・思考！

「意」は主語。「意の」と訓読し、**「意《ノ》」**。

「所」は返読文字。「欲適」から返読して、対象を表す。

「欲」は返読文字。願望の形「（〜んと）欲す」と訓読し、意味は「〜しようと思う。〜したいと思う」。

「欲」はすぐ下の動詞「適」から返読するので、**「欲」に返り点「レ点」**をつけ、**「欲《ス》レ」**。

「適」は動詞。読み・意味は「ゆく〈おもむく。思うところに行く〉」「かなふ（＝かなう）〈うまくあてはまる。つりあう。心のどかに楽しむ。思いどおりになる〉」など。

中国全土を訪れるためには、動詞「適」の読み・意味は「ゆく〈おもむく。思うところに行く〉」。

「適《ク》」を未然形にして、送り仮名に「ント」を添え、**「適《カント》」**。

「所」はすぐ下の「欲《ス》レ」から返読するので、「所」に返り点「レ点」をつけ、「所レ」。
「欲《ス》レ」の送り仮名を連体形「欲《スル》レ」にする。

判断！

❶主語「意《ノ》」！
❷返読文字「所」にも「欲」にも返り点の「レ点」が必要！
❸動詞「適」の読みは「適《ゆ》く」！
❶＋❷＋❸！⬇基本形「意《ノ》所レ欲《スル》レ適《カント》」。⬇正解は④。
最後に文脈から「所」の送り仮名に「ニシテ」を添える。

《発展》
「為《なル》二A《ノ》所《ト》レB《スル》。」＝「AのBする対象と為る。」というニュアンスが受身形「AにBされる。」になった。

受身形
為《なル》二A《ノ》所《ト》レB《スル》。
書き下し文　AのBする所《ところ》と為《な》る。
意味　AにBされる。（Aは名詞。Bは動詞。）

問5 **【解釈の問題】** 8 **正解** ⑤ 標準〜やや易

設問のねらい 対句表現＋「則」の用法＋受身形＋置き字「于」の用法

分析！
「君」が主語。「則」から対句表現に注目！「〜《レバ》則《チ》」は、「〜すれば、その場合は。〜すると、その場合は」。

対句表現

今君［**後 則 欲 逮 臣、**］
　　［**先 則 恐 逮 于 臣。**］

（後⇔先、欲⇔恐、逮臣⇔逮于臣）

「後」になったり「先」になったりするのは「君（あなた、わが君）」、「欲」したり「恐」れたりするのも「君」。

「逮」の読み・意味は「およぶ〈追いつく〉」「とらふ〈とらえる〉」など。

馬車の駆け競べをしているので「逮」は「およぶ〈追いつく〉」。

思考・推測！

「欲」するのは？⬇［逮 臣］＝［私に追いつくこと］。

「恐」れるのは？⬇［逮 于 臣］＝［私に追いつかれること］？

受身形

B（動詞）《ラル／ル》二 ［於・于・乎］ A（名詞）一。

書き下し文　AにBる。AにBらる。

意味　AにBされる。

「B（動詞）」の上に受身の「見・被」が省略された形。「B（動詞）」が四段・ラ変・ナ変の時は「る」、それ以外の時は「らる」を送り仮名に添える。「於」「于」「乎」は読まない、書き下さない助字。置き字。

判断！

「于」は受身を表す助字で置き字。［逮 于 臣］の動詞［逮］に受身の助動詞「る」を補って解釈する！⬇正解は⑤。

問6 【内容把握問題】 9 正解 ③ やや易

設問のねらい 異なるテクストを共通する話題で関連させて内容を把握

分析！ 時代が古い【問題文Ⅱ】の内容から考える。

【問題文Ⅱ】

王良の「御術」に対する考え

御者 ……（御術）……→ 馬

御者と馬が心を一つにすることが大切！

漢文文学史

韓非子は豊富な具体例と巧みなたとえを用いた。韓非子の「術」とは「臣下統制術」。

対比・分析・思考・推測！

欧陽脩の「箴（＝いましめ）」とは？

【問題文Ⅰ】

欧陽脩の主張「箴（＝いましめ）」

御者と馬が心を一つにすることが大切！

御者 ……（御術）……→ 千里の馬

‖　　　　　　　　　　‖

明君・賢相 ……臣下統制術……→ 優れた人材

明君・賢相と優れた人材が心を一つにすることが大切！

↓

「箴（＝いましめ）」

思考！

選択肢は「御術」と「御者」に関して（具体）のみ。欧陽脩の主張「箴（＝いましめ）」までは問題になっていない。

判断！

① 〔馬を手厚く養う〕〔よい馬車を選ぶことも大切である〕〔王良のように車の手入れを入念にしなければ〕は本文に無いので、誤り。

② 〔馬車を遠くまで走らせることが大切である〕〔王良のように馬の体調を考えながら鍛えなければ、千里の馬を育てる御者にはなれない〕は本文に無いので、誤り。

③ **〔すぐれた馬を選ぶ〕〔馬と一体となって走ることも大切である〕〔襄主のように他のことに気をとられていては、馬を自在に走らせる御者にはなれない〕が最も適当。正解は③。**

④ 〔馬を厳しく育て、巧みな駆け引きを会得することが大切である〕〔王良のように常に勝負の場を意識しながら馬を育てなければ〕は本文に無いので、誤り。

⑤ 〔訓練場だけでなく、山と林を駆けまわって手綱さばきを磨くことも大切である〕〔襄主のように型通りの練習をおこなうだけでは〕は本文に無いので、誤り。

文学史

諸子百家

春秋時代（前七七〇～前四〇三）・戦国時代（前四〇三～前二二一）は周王朝の権威が失われた、弱肉強食の時代であり、乱世を救おうとさまざまな思想家が生まれた。**儒家・道家・法家・墨家・陰陽家・名家・縦横家・農家・雑家**の九学派の代表的な学者が多く生まれたので、諸子百家と呼ぶ。

法家

法家とは諸子百家の一つ。**「法」をもって国を治めることを主張**して、儒家の礼儀道徳を時代錯誤と退け、儒家の徳治主義と対立した。

商鞅　秦の孝公に仕え、「法」のもとに大規模な政治改革を断行、秦の強大化の基礎を築いた。孝公の死後、「車裂きの刑」にされた。

申不害　韓の昭侯に仕え、「君主は臣下の能力を見て職を与え、実績が一致しているかを確かめ、賞罰を与える」という「術（＝臣下統御術）」を主張した。

慎到　斉の「稷下《しょくか》の学」の学者。君主の権力は、「勢（＝君主としての客観的位置、力関係）」にあるとする。

韓非子　韓非（中唐の韓愈と区別して韓非子）。韓の公子。「法」「術」「刑名参同（＝形名参同）」「信賞必罰」を主張。豊富な具体例と巧みなたとえは「守株（＝株を守る）」「矛盾」「逆鱗」などの多くの故事成語になった。

法家の思想は、辺境の地にあった秦を強大な軍事国家にし、秦王嬴政（後の始皇帝）が中国統一を実現するために、国家統治の理論と政術を提供した。

儒家

儒家とは孔子を中心とする学派。曾子・子思・孟子《もうし》・荀子などが中心。

孔子　姓は孔、名は丘《きゅう》。字は仲尼《ちゅうじ》。春秋時代、魯の国の人。前五五二あるいは五五一～前四七九。大司寇（＝司法長官）

にまでなるが、三桓氏に妨げられ、国を去る。五十六歳から諸侯に遊説したが、用いられず、十三年（十四年?）後に帰国。晩年は魯の国で弟子の育成と『詩経《しきょう》』『書経《しょきょう》』などの古典の整理に努め、『春秋《しゅんじゅう》』（＝魯の国の歴史書）に筆削を加えた。最高の徳である「仁（＝深い人間愛）」を基本に**「修己治人（＝道徳的な自己修養を通じて、徳で人々を感化し、倫理的に優れた社会の実現を目指す）」**を使命とし、混乱した社会に「礼」によって秩序をもたらそうとした。『論語《ろんご》』は孔子、および弟子などの言行録。

孟子　名は軻《か》。字は子輿《しよ》。戦国時代、魯の国に隣接した鄒《すう》の地に生まれた。生没年未詳。母の手により養育され「孟母三遷」「孟母断機」などの故事を伝える。孔子の孫の子思に私淑し、曾子学派の教えを受ける。「仁義」の人道論、**「性善《せいぜん》説（＝人間の本性は善である）」の人間観**をもとに、「王道政治」をめざした。人々は孟子を「亜聖（＝孔子に次ぐ賢人）」と尊ぶ。十数年の遍歴の後、遊説と門下への訓育の経験を編集したのが『孟子』七編。

荀子　名は況。荀卿と尊称された。戦国時代、趙の人。前二九八頃〜前二三八頃。斉に仕え、後、楚の春申君に仕えた。**「性悪説（＝人間の本性は悪である）」の人間観**をもとに「礼至上主義」を唱えた。その門下から法家で有名な**韓非子（＝韓非）**や**李斯**などが出た。著書は『荀子』三十二編。

【儒家の経典】

四書《ししょ》　『大学《だいがく》』『中庸《ちゅうよう》』『論語』『孟子』　**五経《ごきょう》**　『易経《えききょう》』『書経』『礼記《らいき》』『詩経』『春秋』

解答・解説編
予想問題・第１回

解　答

問題番号	設　問	解答番号	正　解	配　点	問題番号	設　問	解答番号	正　解	配　点
第３問(50)	問１	1	3	5	第４問(50)	問１	1	2	4
		2	2	5			2	4	4
		3	5	5		問２	3	1	5
	問２	4	1	6			4	3	5
	問３	5	4	7			5	2	5
	問４	6	5	8		問３	6	3	6
	問５	7−8	5−6	14（各７）		問４	7	5	7
						問５	8	1	5
						問６	9	3	9

（注）
−（ハイフン）でつながれた正解は、順序を問わない。

第3問 古文 やや易

出典解説

古今著聞集　鎌倉時代、一二五四年成立の説話集。筆者は橘成季。二十巻三十編。『古今和歌集』の形式になぞらえ、全説話を文学・和歌・孝行恩愛・好色などの三十編に分類し、各冒頭に起源由来を略説する。本朝の説話に限定し、年代順に、前後の説話相互間の関連を考慮して配列している。

大和物語　平安時代、九五一年頃成立した歌物語。作者は未詳。百七十三段余り。前半は、都の貴族の日常生活の噂話に基づいた、贈答歌を中心とする歌物語。統一的主人公はいない。在原業平や平貞文は噂話の提供者なので『伊勢物語』や『平中物語』と共通の話も見られる。後半には、地方の民間伝承をもとにした信濃の国の更科の「姥捨山」、津の国の「生田川」などの和歌説話もある。

《本文解説》

古今著聞集　本文は巻第八好色「後嵯峨天皇、なにがしの少将の妻を召す事」の一節。後嵯峨天皇が蹴鞠を見に来ていた女房を見初めたが、女房は「なよ竹の」という「引き歌」を蔵人に伝えて姿を消したので、二ヶ月間、蔵人を使ってさがさせ、返歌をする場面。この本文のすぐ後の箇所で、女房は実は少将の妻であると明らかになる。女房は悩んだ末、帝と契りを結ぶ。夫の少将は後嵯峨天皇のおぼえめでたく、中将に出世。中将は妻を差し出して出世したことから、「よき妻《め》ののぼる所」＝「(鳴門は)よき布《め》(＝わかめ)ののぼる所」という意味で「鳴門の中将」と呼ばれた。

大和物語　本文は『大和物語』九十段。高貴な兵部卿の宮が女のもとを訪ねていこうとした時に、女が「呉竹」の語を中心に掛詞や縁語を用いて「身分が高くても一晩二晩のかりそめの契りでは何にもならない」と断る和歌。

《読解のポイント》

教師と生徒の会話を通じて、**【文章Ⅰ】**女房と**【文章Ⅱ】**女の状況を、対比・分析して、関連を見抜き、『大和物語』の和歌を「引き歌」した女房の意図と、後嵯峨天皇の和歌に込められた心情に深く迫ろう！

現代語訳

文章Ⅰ

いづれの年の春とかや。やよひ花のさかりに、和徳門の御つぼにて、二条の前《さき》の関白《くわんぱく》・大宮の大納言・兵部卿《ひやうぶきやう》・三位の頭中将など参りて、御鞠《おんまり》侍りしに、見物の人々に交じりて、女どもあまた見え侍る中に、内の御心よせに思し召すありけり。

鞠は御心にも入れさせ給はで、かの女房のかたを頻《しき》りにご覧ずれば、女わづらはしげに思ひて、うちまぎれて、左衛門《さゑもん》の陣のかたへ出でにけり。

六位を召して「この女の帰らん所見置きて申せ」と仰せられければ、蔵人《くらうど》追ひ付きて見るに、この女房心得たりけるにや、いかにもこの男すかしやりてんと思ひて、蔵人を招き寄せ、うち笑ひて、「なよ竹の、と申させ給へ。あなかしこ、御返事うけたまはらんほどは、ここにて待ち参《まゐ》らせん」と言へば、すかすとは思ひもよらず、ただすきあひ参らせんとするぞと心得て、いそぎ参りてこのよし申せば、「さだめて古歌の句にてぞあるらん」とて、御尋ねありけれども、その庭にては

どの年の春とかいうことだ。旧暦三月の桜の花盛りで、和徳門（＝内裏の綾綺殿の北にあった門）の御中庭で、二条の前の関白・大宮の大納言・兵部卿・三位の頭の中将などが参上して、御蹴鞠がございましたが、見物の人々にまじって、女たちがたくさん見えます中で、帝（＝後嵯峨天皇）がお心をよせるようにお思いになる（女房）がいた。

（後嵯峨天皇は）（御）鞠は深くお心にもおとめなさらないで、あの女房の方をしきりにご覧になると、女（＝女房）は（いかにも）面倒（な様子）に思って、（群衆の中に）紛れて、左衛門の陣の方へ出て行ってしまった。

（後嵯峨天皇は）六位（の蔵人）をお呼びになって「この女が帰るようなところを見届けて申し上げよ」とおっしゃったので、蔵人が追いついて見ると、この女房は理解していたのであろうか、なんとかこの男を言いくるめて帰してしまおうと思って、蔵人を招き寄せて、（ちょっと）笑って、「『なよ竹の』と（あなたが後嵯峨天皇に）申し上げてください。ああ恐れ多い、ご返事をおうかがいするような間は、ここで待ち申し上げよう」と（女房が）言うので、（蔵人は）（女房が）だますとは思いもよらず、ただ（後嵯

知る人なかりければ、為家卿のもとへ御尋ねありけるに、とりあへぬほどに、ふるき歌とて

たかしとて　なにかはせん　なよ竹の　一夜二夜の
あだのふしをば

※「なよ竹の」は「節《よ》（＝節《ふし》と節《ふし》の間の空洞の部分）」にかかる枕詞。イメージを与える効果があるが、訳さなくてもよい。
※「ひとよ」は「一節《よ》」と「一夜」の掛詞。
※「ふし」は「（竹の）節《ふし》」（「節《ふし》（事柄）」の意味も含む）と「臥し（＝伏し）」の掛詞。
※「竹」の縁語は「節《よ》」と「節《ふし》」。

と申されければ、いよいよ心にくく思し召して、御返事は無くて、「ただ女の帰らん所を確かに見て申せ」と仰せありければ、立ち帰りありつる門を見るに、なじかはあらん、見えず。

峨天皇と）互いに風流なやりとりをしてさしあげようとするのだと理解して、（蔵人は）急いで（後嵯峨天皇のもとに）参上してこのことを申し上げると、（後嵯峨天皇は）「きっと古歌の句であるのだろう」と（おっしゃっ）て、お尋ねなさったけれども、その庭では知る人はなかったので、為家卿のもとへお尋ねなさったところ、時間的余裕を持たないうちに（＝待つほどもなく）、（為家卿から）古い歌といって

（あなたのご身分が）高いといって　何になろうか、いや何にもならない。（なよ竹の一節《よ》二節《よ》のような）　一夜二夜の　かりそめの契りを

と（為家卿が後嵯峨天皇に）申し上げなさったので、（後嵯峨天皇は女のことを）いっそう奥ゆかしくお思いになって、（女房への）ご返事はなくて、「ただ、女が帰るようなところを確かに見て申し上げよ」とご命令があったので、（蔵人は）立ち戻ってさっきの門を見ると、どうして（女房は）いるだろうか、（いるはずはなく）（女

また参りて「しかじか」と奏するに、御気色悪しくて、尋ね出《い》ださずは、科《とが》あるべきよし仰せらる。

蔵人青ざめてまかり出でぬ。

この事によりて、御鞠もことさめて入らせ給ひぬ。

その後はにがにがしくまめだたせ給ひて、心苦しき御事にぞ侍りける。

その後、蔵人は、いたらぬくまなく、もしやあふとて求めありきつつ、神仏にさへ祈り申せども、甲斐なし。（中略）

五月十三日、最勝講《さいしよう》の開白《かいびやく》の日、この女、ありしさまをあらためて、五人連れてふと行きあひぬ。

蔵人あまりのうれしさに、夢うつつともおぼえず。

あやしまれじと思ひて、人にまぎれて見ければ、仁寿殿《じじゆうでん》の西の庇《ひさし》になみゐて聴聞《ちやうもん》す。

講はててひしめかん時、また失ひてはいかがせんと思ひて、

房の）姿は見えない。

（蔵人は）また（後嵯峨天皇のもとに）参上して「このように」と申し上げると、（後嵯峨天皇は）ご機嫌が悪くて、『（女房を）さがし出さないならば、（おまえには）罪があるに違いない』という旨をおっしゃる。

蔵人は青ざめて退出して出て行った。

この事によって、（後嵯峨天皇は）御蹴鞠も興が冷めて（奥に）入りなさった。

（後嵯峨天皇は）その後は、おもしろくなく（女に）真剣になりなさって、気の毒なご様子でございました。

その後、蔵人は、いたらない所もなく、『もしかして会うか』と思って（女を）さがし回っては、神仏にまでも祈り申し上げるけれど、甲斐がない（＝無駄だ）。（中略）

（旧暦）五月十三日、最勝講の法会の初日、この女（＝女房）は、以前の様子を改めて、（他にお供）五人を連れて（蔵人に）思いがけずばったり出くわした。

蔵人はあまりのうれしさに、夢とも現実とも思われない。

『（女房に）怪しまれまい』と（蔵人は）思って、人に紛れて見たところ、（女房は）仁寿殿の西の庇に並んで座って法話を聴く。

『法会が終わって（人々が）押し合いへし合いして混雑するような

経俊《つねとし》の、殿上の口におはする所にて、「この事しかじか奏し給へ」と語らへば、「ただいま、宮ひと所に御聴聞のほどなり。こちたし」と申しければ、力及ばず。

伝奏の人やおはすると見れどもおはせず。

一位殿、我が御局《みつぼね》の口に女房と物仰せらるるを見あひ参らせて、畏まりて申しけるは、「推参《すいさん》に侍れども、天気にて侍り。しかじかの事、いそぎ奏し給へ」と申しければ、かねて聞こえある事なれば、やがて奏し申させ給ふに、女房して「神妙《しんべう》なり。かまへてこのたびは不覚せで、ゆくかたをたしかに見置きて申せ」と仰せらるるほどに、講はつれば、夕暮れにもなりぬ。

時、また（女房を）見失ってはどうしようか』と思って、経俊が、殿上の間の入り口にいらっしゃる所で、「（あなた経俊が）このことをこのように（後嵯峨天皇に）申し上げてください」と相談すると、（経俊は）「ただいま、（後嵯峨天皇は）中宮がご一緒で（法話を）お聴きの時である。（人の口が）わずらわしい。」と申し上げたので、どうしようもない。

『取り次ぎの人がいらっしゃるか』と見るけれどもいらっしゃらない。

一位殿が、自分のお部屋の入り口で（近くの）女房とものをおっしゃるのを（蔵人は）見つけ申し上げて、（蔵人が居ずまいを正して）恐れつつしんで申し上げたことには「ぶしつけでございますが、（後嵯峨）天皇の御意向でございます。このような事を、急いで（後嵯峨天皇）申し上げてください。」と申し上げたところ、以前から噂がある事であるので、（一位殿が）すぐに（後嵯峨天皇に）奏上し申し上げなさると、（後嵯峨天皇は）女房を使って「殊勝である。必ず今回はしくじらないで、（女の）行方をしっかりと見届けて申し上げよ」とおっしゃられるうちに、法会が終わると、夕暮れにもなった。

この女ども、一つ車にて帰るめり。

蔵人、我が身はあやしまれじと思ひて、さかさかしき女をつけて見入れさすれば、三条白川に、なにがしの少将といふ人の家なり。

このよしを奏するに、やがて御文あり。

「あだに見し　夢かうつつか　なよ竹の　おきふしわぶる
恋ぞ苦しき

※「なよ竹の」は「節《ふし》」にかかる枕詞。イメージを与える効果があるが、訳さなくてもよい。

※「ふし」は「(竹の)節《ふし》」(「節《ふし》(事柄)」の意味も含む)と「臥し(＝伏し)」の掛詞。

※「竹」の縁語は「節《ふし》」。

この暮にかならず」とばかりあり。

単語・文法

● **と・か・や**　格助詞「と」＋係助詞「か」＋間投助詞「や」。不確実な伝聞を表す。①(文中で)～とかいう。②(文末で)～とかいうことだ。ここでは②。

● **つぼ**(名詞)　中庭。

この女たちは、一台の車で帰るようだ。

蔵人は、『自分の身は(女房に)怪しまれまい』と思って、賢くしっかりした女をつけて(気をつけて)見させると、(女房の家は)三条白川で、なんとかの少将という人の家である。

この旨を(蔵人が後嵯峨天皇に)申し上げると、すぐに(後嵯峨天皇の)お手紙がある。

「はかなく見た　夢か現実か。(なよ竹の節のように)起きても臥しても(あなたのことを慕い)つらく思う　恋が苦しい

今晩かならず」とだけ(書いて)ある。

● **参る**(ラ四)　謙譲語　本動詞　参上する。参内する。

● **侍り**(ラ変)
謙譲語　本動詞　お仕えする。伺候する。お控えする。
丁寧語　本動詞　あります。おります。ございます。

補助動詞（連用形）＋侍り　～です。～ます。

（体言・連体形／一部の助詞・副詞）＋断定の助動詞「なり」連用形「に」＋侍り＝～でございます

●**あまた**（副詞）　たくさん。

●**心よせ**（名詞）　愛情を寄せること。

●**思し召す**（サ四）　尊敬語　本動詞　お思いになる。

●**心・に・入る**　深く心にとめる。関心を持つ。

●**させ・給は**　尊敬の助動詞「さす」連用形＋ハ行四段活用の尊敬の補助動詞「給ふ」未然形。二重敬語。最高敬語。「（お）～なさる」「お～なさる」。

●**で**（接続助詞）　打消接続。～ないで。

●**ご覧ず**（サ変）　尊敬語　本動詞　ご覧になる。

●**蔵人**（名詞）　蔵人所の職員。天皇のそば近くに仕えた。

●**に・や**　断定の助動詞「なり」連用形＋係助詞「や」。下に「あらむ」「ありけむ」などが省略されている。「～であろうか」「～であったのだろうか」。

●**いかに・も**　副詞「いかに」＋係助詞「も」。①どのようにでも。②なんとか・ぜひ～願望・意志。③どんなことがあっても・決して～打消。ここでは②。

●**すかす**（サ四）　①だます。欺く。②おだてる。③慰めなだめる。ここでは①。

●**すかしやる**（ラ四）　だまして向こうへやる。言いくるめて帰す。

●**て・ん**　完了・強意の助動詞「つ」未然形＋意志の助動詞「ん」終止形。「きっと～しよう。～てしまおう」。

●**申さ・せ・給へ**　サ行四段活用の謙譲の本動詞「申す」未然形＋尊敬の助動詞「す」連用形＋尊敬のハ行四段活用の補助動詞「給ふ」命令形。「申し上げてください」。

※会話文で二重敬語「せ給ふ」を使っている時、主体は必ずしも高貴でない。地の文で二重敬語「せ給ふ」を使っている時、主体は高貴な人。

●**あな・かしこ**　①ああ、恐れ多い。②恐れ入りますが。失礼ですが。（呼びかけの語）③とんでもないことです。決して～禁止。④手紙の文末の語。かしこ。

●**うけたまはる**（ラ四）　謙譲語
本動詞　①いただく。お受けする。②お聞きする。おうかがいする。

●**参らす**（サ下二段）　謙譲語
本動詞　さしあげる。
補助動詞　（お）～申し上げる。～（して）さしあげる。

●**すきあふ**（八四） 互いに好く。互いに風流なやりとりをする。

●**よし**（名詞） 「由」。①口実。きっかけ。②理由。いわれ。③手段。方法。④ゆかり。縁。⑤由緒（ありげな家柄）。⑥趣。風流。⑦趣旨。旨。内容。いきさつ。次第。〜ということ。ここでは⑦。

●**さだめて**（副詞） 必ず。きっと。

●**に・て・ぞ・ある・らん** 断定の助動詞「なり」連用形＋接続助詞「て」＋強調・強意の係助詞「ぞ」＋ラ変の補助動詞「あり」連体形＋現在推量の助動詞「らん」連体形（※助動詞「らん」は終止形接続、ただしラ変型には連体形に接続する。「らん」は係助詞「ぞ」の結びで連体形。）「〜であるのだろう」。

●**御＋名詞＋あり** （お）〜なさる。お〜になる。

●**とりあふ**（八下二段） 間に合うように取る。

●**なに・に・かは・せ・ん** 代名詞「何」＋格助詞「に」＋係助詞「かは」＋サ変動詞「す」未然形＋推量の助動詞「む」連体形。「何になろうか、いや何にもならない」。

●**なよ竹**（名詞） 細くしなやかな竹。若竹。

●**なよ竹の** 「節《よ》（＝節《ふし》と節《ふし》の間の空洞の部分）」にかかる枕詞。訳さなくてもよい（イメージを与える効果）。

●**ひとよ** 「一節《よ》」と「一夜《よ》」の掛詞。

●**ふし** 「（竹の）節《ふし》」（「節《ふし》（事柄）」の意味も含む）と「臥し（＝伏し）」の掛詞。「臥し（＝伏し）」は「寝ること」。

●**「竹」の縁語** 「節《よ》」と「節《ふし》」。

●**あだなり**（形動ナリ） ①浮気だ。②はかない。一時的でかりそめだ。③いい加減だ。④実を結ばない様だ。無駄だ。ここでは②。「あだ」は形容動詞ナリ活用「あだなり」の語幹。格助詞「の」を伴って連体修飾語。

●**あだ・の・ふし** 「はかないこと、はかなく寝ること」で、「はかない契り。かりそめの契り」。

●**を・ば** 格助詞「を」＋係助詞「は」が濁音化。「〜を」。

●**申さ・れ・けれ・ば** サ行四段活用の謙譲の本動詞「申す」未然形＋尊敬の助動詞「る」連用形＋（伝聞）過去の助動詞「けり」已然形＋接続助詞「ば」。「（為家卿が後嵯峨天皇に）申し上げなさったので」。

●**心にくし**（形ク） 心ひかれる。奥ゆかしい。上品だ。

●**仰せ**（名詞） お言葉。ご命令。

●**ありつる**（連体詞） さっきの。

●**なじかは**（副詞） ①疑問 どうして〜か。②反語 どうして〜か、いや〜ない。ここでは②。

●**奏す**（サ変） 謙譲語 本動詞 天皇・帝に申し上げる。絶対敬語。

●**気色**（名詞） ①様子。②ありさま。③意向。内意。④機嫌。気分。⑤きざし。ここでは④。

●**しかじか**（副詞） こうこう。このように。

●**尋ぬ**（ナ下二） さがし求める。

●**ず・は** 打消の助動詞「ず」連用形＋係助詞「は」。「〜ないならば」。

●**科**（名詞） ①過失。②欠点。③罪。罪科。ここでは③。

●**べき** 当然の助動詞「べし」連体形。〜はずだ。

●**仰せ・らる** サ行下二段活用の尊敬の本動詞「仰す」未然形＋尊敬の助動詞「らる」。「おっしゃる」。（「仰せらる」で一語としてもよい。）

●**まかり出づ**（ダ下二） 謙譲語 本動詞 退出する。

●**ことさむ**（マ下二） 興がさめる。

●**にがにがし**（形シク） 不愉快だ。おもしろくない。

●**まめだつ**（タ四） 真面目になる。本気になる。

●**せ・給ひ** 尊敬の助動詞「す」連用形＋ハ行四段活用の尊敬の補助動詞「給ふ」連用形。二重敬語。最高敬語。

「（お）〜なさる」「お〜なさる」。

●**心苦し**（形シク） ①（自分にとって）心につらく思われる。つらい。②気がかりだ。心配だ。③（相手に対して）気の毒だ。かわいそうだ。ここでは③。

●**に・ぞ・侍り・ける** 断定の助動詞「なり」連用形＋強調・強意の係助詞「ぞ」＋ラ変の丁寧の補助動詞「侍り」＋（伝聞）過去の助動詞「けり」連体形（「ぞ」の結び）。「〜でございました」。

●**くま**（名詞） （形式名詞的に）所。

●**もしや**（副詞） もしかして。ひょっとしたら。

●**ありく**（カ四） ①歩き回る。②（連用形）＋ありく＝〜して回る。ここでは②。

●**つつ**（接続助詞） ①反復 〜ては。②継続 〜し続けて。③並行 〜ながら。④単純接続 〜て。ここでは①。

●**さへ**（副助詞） 添加 〜までも。

●**ありし**（連体詞） 以前の。かつての。

●**ふと**（副詞） ①たやすく。すぐに。②さっと。③不意に。思いがけず。ここでは③。

●**行きあふ**（ハ四） 出会う。ばったり会う。

●**夢うつつ**（名詞） 夢と現実。

●**あやしま・れ・じ**　マ行四段活用動詞「あやしむ」未然形＋受身の助動詞「る」未然形＋打消意志の助動詞「じ」終止形。「怪しまれまい。怪しまれたくない」。

●**なみゐる**（ワ上一）「並み居《ゐ》る」。並んで座る。

●**ひしめく**（カ四）押し合いへし合いして騒ぎ立てる。混雑する。

●**いかが・せ・ん**　副詞「いかが」＋サ変動詞「す」未然形＋適当・可能の推量の助動詞「ん」連体形。

①疑問　どのようにしようか。どのようにしたらよいか。

②反語　どのようにすることができようか、いやどうしようもない。仕方が無い。やむを得ない。

●**おはす**（サ変）尊敬語

本動詞　いらっしゃる。お行きになる。おいでになる。

補助動詞　〜（て）いらっしゃる。お〜になる。

●**語らふ**（ハ四）①語る。伝える。相談する。語り合う。②親しくつきあう。③男女が親密になる。④説得して味方に引き入れる。ここでは①。

●**こちたし**（形ク）①（人の口・噂が）うるさい。わずらわしい。②おおげさだ。仰々しい。はなはだしい。ここでは①。

●**見あふ**（ハ四）①互いに見合う。②見つける。ここでは②。

●**畏まる**（ラ四）恐縮する。恐れつつしむ。

●**推参《すいさん》なり**（形動ナリ）さしでがましい。無礼な振る舞いだ。ぶしつけだ。

●**天気**（名詞）天皇の御意向。

●**に・て・侍り**　断定の助動詞「なり」連用形＋接続助詞「て」＋ラ変の丁寧の補助動詞「侍り」終止形。「〜でございます」。

●**かねて**（副詞）前もって。前々から。

●**聞こえ**（名詞）噂。評判。

●**やがて**（副詞）①そのまま。②すぐに。ここでは②。

●**神妙《しんべう》なり**（形動ナリ）①不可思議だ。②殊勝だ。けなげだ。感心だ。ここでは②。

●**かまへて**（副詞）①なんとかして〜（願望・意志）。②必ず・きっと〜（命令）。③決して〜（禁止）。ここでは②。

●**不覚**（名詞）失敗すること。しくじること。油断。

●**見置く**（カ四）見届ける。

●**さかさかし**（形シク）非常に優れている。賢く才知がある。世知にたけている。

- **見入る**（ラ下二）気をつけて見る。目をつける。
- **さすれ**（助動詞）使役の助動詞「さす」已然形。〜させる。
- **なにがし**（名詞）①だれそれ。どこそこ。②謙譲の意味を込めた男性の自称。わたくし。ここでは①。
- **か**（係助詞）係助詞の文末用法。文末で体言・連体形に接続して疑問・反語を表す。
- **うつつ**（名詞）「現」。現実。

- **なよ竹の**「節《ふし》」にかかる枕詞。イメージを与える効果があるが、訳さなくてもよい。
- **ふし**「（竹の）節《ふし》」（「節《ふし》（事柄）」の意味）と「臥し（＝伏し）」の掛詞。「臥し（＝伏し）」は「寝ること」。
- **「竹」の縁語**「節《ふし》」。
- **わぶ**（バ上二）①つらく思う。思い悩む。②さびしく思う。心細く過ごす。③困る。④落ちぶれる。ここでは①。

設問解説

問1【解釈の問題】

設問のねらい 古文単語＋文脈把握

(ア) 1 **正解** ③ **標準**

文法……品詞分解

すかす	と	は	思ひ	も	よら	ず
サ行四段活用動詞「すかす」終止形	格助詞	係助詞	ハ行四段活用動詞「思ふ」連用形	係助詞	ラ行四段活用動詞「よる」未然形	打消の助動詞「ず」連用形

「すかす」はサ行四段活用動詞。意味は①「だます」②「おだてる」③「慰めなだめる」。

分析・思考！

「思ひ・も・よら・ず」には敬語が用いられていない。⬇「誰」が「思ひもよらず」なのか？「誰」が「誰」を「すかす」のか？

本文「蔵人追ひ付きて見るに、～「なよ竹の、と申させ給へ。あなかしこ、御返事うけたまはらんほどは、ここにて待ち参らせん」と言へば、」に注目！

思考・推測！

蔵人とは天皇・帝の近くに仕える（秘書のような）役人。（蔵人所の役人で令外官）。**⬇女房は、「蔵人が後嵯峨天皇の命令で自分を追ってくる」ことを「心得」ていたのか？**

「いかにもこの男**すかし**やりてんと思ひて、」の「思ひ」の主体は女房。「この男」は蔵人。

女房は「御返事うけたまはらんほどは、ここにて待ち参らせん」と言ったのに、結局「（蔵人が）立ち帰りありつる門を見るに、（女房は）なじかはあらん、見えず」と姿を消し（て待っていなかっ）た。⬇**「女房」**は**「この男＝蔵人」**を最初から**「すかす」**つもりだった？**「蔵人」**はそのことを「思ひもよらず」。

判断！

「すかす」の意味は「だます」。⬇蔵人は、「女房が（自分を）すかす（＝だます）とは思いも寄らなかった」！⬇正解は③。

(イ) 2 **正解** ② やや易

文法……品詞分解

心にくく	思し召し	て
形容詞ク活用「心にくし」連用形	サ行四段活用の尊敬の本動詞「思し召す」連用形	接続助詞

「心にくし」は形容詞ク活用。意味は「心ひかれる。奥ゆかしい。上品だ」。
「思し召す」はサ行四段活用の尊敬の本動詞。意味は「お思いになる」。

分析！ 女房は「なよ竹の」を帝に伝えた。⬇後嵯峨天皇は「古歌の句」と思って尋ねたが、その場の貴族も古歌はわからなかった。
⬇為家卿は古歌［たかしとて　なにかはせん　なよ竹の　一夜二夜の　あだのふしをば］を伝えた。

思考・推測！ **古歌は和歌の大家である為家に聞いてやっとわかった。⬇女房は、古歌の一部「なよ竹の」を「引き歌」（和歌の一部を引用すること）して、自分の思いを後嵯峨天皇に伝えた！⬇後嵯峨天皇は、「引き歌」に込められた女房の思いがわかった？**
⬇尊敬語「思し召す」の主体は後嵯峨天皇。

判断！ **後嵯峨天皇は、「引き歌」によって自分の思いを伝える女房を「奥ゆかしいとお思いになった」！⬇正解は②。**

(ウ) 3 **正解** ⑤ やや易

文法……品詞分解

心苦しき	御事	に	ぞ	侍り	ける
形容詞シク活用「心苦し」連体形	名詞（「御」は接頭語）	断定の助動詞「なり」連用形	係助詞	丁寧の補助動詞「侍り」連用形	（伝聞）過去の助動詞「けり」連体形

「心苦し」は形容詞シク活用。意味は①「（自分にとって）心につらく思われる。つらい」②「気がかりである。心配だ」③「（相手に対して）気の毒だ。かわいそうだ」。［にぞ侍りける］は断定の助動詞「なり」連用形「に」＋強調・強意の係助詞「ぞ」＋丁寧の補助動詞「侍り」連用形＋過去の助動詞「けり」連体形。訳は「～でございました」。

分析！

「心苦しき御事」とは「御」があるので（周囲の目から見た）（後嵯峨天皇の）ご様子。

判断！

後嵯峨天皇に対して「気の毒なご様子」＋「でございました」！⬇正解は⑤。

問2【傍線部の理由説明問題】 4 正解 ① 標準

設問のねらい 古文単語＋文脈把握＋文法（敬語）問題

文法 ……品詞分解

まめだた	**せ**	**給ひ**	**て**
タ行四段活用動詞「まめだつ」未然形	尊敬の助動詞「す」連用形	ハ行四段活用の尊敬の補助動詞「給ふ」連用形	接続助詞

「まめだつ」はタ行四段活用動詞。意味は「真面目になる。本気になる」。「せ給ふ」は二重敬語。

会話文では、それほど身分が高くない人の動作にも用いられることがある。

地の文では、最高敬語として天皇・帝などの貴人の動作に用いられることが多い。

文脈・分析！

傍線部直前「また参りて「しかじか」と奏するに、」。……「参る」は謙譲語。ラ行四段活用動詞。意味は「参上する」。主体は蔵人。客体は後嵯峨天皇。「しかじか（＝このように）」の内容は、「女房の姿が見えない」＝「女房の行方がわからない」こと。**「奏す」は謙譲語。サ変動詞。意味は「（天皇・帝に）申し上げる」。客体は必ず「天皇・帝」。絶対敬語。「奏す」の主体は蔵人。客体は後嵯峨天皇。「蔵人が後嵯峨天皇に申し上げる」。**

報告を受けて「**御気色悪しく**」「御鞠もことさめて入らせ**給ひぬ。**」「にがにがしく（＝気分が晴れず）」は**後嵯峨天皇の様子。**

思考・推測！

❶もともと後嵯峨天皇は女房に心を寄せて頻りに見た。 → 女房の**外見**は美しかった？

❷女房は古歌の「引き歌」によって自分の思いを伝えた。 → 女房は**内面**も風流で素晴らしい？

❸女房は返事を待たずにいなくなった。 → なぜ？　どこへ？　後嵯峨天皇は気になるはず！

判断！

❶＋❷＋❸⬇ますます後嵯峨天皇は女房に興味を持つはず！

「まめだつ」は後嵯峨天皇が女房に対して「本気になる」という意味。「せ給ひ」は最高敬語！「せ」は使役ではない！

後嵯峨天皇は、行方知れずになった女房に対して本気で好きになった！⬇正解は①。

②［女房を失望させてしまった］かどうかわからない。［恥じた］は本文に無いので、誤り。

③［真の理由を知りたかった］だけではないので、誤り。

④［ひたすら情熱を訴えて女房の気持ちを振り向かせたかった］は本文に無いので、誤り。

⑤［真剣に行方を探させたかったから］は誤り。「せ」は使役ではない。

問3 【傍線部の説明問題】 5 正解 ④ 標準

設問のねらい 状況把握＋文法問題＋指示内容の把握＋敬語問題（主体判定・敬意の方向）

《最初にチェック！話し手と聞き手の確認！》

「蔵人」が、「一位殿」へ、「後嵯峨天皇への取り次ぎを頼む」会話文。

《①②について》

文法 ……品詞分解

天気	に	て	侍り
名詞	断定の助動詞「なり」連用形	接続助詞	ラ変の丁寧の補助動詞「侍り」終止形

(注)から「天気」は「帝の意向」の意味。「にて侍り」は断定の助動詞「なり」連用形「に」＋接続助詞「て」＋丁寧の補助動詞「侍り」終止形。訳は「～でございました」。

分析! 蔵人の会話文なので、丁寧の補助動詞「侍り」は、話し手「蔵人」から聞き手「一位殿」への敬意の方向。

判断! ①と②は誤り。

《③について》

分析! 「しかじか」は副詞。意味は「これこれ。このように」。「(後嵯峨天皇が思いを寄せる)女房を見つけたこと」を指す。

判断! ③は誤り。

《④⑤について》

分析!

二方面への敬意の方向

A（主体）が B（客体）に 謙譲語＋尊敬語

※謙譲語＋尊敬語の時は、主体も客体も貴人。

④「奏し」

「奏し」はサ変の謙譲の本動詞「奏す」連用形。意味は「（天皇・帝に）申し上げる」。客体は必ず「天皇・帝」。絶対敬語。

⑤「給へ」

「給へ」は尊敬の補助動詞「給ふ」命令形。意味は「～なさい。～てください」。

思考・推測！

誰が誰に「奏す（＝申し上げる）」なのか？⬇**「奏す」は絶対敬語。客体**（＝誰に）**は後嵯峨天皇。⬇**「奏す（＝後嵯峨天皇に申し上げる）」の**主体**（＝誰が）は？⬇「蔵人」は「一位殿」に話しかけている。目的は「後嵯峨天皇に取り次ぎを頼む」ため。注から、「一位殿」は内侍（天皇への取り次ぎもする女官）で、後に従一位になった高貴な女性。

判断！

「一位殿」が「後嵯峨天皇」に「申し上げる」。⬇「奏し」の主体は、一位殿（＝一位殿の動作）！⬇正解は④。

《敬意の方向》

分析！

「奏し」の敬意の方向は、話し手「蔵人」から客体「後嵯峨天皇」へ。「給へ」の敬意の方向は、話し手「蔵人」から主体「一位殿」へ。

判断！

⑤は誤り。

問4【登場人物の説明問題】 6 正解 ⑤ やや易〜標準

設問のねらい 内容把握

①「女房」について

分析！

本文［かの女房のかたを頻りにご覧ずれば、女わづらはしげに思ひて、うちまぎれて、左衛門の陣のかたへ出でにけり。］

思考！

女房は後嵯峨天皇に見られていることに気付いていた！⬇女房は面倒に思って左衛門の陣の方へ出て行った。

判断！

［後嵯峨天皇が自分に熱い視線を送っているのにも気付かず］が誤り。

②「後嵯峨天皇」と「貴族」について

分析！

本文［「さだめて古歌の句にてぞあるらん」とて、御尋ねありけれども、その庭にては知る人なかりければ、為家卿のもとへ御尋ねありけるに、とりあへぬほどに、ふるき歌とて］

本文［と申されければ、いよいよ心にくく思し召して、］

思考！

後嵯峨天皇は最初に「古歌の句」と気付いた＝「古歌」の「引き歌」と気付いた！⬇しかし、肝心の「古歌」がわからなかった。⬇為家卿は「古歌」を後嵯峨天皇に告げた。

古文常識！

「引き歌」は有名な古歌の一部を引用する修辞技法。引用されていない部分を示唆する。⬇「引き歌」によって、思いを伝えることはしばしば行われた！

推測！

「古歌」そのものがわかると、後嵯峨天皇は、「古歌」を「引き歌」した女房の意図も理解したはず！

理解したから、［いよいよ心にくく思し召し］た。

判断！

［後嵯峨天皇だけでなく貴族の誰も、最後まで女房の「なよ竹の」という発言の意図が理解できなかった］が誤り。

③「蔵人」について

分析！

本文［また参りて「しかじか」と奏するに、御気色悪しくて、尋ね出ださずは科あるべきよし仰せらる。蔵人青ざめてまかり出でぬ。］

思考・推測！

後嵯峨天皇は怒っている。「女房をさがし出さないならば、（おまえには）罪があるに違いない」、つまり「女房をさがし出さないならば、罰するぞ」と、蔵人を脅している。蔵人は真っ青になっている。

判断！

［（蔵人は）悲しむ後嵯峨天皇のために必ずさがし出すと言った］が誤り。

④「経俊《つねとし》」について

分析！

本文［経俊の、殿上の口におはする所にて、「この事しかじか奏し給へ」と語らへば、「ただいま、宮ひと所に御聴聞のほどなり。こちたし」と申しければ、力及ばず。］

本文［一位殿、我が御局の口に女房と物仰せらるるを見あひ参らせて、畏まりて申しけるは、「推参に侍れども、天気にて侍り。しかじかの事、いそぎ奏し給へ」と申しければ、かねて聞こえある事なれば、やがて奏し申させ給ふに、］

思考！

経俊は蔵人の話を伝えるのを断った。⬇蔵人は一位殿に取り次ぎを頼んだ。（問3と関連！）

判断！

［（経俊は）蔵人から聞いた話を一位殿を使って（後嵯峨天皇に）伝えさせた。］が誤り。

⑤「蔵人」について

分析！

本文［蔵人、我が身はあやしまれじと思ひて、さかさかしき女をつけて見入れさすれば、三条白川に、なにがしの少将といふ人の家なり。］

思考！

蔵人は、自分が警戒されるのを恐れて、さかさかしき女に目（あと）をつけさせた。

（さかさかしき女はあとをつけて）女房の家は、三条白川の、なんとかという少将の家だとわかった。

判断！

正解は⑤。

問5 【異なるテクストを関連させ、会話で思考を深め、引き歌の意図と和歌に込められた心情を把握する問題】

7・8　正解　⑤⑥　標準～やや難

設問のねらい　『大和物語』の和歌の解釈＋会話によって思考を深める＋引き歌の効果＋引き歌をした女房の意図を把握＋本文の内容を問1～問4と関連させて把握＋和歌に込められた後嵯峨天皇の心情を把握

現代語訳

文章Ⅱ

女に、故兵部卿の宮、御消息《せうそこ》などし給ひけり。「おはしまさむ」とのたまひければ、聞こえける。

たかくとも　なににかはせん　呉竹の　一夜二夜の　あだのふしをば

女に、（今は）亡き兵部卿の宮が、お便りなどを送りなさった。「（私はおまえのもとに）お行きになろう（※自敬表現。「行こう」という意味。）」とおっしゃったので、（女が）申し上げた（歌）。

高いとしても、何になろうか、何にもならない。（呉竹の一節二節のような）一夜二夜の　かりそめの契りを

単語・文法

- **故**（接頭語）　亡き～。官位や姓名の上に付けて、その人が死亡していることを表す。
- **消息**（名詞）　①手紙。便り。②訪れること。取り次ぎを頼むこと。ここでは①。
- **おはします**（サ四）　尊敬語　本動詞　いらっしゃる。お行きになる。おいでになる。
尊敬語　補助動詞　～（て）いらっしゃる。お～になる。
- **おはしまさ・む**　話し手は兵部卿の宮。「おはしまさ」の主体は兵部卿の宮。（自敬表現。）「む」は意志の助動詞「む」終止形。「お行きになろう」。（「行こう」という意味。）
- **のたまふ**（ハ四）　尊敬語　本動詞　おっしゃる。
- **聞こゆ**（ヤ下二）
一般動詞　①聞こえる。②世に知られる。噂される。評

判になる。③理解される。わかる。

謙譲語　本動詞　申し上げる。(手紙などを)さしあげる。

謙譲語　補助動詞　(連用形)＋聞こゆ　「(お)～申し上げる。お～する」。

● **とも**(接続助詞)　逆接仮定条件。(たとえ)～としても。

● **なに・に・かは・せ・ん**　代名詞「何」＋格助詞「に」＋係助詞「かは」＋サ変動詞「す」未然形＋推量の助動詞「む」連体形。「何になろうか、いや何にもならない」。

● **呉竹**(名詞)　「呉」は中国伝来の意を表す。中国伝来の竹の一種「淡竹」の異名。清涼殿の東庭に植えてあることから、皇族をたとえる。

● **呉竹の**　「節《よ》(＝節《ふし》と節《ふし》の間の空洞の部分)」(イメージを与える効果があるが、訳さなくてもよい。)

● **ひとよ**　「一節《よ》」と「一夜《よ》」の掛詞。

● **ふし**　「(竹の)節《ふし》」(「節《ふし》(事柄)」の意味も含む)と「臥し(＝伏し)」の掛詞。「臥し(＝伏し)」は「寝ること」。「竹」の縁語＝「節《よ》」と「節《ふし》」。

● **あだなり**(形動ナリ)　①浮気だ。②はかない。一時的でかりそめだ。③いい加減だ。④実を結ばない様だ。無駄だ。ここでは②。「あだ」は形容動詞ナリ活用「あだなり」の語幹。格助詞「の」を伴って連体修飾語。

● **あだ・の・ふし**　「はかないこと、はかなく寝ること」で、「かりそめの契り」。

● **を・ば**　格助詞「を」＋係助詞「は」が濁音化。「～を」。

分析！

《和歌が詠まれた状況》女が、(来意を告げる)兵部卿の宮に詠んだ(歌)。

《和歌の大意》**「高くても一夜二夜のかりそめの契りでは何にもならない」。**

思考・推測！

何が「高く」なのか?

《『大和物語』の女の状況と『古今著聞集』の女房の状況》

対比！

『大和物語』の女	―― 和歌 ――	相手は「兵部卿の宮（＝陽成天皇の第一皇子元良親王）」
『古今著聞集』の女房	―― 引き歌 ――	相手は「後嵯峨天皇」

思考・推測！

【文章Ⅱ】［「呉竹」は中国伝来の、竹の一種「淡竹」の異名。清涼殿の東庭に植えてあることから、皇族をたとえる。兵部卿の宮とは、陽成天皇の第一皇子元良親王を指す。当代随一の風流人。］に注目！

「高く」とは「身分が高い」または「知性・教養が高い」と考えられる。

分析・思考！

「後嵯峨天皇」は、蔵人から女房の伝言「なよ竹の」を聞いて、「古歌の句」（＝「引き歌」）とは思ったが、肝心の「古歌」がわからなかった。

＋

「後嵯峨天皇」は為家卿に「古歌」を聞いて、「引き歌」をした女房の意図は理解したが、女房の「引き歌」にすぐに返事はしなかった。

←

「後嵯峨天皇」も「知性・教養が（当代随一の風流人と言えるほど）高い」？

判断！

共通点は「知性・教養が高い」ではない！⬇**共通点は「身分が高い」！**

❶（『大和物語』の和歌）「高く」（本文の和歌）「高し」とは、「（男の）身分」！

分析！

《「引き歌」について》

思考！

「引き歌」は有名な古歌の一部を引用する修辞技法。「引き歌（＝引用）」されていない部分を示唆。

『（身分が）高い人といっても、何にもならない。（一節《よ》二節《よ》のような）一晩二晩のかりそめの契りを』を示唆。


判断！
❷「男の身分が高くても、女はかりそめの契り（＝求愛）に応じることはできない」と示唆！

《引き歌の効果》

分析！

真意を柔らかく示唆する効果も持つ修辞技法。


思考・判断！
❸求愛を断られる後嵯峨天皇の気持ちに配慮した女房の心遣い！

《古文常識》

分析！

「引き歌」をする人にも、理解する人にも**知性と教養**が必要。


判断！
❹女房には知性と教養がある！

《女房の行動》

分析！

女房は後嵯峨天皇の視線に気付いて、煩わしく思って姿を消した。

女房は五月まで姿を見せなかった。蔵人が必死に探さなければ家もわからなかった。

思考・推測・判断！

❺**女房は後嵯峨天皇の求愛に応じるつもりは最初から無かったのでは？**（なぜかは不明。）

統合・判断！

❶＋❷＋❸＋❹＋❺⬇❻

古歌を『引き歌』した女房の意図❻

❻**女房は、**「なよ竹の」を「引き歌」することで、**「天皇・帝」という身分の高い男性（＝後嵯峨天皇）からの求愛を（心を傷つけないように）柔らかく断りたい。**

《後嵯峨天皇の行動と心情》問1～問4も関連させる！　本文全体の内容を把握！

分析・推測！

後嵯峨天皇は女房に心を寄せて頻りに見た。**女房の外見は美しかった？**⬇蔵人に女房の後をつけさせた⬇女房の素性を知るため？

後嵯峨天皇は、蔵人から女房の伝言「なよ竹の」を聞いて、「古歌の句」（＝「引き歌」）とは思ったが、肝心の「古歌」がわからなかった。⬇為家卿に「古歌」を聞いて「引き歌」をした女房の意図を理解。⬇「引き歌」によって柔らかく求愛

を断る女房の知性と教養と心遣いにますます心ひかれる！⬇「引き歌」への返事をせず、蔵人に女房の帰るところ（＝家）を見て来いと命令。⬇蔵人から女房が姿を消したと報告を受けて、怒る。女房を探すように命令する。

後嵯峨天皇は、行方知れずになった女房を本気で好きになった！⬇（三月から二ヶ月後）五月になって、蔵人から女房がいたと報告を受ける。⬇蔵人に女房の帰るところ（＝家）を見て来いと命令。⬇蔵人から女房の家がわかったと報告を受ける。

後嵯峨天皇はすぐにYの和歌を女房に詠んだ。

古文常識！

当時の貴人は「引き歌」を中心に当意即妙な和歌を詠んだり、気のきいたやりとりをしたりする！

当意即妙（＝すばやくその場に適応した機転）が重要！

思考・推測！

後嵯峨天皇がすぐに返事をしなかったのは、当意即妙な返歌が詠めなかったから？

分析！

教師の会話「Yは、『大和物語』の和歌を「引き歌」した女房の意図を踏まえての返歌だね。」に注目！

思考・推測！

女房の意図は柔らかく求愛を断ること（❻）。後嵯峨天皇は、美しいだけでなく、「引き歌」によって柔らかく求愛を断る女房の知性と教養と心遣いにますます心ひかれた！⬇後嵯峨天皇は、「引き歌」の意図を踏まえて女房に返歌をしたいはず！

後嵯峨天皇は、二ヶ月間、女房を忘れられず、苦しい恋心を募らせていたはず！

帝の和歌の解釈

あだに見し　夢かうつつか　なよ竹の　おきふしわぶる　恋ぞ苦しき

はかなく見た　夢か現実か。（なよ竹の節のように）起きても臥しても（あなたのことを慕い）つらく思う　恋が苦しい

分析・思考！

後嵯峨天皇は、二ヶ月前にはかなく見た美しい女房にもう一度逢いたいはず！
後嵯峨天皇は、（美しいだけでなく、「引き歌」によって柔らかく求愛を断る女房の知性と教養と心遣いにも心ひかれて、本気になったので、）寝ても覚めても、つらく苦しいほど女房のことを恋しく思う。

判断！

和歌に込められた後嵯峨天皇の心情❼

❼女房の「引き歌」の意図（＝求愛への断り）に対して、真剣な恋心を伝えたい！
はかなく見た美しい女房のことが寝ても覚めて恋しいと、苦しい恋心を女房に訴えたい！

統合！

古歌を『引き歌』した女房の意図❻＋和歌に込められた後嵯峨天皇の心情❼を選ぶ！

正解は⑤と⑥。

①**生徒A**　［Xの和歌の「高し」とは二人の恋を成就させるために高い障害があることを指している。女房は「引き歌」によって、後嵯峨天皇が本気ならばどんな障害も問題にはならないと、求愛を受け入れるのに条件を付けたい］が誤り。

②**生徒B**　［Xの和歌の「高し」とは「知性・教養」を指す］［女房は『大和物語』の「引き歌」に後嵯峨天皇がすぐに気付くかどうか、恋人として試した］［女房は長く待たされて興ざめして姿を消した］［「引き歌」に気付かず、］が誤り。

③**生徒C**　［『大和物語』で、女は兵部卿の宮という貴人に対して「高し」と詠んでいることも見逃してはならない。］は正しい。［「引き歌」によって、「帝」のような高貴な身分の男性が相手でも一時の戯れでは嫌だから、後嵯峨天皇に本気で愛してほしいと強く訴えたかった］が誤り。女房は最初から後嵯峨天皇の視線を「わづらはしげに」思っていた。

④**生徒D**　［本文の女房も最高の身分である「帝」を本気にさせるために、謎めいた「引き歌」だけ残して、わざと姿を消している］［色好みの「恋の駆け引き」だ。女房が美しい姿をあえて少ししか見せない］が誤り。

第4問　漢文　やや易

出典解説

欧陽文忠公集　共通テストの出典解説を参照

西京雑記《せいけいざつき》　晋の葛洪《かっこう》（字《あざな》は稚川《ちせん》、号は抱朴子《ほうぼくし》）の編とされるが不明。前漢末の劉歆《りゅうきん》（字は子駿）が原著者とも言われる。全六巻。「西京」とは前漢王朝の首都「長安」を指し、王昭君の故事など、前漢における天子や劉一族、文学者や学者、政治家たちの逸話、珍しい物品、非日常的事件、超自然的なできごと、賦などの文学作品に関する議論など雑多なエピソードが記されている。いわゆる「野史（＝民間人の編纂した史伝）」。

《本文解説》

【問題文Ⅰ】は『欧陽文忠公集』巻八『再び「明妃の曲」に和す』。欧陽脩が、王安石の『明妃の曲』（『臨川先生文集』巻四『明妃の曲二首』）に和した二篇の中の一首。巻八には古詩が二十一首収録される。この詩は長短句の交じった古体詩。王昭君の美貌と画像を主題としてその不幸を憐れむ詩。

【問題文Ⅱ】は『西京雑記』巻二。元帝の後宮にいた美貌の王昭君が匈奴の呼韓邪単于《こかんやぜんう》に嫁ぐことになった逸話。

《読解のポイント》

共通の話題は「王昭君」。**【問題文Ⅰ】**の筆者である欧陽脩が「王昭君」とその逸話についてどのように考えているか、**【問題文Ⅱ】**と関連させて把握しよう！

《発展》

王昭君は元帝の命令で、匈奴の呼韓邪単于に嫁し、さらに夫の死後、その子の妻となったという。中国王朝の政策の犠牲となった女性として、さまざまな文学、絵画の素材となった。北宋の王安石の『明妃の曲』だけでなく、盛唐の詩人の李白や中唐の詩人の白居易も「王昭君」の詩を作っている。「王昭君」を題材とした元曲（元代の戯曲）『漢宮秋』（馬致遠）も有名。

書き下し文・現代語訳

字音（＝音読み）は現代仮名遣いカタカナルビ。漢文では適宜時制を補って解釈する。

字訓（＝訓読み）は古典仮名遣い平仮名ルビ。「ば」の解釈は（平安時代の古典文法と違い）現代語に近い。

問題文Ⅰ

漢宮《カンキュウ》に佳人《カジン》有《あ》り　天子《テンシ》初《はじ》め未《いま》だ識《し》らず
一朝《イッチョウ》漢使《カンシ》に従《したが》ひて　遠《とほ》く単于《ゼンウ》の国《くに》に嫁《カ》す
絶色《ゼッショク》天下《テンカ》に無《な》し　一《ひと》たび失《うしな》へば再《ふたた》び得《え》難《がた》し
能《よ》く画工《ガコウ》を殺《ころ》すと雖《いへど》も　事《こと》に於《お》いて竟《つひ》に何《なん》の益《エキ》かある
耳目《ジモク》の及《およ》ぶ所《ところ》すら尚《な》ほ此《か》くのごとし
万里《バンリ》安《いづ》くんぞ能《よ》く夷狄《イテキ》を制《セイ》せんや
漢計《カンケイ》誠《まこと》に已《すで》に拙《つたな》し　女色《ジョショク》自《みづか》ら誇《ほこ》り難《がた》し

漢の宮中に美人（の王昭君）がいた
天子（元帝）は初め（彼女の存在に）まだ気がつかなかった（＝顔も見知らなかった）
ある日、漢の朝廷の使者に従って
遠く（匈奴の）単于の国に嫁いだ
すぐれた美貌は天下に無い
一度失うと二度とは得がたい
画家を殺すことができたというけれども
そのことに結局何の益があったか、いや何の益もなかった
（元帝は宮中の）耳や目の及ぶ所でさえ（やはり）このようだ
万里も遠くどうして夷狄を従わせることができたであろうか、いやできなかった
漢（の元帝）の（肖像画の美醜だけを見て判断し、最も醜い宮女

明妃《めいひ》去《さ》る時《とき》の涙《なみだ》　洒《そそ》いで枝上《シジヨウ》の花《はな》に向《む》かふ

狂風《キヨウフウ》日暮《ニチボ》に起《お》こり　飄泊《ヒヨウハク》して誰《た》が家《いへ》にか落《お》つる

紅顔《コウガン》人《ひと》に勝《まさ》るは薄命《ハクメイ》多《おほ》し

春風《シュンプウ》を怨《うら》むこと莫《な》く当《まさ》に自《みづか》ら嗟《なげ》くべし

語句

問題文Ⅰ

- **佳人**「かじん」。美人。

を選んで、匈奴に嫁がせるという）はかりごとは本当にすでにまずかった

（王昭君という）女性の顔かたちは（画家に賄賂を贈らずに）自分で誇ることは難しい

王昭君が（漢を）去る時の涙は

ふりそそいで（道のほとりの）枝の上に咲く花に向かう

（＝（道のほとりの）枝の上に咲く花にふりそそぐ）

（花のような美人も）荒れ狂う風が日暮れに起こり

さまよって誰の家に（散り）落ちたか

若々しく美しい顔が人にまさるものは、運命に恵まれないことが多い

（王昭君もまた花を散らす）春風を怨むことなく、自分で（はかない花のような運命を）嘆いたに違いない

- **識ル**「しる」。気がつく。
- **一朝**「いつてう（＝いっちょう）」。ある朝。ある日。

●**絶色** 「ぜつしよく（＝ぜっしょく）」。素晴らしい美人。
●**画工** 「ぐわこう（＝がこう）」。絵描き。画家
●**竟《ニ》** 「つひに（＝ついに）」。とうとう。結局。
●**制《ス》** 「せいす」。おさえつける。従わせる。
●**夷狄** 「いてき」。未開の異民族。東方は夷。北方は狄。
●**計** 「けい」。はかりごと。計略。
●**拙** 「つたなし」。まずい。下手だ。劣っている。
●**女色** 「ぢよしよく（＝じょしょく）」。女の色香。女の容色。女性の顔かたち。

句法

問題文Ⅰ

●**能《ク》A。** 可能の形「能《よ》くA。」
意味「Aできる。」
※「能」は「(能力があって)できる」意味。
●**不レ能《ハ》レA。** 否定の形＋可能の形「A（する《こと》）能《あた》はず。」
意味「Aできない。」
●**何《ノ》益《カアル》。** 反語形「何の益かある。」
意味「何の益があるか、いや何の益もない。」

●**明妃** 「めいひ」。王昭君。晋の司馬昭の諱を避けたことによる。
●**向《カフ》** 「むかふ（＝むかう）」。助字の「於」と同じく前置詞的用法。動作の向かうところを表す。
●**日暮** 「にちぼ」。日暮れ。
●**飄泊《ス》** 「へうはくす（＝ひょうはくす）」。「漂泊」に同じ。さまよう。
●**紅顔** 「こうがん」。若々しく美しい顔。美人。
●**薄命** 「はくめい」。運命に恵まれない。不運で不幸せ。

※「何《ノ》益《カアラン》。」と訓読してもよい。
●**A尚《スラ》《ホ》B、安《クンゾ》C《ンヤ》。** 抑揚の形＋反語の形「Aすら尚《な》ほB、安《いづ》くんぞCんや。」
意味「Aでさえ（やはり）Bだ。どうしてCしようか、いやCしない。」
●**如《シ》レA《ノ》。** 比喩の形「Aのごとし。」
意味「Aのようだ。」
●**当《まさニ》《シ》レA。** 再読文字「当にAべし。」
意味「当然Aするべきだ・Aしなければならない。」「おそらく・きっとAだろう・Aに違いない。Aするはずだ。」

書き下し文・現代語訳

字音（＝音読み）は現代仮名遣いカタカナルビ。

字訓（＝訓読み）は古典仮名遣い平仮名ルビ。


漢文では適宜時制を補って解釈する。

「ば」の解釈は（平安時代の古典文法と違い）現代語に近い。

問題文Ⅱ

元帝《ゲンテイ》の後宮《コウキユウ》既《すで》に多《おほ》く、常《つね》には見《まみ》ゆるを得《え》ず。

乃《すなは》ち画工《ガコウ》をして形《かたち》を図《ゑが》かしむ。

図《ズ》を案《アン》じて之《これ》を召幸《シヨウコウ》す。

諸宮人《シヨキユウジン》皆《みな》画工《ガコウ》に賂《まひなひ》す。

多《おほ》き者《もの》は十万《ジユウマン》、少《すく》なき者《もの》も亦《ま》た五万《ゴマン》を減《ゲン》ぜず。

独《ひと》り王嬙《オウシヨウ》のみ肯《あ》へてせず。

遂《つひ》に見《まみ》ゆるを得《え》ず。

匈奴《キヨウド》入朝《ニユウチヨウ》し、美人《ビジン》を求《もと》めて閼氏《エンシ》と為《な》さんとす。

是《ここ》に於《お》いて上《シヨウ》図《ズ》を案《アン》じ、王嬙《オウシヨウ》を以《もつ》て行《い》かしむ。

去《さ》るに及《およ》びて召見《シヨウケン》せらるるに、貌《ボウ》後宮《コウキユウ》第一《ダイイチ》たり。


元帝の後宮は（宮女が）すでに多く、いつも元帝にお会いすることができるというわけではなかった。（＝いつも元帝にお会いすることができるとは限らなかった。）

そこで（元帝は）画家に（宮女の）容貌を描かせた。

肖像画を見て考えて（気に入った）宮女を召し出して寵愛した。

多くの宮女たちは（美しく描いてもらって元帝に呼ばれて寵愛を得ようと）みんな画家に賄賂を贈った。

多い者は十万、少ない者も五万をくだらなかった。

ただ（ひとり）、王嬙（＝王昭君）だけは賄賂を贈る気にならなかった。

（醜く描かれていたので）そのままついに王嬙（＝王昭君）は（元帝に）お会いすることができなかった。

匈奴（の使者）が（元帝の）朝廷に参内し、美女を求めて匈奴の王の妻にしたいと言った。

そこで元帝は肖像画を見て考え、（一番醜く描かれていた）王嬙を行かせることにした。

（王昭君が）去るに及んで、（初めて元帝に）呼び出され対面してもらうと、容貌は後宮第一（の美しさ）であった。

応対《オウタイ》を善《よ》くし、挙止閑雅《キヨシカンガ》なり。

帝《みかど》之《これ》を悔《く》ゆるも名籍已《メイセキすで》に定《さだ》まる。

帝《みかど》信《シン》を外国《ガイコク》に重《おも》んず。

故《ゆゑ》に復《ま》た人《ひと》を更《あらた》めず。

乃《すなは》ち其《そ》の事《こと》を窮案《キユウアン》し、画工皆棄市《ガコウみなキシ》せらる。

其《そ》の家資《カシ》を籍《セキ》するに皆巨万《みなキヨマン》なり。

受け答えもうまく、立ち居振る舞いもしとやかで優雅である。

元帝はこれ（＝この決定）を後悔したけれど、戸籍はすでに決定していた。

元帝は外国に対して信義を重んじた。

だから二度とは人を改めなかった。

そこで、そのこと（＝そのわけ）を徹底的に調べ、（賄賂をもらっていた）画家はみんな市中で処刑された。

画家の財産を没収して帳簿に記入したところ、みな巨万の富を蓄えていた。

語句

問題文Ⅱ

●**後宮**　「こうきう（＝こうきゅう）」。天子が住居する前殿の後ろにある、皇后や妃や宮女（＝女官）の住む宮殿。転じて、皇后や妃や宮女などの総称。

●**見**《ユ》　「まみゆ」。（目上の人に）お会いする。お目にかかる。

●**乃**《すなはチ》　「すなはち（＝すなわち）」。そこで。

●**画工**　「ぐわこう（＝がこう）」。絵描き。画家。

●**図**《ク》　「ゑがく（＝えがく）」。描く。うつす。

●**形**　「かたち」。容貌。姿。ありさま。

●**案**《ズ》　「あんず」。考える。

●**図**　「づ（＝ず）」。ものの形状を描いたもの。絵。肖像画。

●**召幸**《ス》　「せうかうす（＝しょうこうす）」。召し出して寵愛する。

●**諸**　「しょ（＝しょ）」。多くの。

●**宮人**　「きゆうじん（＝きゅうじん）」。後宮に仕える女性。女官。宮女。

●**賂**《まひなひス》　「まひなひす（＝まいないす）」。賄賂を贈る。

●**遂**《ニ》　「つひに」。そのまま。その結果。

●**入朝**《ス》　「にふてうす（＝にゅうちょうす）」。（外国や属国の使者が）朝廷に参内する。

●**閼氏**　「えんし」匈奴の王、単于の皇后（正妻）の称号。（「あつし」とも読む。）

●**於**《おイテ》《レ》**是**《ここニ》　「ここにおいて」。かくて。この時に。そこで。

●**上**　「しやう（＝しょう）」。君主。天子。

●**召見**《ス》　「せうけんす（＝しょうけんす）」。呼び寄せて対面する。

●**貌**　「ばう（＝ぼう）」。顔。姿。

●**為**《リ》　「たり」。断定の助動詞「たり」と訓読し、平仮名で書き下す。

●**善**《クス》　「よくす」。巧みに行う。上手にできる。

●**応対**　「おうたい」。受け答え。

●**挙止**　「きよし（＝きょし）」。立ち居振る舞い。挙動。

●**閑雅**《ナリ》　「かんがなり」。しとやかで雅やかである。落ち着いて優雅である。

●**而**　文中で読まない、書き下さない助字。軽く文をつなぎ、順接でも逆接でも用いる。直前の語に送り仮名「テ・シテ」「ドモ・モ」などを添える。

●**名籍**　「めいせき」。姓名、身分などを記載した公の台帳。

戸籍。

●**信**「しん」。まこと。

●**於**「於」「于」「乎」は文中で読まない、書き下さない助字（＝置き字）。場所・対象・時・受身・比較・起点などを表す。

●**窮案**《ス》「きゅうあんす（＝きゅうあんす）」。きわめ調べる。

●**棄市**《ス》「きしす」。多くの人が集まる所で死刑にし、死体を市中にさらす。

●**籍**《ス》「せきす」。家産を没収して帳簿に記入する。

●**家資**「かし」。一家の財産。家産。

句法

問題文Ⅱ

●**不**レ**得**二**常**《ニハ》**A**一《ヲ》。　部分否定＋可能の形「常にはA（する）を得ず。」

意味「いつもAできるとは限らない。」「いつもAできるわけではない。」※「得」は「（機会があって）できる」の意味。

●**使**《ム》二**A**《ヲシテ》**B**一。　使役の形「AをしてBしむ。」

意味「AにBさせる。」

●**独**《リ》**A**《ノミ》**B**。　限定の形「独りAのみB。」

意味「ただ（ひとり）AだけがB。」

●**不**レ**肯**《あへテセ》。　否定の形「肯《あ》へてせず。」

意味「したくない。承知しない。する気にならない。」

「不三肯《ヘテ》賂《セ》二画工《ニ》一。」「肯へて画工に賂せず。」の略。

●**不**レ**肯**《がへンゼ》　否定の形「肯《がへ》んぜず。」と訓読してもよい。

「不レ肯レ賂《ゼ》《スルヲ》二画工《ニ》一。」「画工に賂するを肯んぜず。」の略。

●**不**二**復**《タ》**A**一。　部分否定の形「復たAず。」

意味「二度とはA（し）ない。もはや（再び）A（し）ない。」

設問解説

問1【語の意味の問題（同じ意味の漢字を指摘させる問題）】

設問のねらい　語の「佳」「幸」

(ア)　1　**正解**　②　**標準**

「佳」の読み・意味は「よし〈よい。美しい。すぐれている〉」。

分析！

リード文［「王昭君」（＝明妃）」について書かれたものである。］注「漢宮」は「漢の宮中」。

漢文常識！

古代中国の皇帝には、全国から多くの美女が献上され、「後宮」に集められた。「後宮」とは「帝が住んでいる殿舎の後ろにある、皇后や妃、宮女（＝女官）の住む宮殿」。転じて「皇后や妃、宮女（＝女官）などの総称」。

「皇后や妃」は帝の寵愛を受ける。**「美しい宮女」も帝の目にとまり寵愛されれば「妃」へと出世できる！**

「宮女」が帝の目にとまらず一度も寵愛されることなく、後宮でむなしく年老いて一生を終えることもあった。

帝の寵愛を受けるには、**古代中国では「美しさ」がまず重視される。**（古代日本では「血筋」「家柄」も重視される。）

判断！

「佳」は**「美しい」**という意味！「佳人」とは「漢の後宮にいる宮女『王昭君』（＝明妃）」を指す。「美人薄命」＝「佳人薄命」もヒント。「薄命」とは「運命に恵まれないこと。ふしあわせ。不運」という意味。

正解は②。

(イ)　2　**正解**　④　**標準**

「幸」の読み・意味は「さひはひ（＝さいわい）」「しあはせ（＝しあわせ）」「さひはひす（＝さいわいす）」「さひはひに（＝さ

いわいに）〈折よく。都合よく〉」「いつくしむ。寵愛する」「こひねがふ（＝こいねがう）〈願い望む〉」「みゆき〈天子の外出〉」など。

文脈・分析！

［**元帝ノ後宮既ニ多ク、**］について、「後宮」とは「皇后や妃、宮女（＝女官）などの総称」。「皇后」は一人。妃もある程度人数が決まっている。

「多」いのは「宮女」（＝宮人）。

部分否定＋可能の形

不レ得二常ニハ A一ヲ。

書き下し文　**常にはA（する）を得ず。**

意味　**いつもAできるとは限らない。いつもAできるわけではない。**

※「得」は「（機会があって）できる」の意味。

［**不レ得二常ニハ見一ユルヲ。**］

「見ユ（＝まみゆ）」の意味は「目上の人にお会いする」。「目上の人」とは「元帝」。［不レ得二常ニハ見一ユルヲ］の主語は「宮女」。

思考・推測！

「宮女」は帝の目にとまり寵愛されたいはず！「妃」へと出世したいはず！⬇「宮女」は「元帝」にいつも会えるわけではない。⬇**「元帝」も「宮女」の「顔」がわからない。⬇**ではどうしたのか？

［**案ジテレ図ヲ召二幸ス之一ヲ。**］の主語は「元帝」。「之」は「宮女」。

判断！

「元帝」は「（宮女の）肖像画」を（見て）考えて「宮女」を「召」して**「寵愛」**した！**⬇正解は④**。

問2【語句の解釈の問題】

設問のねらい 「絶」・「色」＋否定形「不肯」＋「挙」・「止」＋文脈＋【問題文Ⅰ】と【問題文Ⅱ】の関連を把握

(1) 3 **正解** ① 標準

「絶」の読み・意味は「たつ」「たやす」「たゆ〈たえる〉」「遠い」「すぐれる」「きわまる」「はなはだ。きわめて」「わたる」「たえて」など。「色」の読み・意味は「いろ〈顔色・表情。色彩。様子・おもむき。情欲。容貌の美しいこと〉」「いろどる」「いろだつ〈けしきばむ・むっとする。勢いづく。驚く・驚いて顔色を変える〉」「おだやか」など。

分析！ ……漢詩は二句セットで考える。

［絶 色 天 下《ニ》 無《シ》］ ―― ［一《タビ》 失《ヘバ》 難《シ》二 再《ビハ》 得一］

思考！ 天下に二つと無く、二度とは得がたいものは何か？

【問題文Ⅰ】［一 朝 従《ヒテ》二 漢 使一 遠《ク》 嫁《ス》二 単 于《ノ》 国一］＋**【問題文Ⅱ】**［不二 復《タ》 更《メ》レ 人《ヲ》。］

「王昭君（＝明妃）」は匈奴の呼韓邪単于のもとに嫁いだ。漢の国から失われた！ 二度とは得がたい！

【問題文Ⅱ】「王昭君（＝明妃）」は［貌 為《リ》二 後 宮 第 一一。］天下に（二つと）無い容貌！

判断！ 「絶」は「すぐれる」。「色」は「いろ〈容貌の美しいこと〉」。⬇「王昭君（＝明妃）」の**「すぐれた美貌」**は天下に二つと無く、二度とは得がたい。⬇**正解は**①。

(2) 4 **正解** ③ 標準

否定形

不二 肯《あヘテ》 A一。

書き下し文　肯《あ》へて　A　ず。
意味　Aしたくない。Aするのを承知しない。Aする気にならない。

不レ　肯《がヘンぜ》レ　A《ヲ》。
書き下し文　Aを肯《がへ》んぜず。
意味　Aしたくない。Aするのを承知しない。Aする気にならない。

Aが省略されているので、「不レ肯《あヘテセ》。」（＝肯《あ》へてせず。）「不レ肯《がヘンゼ》。」（＝「肯《がへ》んぜず。」）と訓読する。
意味は「したくない。承知しない。する気にならない。」

分析！
［諸　宮　人　皆　賂《ス》二画　工《ニ》一。］＝多くの宮女たちはみんな画家に賄賂を贈った。
［独《リ》　王　嬙《ノミ》　不レ　肯《ヘテセ》。］

思考！
「王嬙（＝王昭君）」だけがしなかったのは、「賂画工」（＝画家に賄賂を贈る）。

統合！
「したくない。するのを承知しない。する気にならない。」＋「賂画工」（＝画家に賄賂を贈る）を探す！

判断！
正解は③。

否定形

不㆓敢ヘテＡ㆒。

書き下し文　敢《あ》へて　Ａ　ず。

意味　（無理に・勇敢に・無謀にも・ことさらに・無礼にも・不埒《ふらち》にも）
Ａ（しようとは）しない。Ａしたりはしない。Ａしようなどとは思わない。

※「敢ヘテ」は、「しにくいこと・してはならないこと」を無理、危険、失礼を感じながら、押し切ってする意味。

※「不　敢　Ａ。」で、「（困難や障害を乗り越えてまで）Ａし（ようというつもりは）ない」という意味の慣用句。部分否定ではない。

※高校では「決してＡしない」と学習することが多い。

反語形

敢ヘテ不ランレＡ乎。

書き下し文　敢へて　Ａ　ざらんや。

意味　（どうして）Ａしないことがあろうか、いや、きっとＡする。」

(3)「挙止」　5　正解　②　標準

「挙」の読み・意味は「あぐ〈あげる・ささげる・下から上にあげる。かつぐ。たたえる・ほめる。ほめて登用する。言う・数えたてる。攻め滅ぼす。捕らえる。没収する。演奏する。生む・育てる〉」「あがる〈高まる。飛び上がる。よく行われる・興る。

たちあがる。立ち去る〉」「うごく」「行い。振る舞い。行動」「選び取る・（そのための）試験」「あげて。こぞって」など。「止」の読-み・意味は「あし」「とまる。とどまる」「とむ〈とめる〉。とどむ〈とどめる〉」「やむ〈やめる〉」「いたる。帰る」「まつ」「様子。振る舞い」「礼儀。」「ただ。わづかに（＝わずかに）」など。

分析！

「善《クシ》二応対《ヲ》一、挙止閑雅《ナリ》。」「善《クシ》二応対《ヲ》一」（＝受け答えもうまく）の主語は「王嬙（＝王昭君）」。

思考！

「閑雅《ナリ》（＝しとやかで優雅）」の主語は「応対」する時の「王嬙（＝王昭君）」の「挙止」。

判断！

「挙」は「行い。振る舞い。行動」。「止」は「様子。振る舞い」。⬇**正解は②**。

問3 6 正解 ③

設問のねらい 異なるテクストを関連させ内容を把握＋問2の⑵と関連して思考を深める

分析！ 問2の⑵と関連

多くの宮女たちはみんな画家に賄賂を贈った。⬇「王嬙（＝王昭君）」だけが画家に賄賂を贈る気にならなかった。

思考！

多くの宮女たちが画家に賄賂を贈った目的は？⬇元帝は肖像画を見て**美しい**宮女を呼んで寵愛したはず！ 宮女たちは元帝に呼ばれて寵愛を得たいはず！⬇画家に（実物以上に）美しく描いてもらうには、賄賂が必要！

推測！

「王嬙（＝王昭君）」だけが賄賂を贈る気にならなかったのは、なぜか？⬇「王嬙（＝王昭君）」が貧しかったからか？ しかし、本文に「貧しい」とは無い。⬇「貌為《リ》二後宮第一一。」とあるので、そもそも、賄賂を贈る必要が無いほど美しかったからか？⬇「王嬙（＝王昭君）」だけから賄賂をもらわなかった画家は、どう思ったか？⬇後宮第一の美貌の「王嬙（＝王昭君）」が「遂ニ不レ得レ見ユルヲ。」となったのは、なぜか？⬇元帝は自分の後宮で最も美しい女性を匈奴に与えたかったか？

判断！

画家は、美しい「王嬙（＝王昭君）」だけが賄賂を寄こさなかったのを不快に思って、わざと醜く描いたはず！
元帝は、最も醜い女性ならば匈奴に与えても惜しくないと思ったはず！⬇肖像画の中で最も醜く描かれた「王嬙（＝王昭君）」を匈奴の妻として選んだはず！⬇正解は③。

① 「画家の技量不足」「王昭君の美貌を正確には描けなかった」は本文に無いので、誤り。
② 「王昭君は宮女として生き残りをかけた知恵と工夫を軽視」は本文に無いので、誤り。
④ 「最も美しい王昭君を差し出すよう」について、匈奴は「美人」を要求したけれど、固有名詞「王昭君」と名指しはしなかったので、誤り。「武力で迫った」も本文に無いので、誤り。
⑤ 「最初から美しい宮女を匈奴政策に利用する予定」は本文に無いので、誤り。

問4 7 ⑤ 標準

設問のねらい 抑揚形＋反語形＋可能形＋異なるテクストを関連させ内容を把握＋問3と関連して思考を深める

分析！

抑揚形＋反語形

Aスラ尚ホB。安クンゾCンヤ。

書き下し文　Aすら尚ほB。安くんぞCんや。

意味　Aでさえ（やはり）Bだ。どうしてCしようか、いやCしない。

可能形

能《ク》A。

書き下し文　能くA。

意味　Aできる。

※「能」は「(能力があって)できる」の意味。

前半1と後半2に分けて考える!

1「耳目《ノ》所《スラ》レ及《ブ》尚《ホ》如《シ》レ此《クノ》」　2「万里安《クンゾ》能《ク》制《セシヤ》二夷狄《ヲ》一」

前半1の分析!

「耳目《ノ》所《スラ》レ及《ブ》」とは誰の「耳目の及ぶ所」か?⬇「如《シ》レ此《クノ》(=このようだ)」とは何か?

思考! 問3と関連させる!

「王昭君が匈奴に嫁ぐ結果になった直接の原因は、画家が宮女から賄賂を受け取って王昭君を醜く描いたことにある!」と元帝は思ったからこそ、収賄した画家を罰した。(贈賄した宮女は、人数が多すぎるからか、罰していない。)しかし、そもそも背景には「元帝が宮女と画家の贈収賄に全く気付いていなかった」という根本的な原因がある!

判断!

「耳目《ノ》所《スラ》レ及《ブ》」とは元帝の「耳目の及ぶ所」で、「漢宮(=漢の宮中)」、特に「(元帝の)後宮」を指す。

「如《シ》レ此《クノ》(=このようだ)」とは「元帝が宮女と画家の贈収賄に全く気付いていなかった」ことを指す。

❶「元帝は漢の皇帝でありながら、最も身近な自分の『後宮』さえ把握できていなかった」ということ。

漢文常識！

「国を治めんと欲する者は先づ其の家を斉《ととの》ふ。」と『大学』（＝儒家の経典の一つ）にある。
逆を言えば、自分の家を斉えることさえできない者は、国を治めることができないという意味である。

後半２の分析！

「万里」は「遠く離れた所」。「夷狄」は「未開の異民族」で「匈奴」を指す。「制す」とは「おさえつける。従わせる」。

判断！

「安くんぞ　能く　Aんや　」は反語形＋可能形「どうしてAできようか、いやAできない」。

判断！

❷「元帝は漢の帝として遠方の『匈奴』を従わせることはできなかった」ということ。

統合！

抑揚形＋反語形＋可能形＋❶＋❷を探す！

判断！

正解は⑤。

① 「肖像画の美醜さえ正しく判断できなかった」「匈奴の野心を察知することは難しかった」が誤り。
② 「臣下の画家までも忠実でなかった」「遠方の匈奴がよく言うことを聞くはずがなかった」が誤り。
③ 「自分が気に入った美人さえも差し出した」「ますます遠方の匈奴につけ込まれ攻められることになった」が誤り。
④ 「目前の匈奴の機嫌を取る必要があった」「匈奴の要求を断れなかった」が誤り。

問5　8　正解　①　やや易

設問のねらい　使役形＋動詞「図」

使役形

使《ム》二A《ヲシテ》B一。
書き下し文　AをしてBしむ。（「使」は「しむ」と訓読し、平仮名で書き下す。）
意味　AにBさせる。
Aは使役の対象で名詞。Aには、送り仮名「ヲシテ」が添えられる。
Bはさせる動作。述語を中心とし、目的語や補語が下に添えられたり、述語が二つ以上あって、複雑で長かったりする場合もある。述語は一つとは限らないこともある。

分析！

「使」を「しむ」と訓読しているのは①と②。⬇「使役」の対象Aは名詞で、「画家」のはず。［画工皆棄市《セラル》。］から、「画工」＝「画家」！⬇させる動作Bは、「宮女」の容貌を描くこと。

判断！

A（名詞）　B（動詞　目的語）
［使画工図形。］（画工をして形を図《えが》かしむ。）
Aの名詞「画工」に「ヲシテ」を添える。
Bの中心となる**述語は動詞**「図（＝図く）」。「形」は目的語で、「宮女」の容貌。⬇**正解は①。**

問6　9　**正解**　③　標準

設問のねらい　異なるテクストを関連させて筆者の主張を捉える＋問3問4と関連させて思考を深める

分析！ ……漢詩は二句セットで考える！

【問題文Ⅰ】

［漢 計 誠《ニ》 已《ニ》 拙《シ》］――［女 色 難《シ》二自《ラ》 誇《リ》一］

「漢計」を「拙シ（＝まずい。下手だ。劣っている）」と非難している！

❶「漢計（＝漢の計略）」とは、具体的に【問題文Ⅱ】の何を指すか？

❷「女色（＝女性の顔かたち）」とは、具体的に【問題文Ⅱ】の何を指すか？

思考・判断！

❶「拙《シ》（＝まずい。下手だ。劣っている）」ものを探す！

【問題文Ⅱ】

［上 案《ジ》レ図《ヲ》、以《テ》二王 嫱《ヲ》一行《カシム》。］に注目！⬇［上 案《ジ》レ図《ヲ》、］が「王昭君」が匈奴に嫁ぐことになった原因でもある。

「肖像画」を見るだけで、匈奴に嫁がせる宮女を選ぶべきではなく、本人を見てから匈奴に嫁がせる宮女を決定するべきであった！

❷［難《シ》二自《ラ》 誇《リ》一］ものを探す！

【問題文Ⅱ】

［貌 為《リ》二後 宮 第 一一。］という「王昭君」の美貌。

漢文常識！

注にもあるように、遊牧騎馬民族である匈奴は北方で侵略と略奪を繰り返した。匈奴は北方の厳しい自然の中で食糧不足の問題が深刻であったから、時には国境で略奪し、時には朝貢（使者が来朝）して貿易（馬や毛皮と食料を交換）を求めた。
漢民族は万里の長城を築いて守りを固める一方で、時には強硬政策（戦争）で、時には宥和《ゆうわ》政策（妥協的手段）で対抗した。

「中華思想（＝漢民族にとって、中国が世界の中心で、文化・思想が最も価値あるものであると自負する思想）」を持つ漢民族は、異民族である「匈奴」を軽蔑しつつ、その武力を恐れていた。

推測！

漢の元帝は、匈奴の武力を**恐れ**ていたから、朝貢してきた匈奴の（美人をよこせという）要求を拒否できなかった？
漢の元帝は、匈奴を**軽蔑**していたから、後宮で最も醜い宮女でも（匈奴では美人で通用するので）十分だと思った？
漢の元帝は、匈奴の武力を**恐れ**ていたから、「王昭君」の美貌を知った後も、別人に変更できなかった？
漢の元帝は、匈奴の武力を**恐れ**ていたから、賄賂を受け取った画家を殺すことしかできなかった？

思考！

❶「漢計（＝漢の計略）」について

❶「漢計」とは、「匈奴の要求に応えて宮女を与える」宥和政策＋❷「匈奴に最も醜い宮女を嫁がせようとする」侮蔑政策＋❸「肖像画だけ見て、本人を見ることなく、匈奴に嫁がせる宮女を選ぶ」という元帝の安易な決定（判断ミス）。

確かに「画家の収賄」によって「漢計」が裏目に出て、美貌の「王昭君」を失うことになったが、**【問題文Ⅰ】**の筆者は、元帝が画家を殺したことについて「何《ノ》益《カアル》」と評価していないことからも、「画家の収賄」だけが「王昭君」を失った根本的な原因ではないと考えている。

【問題文Ⅰ】の筆者は❶「漢計」（❶＋❷＋❸）がもともとすでに「拙《シ》（＝まずい。下手だ。劣っている）」と非難！

❷「女色（＝女性の顔かたち）」について

「王昭君」はその美貌を、元帝が肖像画で多くの宮女から選んで寵愛するという状況下で、画家に賄賂を贈らずに自分で誇

ることが難しかった。
【問題文Ⅰ】の筆者は、匈奴に嫁ぐことになった「王昭君（＝明妃）」に対して、最後の六句で「涙」「薄命」「嗟」などの語を用いて「同情」している。

統合！

❶「漢計（❶＋❷＋❸）への非難」＋❷「王昭君に同情」を探す！

判断！

正解は③。

①「後宮に多くの美人を集めすぎた」「運命の悪戯」は【問題文Ⅰ】に無いので、誤り。

②「厳罰に処したのは明君として評価すべき」が誤り。

④「美貌の王昭君が謙虚でなくて」が誤り。「賄賂を贈らない」＝「謙虚でない」と非難はしていない。

⑤「弱腰外交」だけを【問題文Ⅰ】で非難しているわけではないので、誤り。

漢詩の基礎知識

古体詩…唐代に至るまでの比較的自由な形式の詩。唐代以後も継続して作られた。

近体詩…唐代に完成された新しい形式の詩。

詩型			一句の字数	句数	押韻	対句
古体詩	古詩	四言古詩	四字	不定	不定（偶数句末が多い）	不定
		五言古詩	五字			
		七言古詩	七字			
近体詩	絶句	五言絶句	五字	四句	偶数句末	
		七言絶句	七字	四句	第一句と偶数句末	
	律詩	五言律詩	五字	八句	偶数句末	頷聯《がんれん》（第三句と第四句）・頸聯《けいれん》（第五句と第六句）
		七言律詩	七字	八句	第一句と偶数句末	頷聯（第三句と第四句）・頸聯（第五句と第六句）

押韻…句末に、同じ韻（初めの子音を除いた残りの部分）の字を用いて声調を美しくすること。

字音（＝音読み）は、古代中国の発音を日本人がまねて定着したものなので、古代中国の発音を推測できる。

（例）間　k（声〈声母〉）　an（韻〈韻母〉）　　山　s（声〈声母〉）　an（韻〈韻母〉）　　韻母「an」が同じ。

解答・解説編
予想問題・第2回

解　答

問題番号	設　問	解答番号	正　解	配　点	問題番号	設　問	解答番号	正　解	配　点
第3問	問1	1	1	4	第4問	問1	1	3	3
		2	5	4			2	1	3
		3	1	4			3	4	3
	問2	4	4	5		問2	4	5	4
	問3	5	3	5			5	4	4
	問4	6	1	5		問3	6	1	5
	問5	7	2	5		問4	7	5	5
		8	4	6		問5	8	2	5
		9	5	6		問6	9	4	5
		10	2	6			10	3	6
							11	5	7

第3問　古文　やや易

出典解説

枕草子　平安時代中期（一〇〇一年頃？）に成立した随筆。筆者は清少納言。三〇〇余の章段からなる。一条天皇の皇后定子に仕えた清少納言の、宮廷生活の体験を記した「日記的章段」、自然や人事に関する「随想章段」、（〈ありがたきもの〉〈すさまじきもの〉といった）「ものづくし」の「類聚章段」に大きく分けられる。「をかし」の文学と言われ、作品は知的な明るさにあふれる。

　清少納言の和歌「夜をこめて　鳥の空音は　はかるとも　よに逢坂の　関はゆるさじ」（『百人一首』『後拾遺和歌集』）は有名。清少納言の父、清原元輔《きよはらのもとすけ》は『後撰和歌集』の撰者「梨壺の五人」の一人。「契りきな　かたみに袖を　しぼりつつ　末の松山　波越さじとは」（『百人一首』『後拾遺和歌集』）で有名。曾祖父の清原深養父《ふかやぶ》も中古三十六歌仙の一人で、『古今和歌集』に歌が収録される。清少納言は歌人として有名なこの二人を憚って、和歌はあまり詠まなかったと『枕草子』にある。

　清少納言は、漢学の才をもって知られた。中宮定子に「香炉峰の雪はいかならむ」と尋ねられて、中唐の詩人、白居易（字《あざな》は楽天）の『白氏文集』の漢詩の一節「香炉峰の雪は簾を撥《かか》げて看る」を踏まえて、御簾を高く巻き上げて、気に入られた場面は有名。その知性と教養と機知は藤原行成だけでなく、藤原公任や藤原斉信《ただのぶ》など多くの男性貴族から高く評価された。

　一条天皇に寵愛されていた定子に仕える清少納言の活躍は、後から入内した彰子に仕える紫式部にとって、決して無視できるものではなかったようだ。紫式部は『紫式部日記』で清少納言を批判し、没落することを予見している。『無名草子』『古事談』には、清少納言は皇后定子の死後、晩年に没落したと描かれている。

世説新語　著者は南朝の宋の王族、劉義慶《りゅうぎけい》。後漢末から魏晋（二二〇～四二〇）の時代に生きた代表的知識人の言行を性格や行動によって三十六に分けて記した逸話集。

和漢朗詠集　平安中期の詩歌集。一〇一二年頃成立。藤原公任撰。和歌と漢詩文の優れたものを選んだもの。

紫式部日記　紫式部の日記。一〇〇八年から一〇一〇年正月まで（道長政権最盛期、）敦成《あつひら》親王の誕生を軸に描写した日記部分と、書簡体の文章（清少納言や和泉式部などの批判や自己の心境）からなる。

《本文解説》

【文章Ⅰ】は、本文は『枕草子』一三一段。簾の中に差し入れられた呉竹を、（『世説新語』『晋書』で、王徽之《きし》（字《あざな》は子猷）が「竹」を指さして「何ぞ一日も此の君無かるべけんや」と言った故事を踏まえて）「此の君」と言って、藤原行成や他の男性貴族たちを驚かし、一条天皇や中宮定子にも高く評価される場面。女性であるのに漢詩文に対する深い知識と教養があることを評価されると、清少納言は「竹の異名とも知らない」と嘘をつく。『漢学の知識をひけらかすことを憚り謙遜を込めてついた清少納言の嘘』を、藤原行成は見抜いて、その嘘にあわせる。翌日、中宮定子に尋ねられても清少納言はとぼけているが、中宮定子も清少納言の嘘を見抜いて評価する。清少納言は、自分に仕える女房が殿上人に褒められるのを喜ぶ中宮定子の、知的で明るく温かい人柄を賛美する。

（注）『世説新語』

本文は任誕（世俗にとらわれぬ人物）の一節で、東晋の王子猷（＝王徽之。王羲之の子）が竹を愛した逸話。

（注）『和漢朗詠集』は東晋の王徽之と中唐の詩人白楽天（＝白居易）が竹を好み愛した故事を述べた箇所。

【研究発表Ⅰ】は、東晋の王徽之が「竹」を愛した理由を、中国の歴史的背景から考察する資料。

【研究発表Ⅱ】は、中宮定子の人生とともに『枕草子』の執筆意図を考えさせる資料。

【研究発表Ⅲ】は、書簡体の文章。紫式部が『紫式部日記』の中で、清少納言を批判する箇所。平安時代の二大才女である紫式部と清少納言の関係を読み解く資料。

《読解のポイント》

【文章Ⅰ】の話題の中心「此の君」を注をもとに理解し、**【研究発表Ⅰ】【研究発表Ⅱ】**と関連させて、生徒と教師の会話によって思考を深め、清少納言の執筆意図に深く迫ろう！**【研究発表Ⅲ】**と生徒と教師の会話によって、平安時代の二大才女である紫式部と清少納言の関係にも思いをはせよう！

現代語訳

文章Ⅰ

五月《さつき》ばかり、月もなういと暗きに、「女房や候ひ給ふ」と、声々して言へば、

「出《い》でて見よ。例ならず言ふは誰《たれ》ぞとよ」と仰せらるれば、

「こは誰《た》そ。いとおどろおどろしう、きはやかなるは」と言ふ。

物は言はで、御簾《みす》をもたげてそよろとさし入るる、呉竹《くれたけ》なりけり。

「おい、この君にこそ（省略　ありけれ）」と言ひたるを聞きて、「いざいざ、これまづ殿上《てんじやう》に行きて語らむ」とて、式部《しきぶ》卿《きやう》の宮の源《げん》中将、六位どもなど、ありけるは往ぬ。

頭《とう》の弁《べん》はとまり給へり。

「あやしくても往ぬる者どもかな。御前《ごぜん》の竹を折りて、歌詠まむとてしつるを、『同じくは職《しき》に参《まゐ》りて、女房など呼び出で聞こえて』と、持《も》て来つるに、呉竹の名をいととく言はれて、往ぬるこそいとほしけれ。誰《た》が教へを聞きて、人のなべて知るべうもあらぬことをば言ふぞ」などのたまへば、

陰暦五月頃、月もなくたいそう暗い夜に、「女房は（中宮定子に）伺候なさるか」と、（複数の声で）口々に言うので、

（中宮定子が）「（簾の近くまで）出て見よ。いつもと違った様子で言うのは誰かなあ」とおっしゃるので、

（私が）「これは誰か。たいそう大げさに、際立っている声は」と言う。

（すると）何も言わないで、御簾を持ち上げて、がさっとさし入れる（ものは）、呉竹であったなあ。

「おや、『此の君』で（あったなあ）」と（私が）言ったのを聞いて、（外の人々は）「さあさあ、これをまず殿上の間に行って（みんなに）話そう」と言って、式部卿の宮の源頼定中将や、六位の蔵人たちなど、そこにいた人々は立ち去る。

頭の弁（＝藤原行成）は、残りなさっている。

「不思議なことにも立ち去る者たちだなあ。（清涼殿の）御前の（庭の）竹を折って、歌を詠もうと思ってしたが、『同じことならば、中宮職に参って、女房などを呼び出し申しあげて（詠もう）』と、（竹を）持って来たのに、呉竹の（異）名を、（あなたに）たいそうすぐに言われて、立ち去るのは気の毒だ。（それにしてもあなたは）

「竹の名とも知らぬものを。なめしとや思しつらむ」と言へば、

「まことに、そは知らじを」などのたまふ。

まめごとなども言ひあはせてゐ給へるに、「栽《う》ゑてこの君と称す」と誦《ず》して、また集まり来たれば、

「殿上にて言ひ期《き》しつる本意《ほい》もなくては、など帰り給ひぬるぞと、あやしうこそありつれ」とのたまへば、

「さることには、何《なに》のいらへをかせむ。なかなかならむ。殿上にて言ひののしりつるは。上も聞こし召して、興ぜさせおはしましつ」と語る。

頭の弁もろともに、同じことをかへすがへす誦し給ひて、いとをかしければ、人々みなとりどりに、ものなど言ひ明かして、帰るとても、なほ同じ事をもろ声に誦して、左衛門《さゑもん》の陣《ぢん》に入るまで聞こゆ。

誰の教えを聞いて、（女の）人が普通知るはずもないこと（＝知りそうもないこと）を言うのか」などとおっしゃるので、

（私が）「（「此の君」が）竹の（異）名だとも知らないのになあ。無礼ときっとお思いになっているだろうか」と言うと、（頭の弁（＝藤原行成）は）「本当に、それは知らないだろうよ」などとおっしゃる。

まじめなことなどを語り合って（そこに）座りなさっていると、「栽ゑてこの君と称す」と口ずさんで、（先ほどの人たちが）また集まって来ていたので、

（頭の弁（＝藤原行成）が）「殿上の間で話して約束した本来の目的も（果たさ）なくては、どうして帰りなさったのかと、不思議であった」とおっしゃると、

（人々は）「あのような（見事な）ことには、どんな返事をすることができようか、いやできない。（中途半端な返事は）かえってしないほうがよいだろう。殿上の間で言って大騒ぎをしたよ。一条天皇もお聞きになって、おもしろがりなさった」と話す。

頭の弁が一緒に同じこと（＝栽ゑてこの君と称す）を繰り返し繰り返し口ずさみなさって、たいそう趣深いので、人々はみなさまざまに話などして（夜を）明かして、（殿上人たちが）帰るといっても、やはり同じ詩句を声をあわせて口ずさんで、（その声は）左

つとめて、いととく、少納言の命婦《みやうぶ》といふが、御文参らせたるに、このことを啓したりければ、下《しも》なるを召して、「さることやありし」と問はせ給へば、「知らず。何とも知らで侍りしを、行成《ゆきなり》の朝臣《あそん》のとりなしたるにや侍らむ」と申せば、「とりなすとも」とて、うち笑ませ給へり。誰がことをも、「殿上人ほめけり」など聞こし召すを、さ言はるる人をも、よろこばせ給ふをもをかし。

衛門の陣に入るまで聞こえる。

翌朝、たいそう早く、少納言の命婦という女房が、（一条天皇の）お手紙を（中宮定子に）差し上げていた時に、このこと（＝昨夜の清少納言のこと）を（中宮定子に）申し上げたので、（中宮定子が）局に（下がって）いる私をお呼びになって、「そのような事があったのか」と尋ねなさるから、（私が）「知らない。何とも知らないでおりましたのを、行成の朝臣がそのように受け取っているのでございましょうか」と申し上げると、（中宮定子は）「そのように受け取るとしても」とおっしゃって、ちょっとほほえみなさっている。（中宮定子が、お仕えする女房の）誰のことをでも、『殿上人が褒めた』などとお聞きになるのを、そう言われる人のことをも喜びなさるのも趣がある（＝趣があっておもしろい）。

単語・文法

● **なう** 形容詞ク活用「無し」連用形「無く」のウ音便。

● **候ふ**（八四）

謙譲語　本動詞　お仕えする。伺候する。お控えする。

丁寧語　本動詞　あります。おります。ございます。

補助動詞（連用形）＋候ふ＝～です。～ます。

（体言・連体形／一部の助詞・副詞）＋断定の助動詞「なり」連用形「に」＋候ふ＝～（で）ございます。

ここでは客体に（「お仕えする」べき貴人）「中宮定子」

がいるので、謙譲語「伺候する」。

●**給ふ**（八四） 尊敬語
本動詞 お与えになる。くださる。
補助動詞（連用形）＋給ふ＝（お）～なさる。お～になる。～（て）くださる。

●**例・なら・ず** いつもと違って。

●**と・よ** 格助詞「と」＋間投助詞「よ」。感動を表す。～だよ。～なあ。

●**仰せ・らる** サ行下二段活用の尊敬の本動詞「仰す」未然形＋尊敬の助動詞「らる」。おっしゃる。「仰せらる」で一語としてもよい。

●**誰**《た》**・そ** 代名詞「誰」＋強調・強意の係助詞「そ」文末用法。係助詞「ぞ」は古くは濁らず清音で「そ」と発音されることが多かった。

●**おどろおどろし**（形シク） 仰々しい。大げさだ。

●**きはやかなり**（形動ナリ） 際立っている。

●**そよろ**（副詞） がさっ。かさっ。

●**なり・けり** 断定の助動詞「なり」連用形＋詠嘆の助動詞「けり」終止形。「～であったなあ」。

●**おい**（感動詞） おや。おお。

●**に・こそ** 断定の助動詞「なり」連用形＋係助詞「こそ」。下に結びの語「ありけれ」が省略されている。「けれ」は詠嘆。「で（あったなあ）」。

●**殿上**（名詞） 清涼殿の「殿上の間」。

●**あり・ける・は** あり・ける・（人々）は。「あり」に動詞としての意味がある。「（そこに）いた人々は」。

●**あやし**（形シク） ①不思議だ。変だ。②けしからぬ。不都合だ。③粗末だ。みすぼらしい。④身分が低い。ここでは①。

●**かな**（終助詞） 詠嘆。～なあ。～よ。

●**同じく・は** 形容詞シク活用「同じ」連用形＋係助詞「は」。「同じことならば」。

●**参る**（ラ四） 謙譲語
本動詞 参上する。参内する。参詣する。

●**聞こゆ**（ヤ下二）『栄花物語』（P18）参照

●**持て来**《く》（カ変） 持って来る。

●**とく**（副詞） 早く。形容詞ク活用「とし」（＝早い）の連用形が副詞化。

●**いとほし**（形シク） ①（自分にとって）困る。いやだ。②気の毒だ。かわいそうだ。③かわいい。ここでは②。

●**なべて**（副詞）すべて。一般に。普通。

●**べう** 当然・推量の助動詞「べし」連用形「べく」ウ音便。～べきだ。～はずだ。

●**を・ば** 格助詞「を」＋係助詞「は」の「は」が濁音化して「をば」になった。

●**のたまふ**（八四）尊敬語 本動詞 おっしゃる。

●**ものを**（終助詞）詠嘆 ～のになあ。文末「ものを」は詠嘆を表す終助詞。文中「ものを」は逆接確定条件の接続助詞。

●**なめし**（形ク）無礼だ。失礼だ。

●**思《おぼ》す**（サ四）尊敬語 本動詞 お思いになる。

●**つ・らむ** 完了・強意の助動詞「つ」終止形＋現在推量の助動詞「らむ」連体形（係助詞「や」の結び）。きっと～ているだろう。～てしまっているだろう。

●**そ・は** 代名詞「其《そ》」＋係助詞「は」。「それは」。

●**を**（間投助詞）（文末で）詠嘆 ～なあ。～よ。

●**まめごと**（名詞）まじめなこと。

●**言ひあはす**（サ下二）互いに語り合う。

●**ゐる**（ワ上一）「**居《ゐ》る**」。座る。

●**誦す**（サ変）（詩歌などを）声に出して口ずさむ。

●**言ひ期す**（サ変）口に出して約束する。

●**本意**（名詞）本来の目的。かねてからの願い。

●**など**（副詞）①疑問 どうして。②反語 どうして～か、いや～ない。（文末を連体形にする。）ここでは①。

●**さる**（連体詞）「然《さ》る」。そのような。あのような。

●**か・せ・む** 反語の係助詞「か」＋サ変動詞「す」未然形＋可能の推量「む」連体形。

●**なかなかなり**（形動ナリ）①中途半端だ。どっちつかずだ。②なまじっかだ。かえって～しないほうがいい。ここでは②。

●**言ひののしる**（ラ四）やかましく言い立てる。

●**は**（終助詞）（文末で）詠嘆 ～よ。文中の「は」は係助詞。文末の「は」は詠嘆を表す終助詞。

●**興ず**（サ変）おもしろがる。

●**おはします**（サ四）尊敬語

本動詞 いらっしゃる。お行きになる。

補助動詞（連用形）＋おはします＝～（て）いらっしゃる。お～になる。

（体言・連体形／一部の助詞・副詞）＋断定の助動詞「なり」連用形「に」＋おはします＝～でいらっしゃる

●**興ぜ・させ・おはしまし・つ**　サ変動詞「興ず」未然形＋尊敬の助動詞「さす」連用形＋サ行四段活用の尊敬の補助動詞「おはします」連用形＋完了の助動詞「つ」終止形。「おもしろがっていらっしゃった」。

●**をかし**（形シク）①興味深い。おもしろい。②趣がある。風情がある。③すばらしい。すぐれている。④かわいらしい。美しい。⑤滑稽だ。ここでは②。

●**とりどりなり**（形動ナリ）さまざまだ。思い思いだ。いろいろだ。それぞれに様子が異なる様を表す。

●**明かす**（サ四）夜を明かす。徹夜する。

●**もろ声**（名詞）声を合わせること。

●**つとめて**（名詞）①早朝。②翌朝。ここでは②。

●**参らす**（サ下二）謙譲語
本動詞　差し上げる。
補助動詞　（お）〜申し上げる。お〜する。〜さしあげる。

●**啓す**（サ変）謙譲語
本動詞（中宮・皇后・皇太后・皇太子に）申し上げる。

●**下・なる・（私）**　名詞「下」＋存在の助動詞「なり」連体形（準体法。下に「私」を補う）。「局にいる私」＝「局に（下がって）いる私」。

●**侍り**（ラ変）
謙譲語　本動詞　お仕えする。伺候する。お控えする。
丁寧語　本動詞　あります。おります。ございます。
丁寧語　補助動詞（連用形）＋侍り＝〜です。〜ます。
（体言・連体形／一部の助詞・副詞）＋断定の助動詞「なり」連用形「に」＋候ふ＝〜（で）ございます。

●**とりなす**（サ四）そのように受け取る。みなす。

●**聞こし召す**（サ四）尊敬語
本動詞　①お聞きになる。②召し上がる。ここでは①。

●**さ**（副詞）そう。

問1【単語の解釈】

設問のねらい　「なめし」「まめごと」「なかなかなり」＋「む」

(ア)　1　**正解**　①　易

「なめし」は形容詞ク活用。意味は「無礼だ。失礼だ」。「無礼《なめ》し」でイメージ。⬇**正解は**①。

(イ) 2 正解 ⑤ 易

「まめごと」は名詞。意味は「(実生活や政治に関する)まじめなこと」。「忠実事《まめごと》」でイメージ。⬇正解は⑤。
反対は「あだごと」。意味は「ちょっとしたたわむれごと。浮気」。

(ウ) 3 正解 ① 易

「なかなかなり」は形容動詞ナリ活用。意味は①「中途半端だ」②「かえって～しないほうがよい」。
「中中なり」でイメージ。大でもなく小でもない、上でもなく下でもない、どっちつかずで中途半端な様子。何か行った結果が中途半端であったために、それくらいならかえってしないほうがよかったという意味。⬇正解は①。

問2 【理由説明問題】 4 正解 ④ やや易

設問のねらい 状況把握＋(直後の)行成の発言から理由を把握

分析・判断！ 【文章Ⅰ】(藤原行成の発言)〔呉竹の名をいととく言はれて、往ぬる〕！⬇正解は④。

問3 【内容把握問題】 5 正解 ③ 易

設問のねらい 内容把握＋(直前の)行成の発言から内容を把握

分析・判断！ 【文章Ⅰ】(藤原行成の発言)〔御前の竹を折りて、歌詠まむとてしつるを、『同じくは職に参りて、女房など呼び出で聞こえて』と、持て来つる〕！⬇正解は③。

問4【説明問題（敬語と文法）】 6 正解 ① 標準

設問のねらい 注＋参らす＋啓す

分析！ 「参らせ」はサ行下二段活用の謙譲の本動詞「参らす」。意味は「さしあげる」。

【文章Ⅰ】注9より「少納言の命婦」は、一条天皇に仕えている。

判断！ 「少納言の命婦」は「（一条天皇の）御文」を中宮定子に「さしあげる」ためにやってきていると判断！⬇正解は①。

「参らせ」で一語。意味は「さしあげる」。②と③は誤り。

「啓し」はサ変の謙譲の本動詞「啓す」。意味は「（中宮・皇后に）申し上げる」。

客体が「皇后・中宮・皇太后・皇太子」などと決まっている絶対敬語。天皇（＝帝）には「奏す」を用いる。

主体は「少納言の命婦」。客体が「中宮定子」。④は誤り。

過去の助動詞「けり」の已然形「けれ」に接続する「ば」は順接確定条件。⑤は誤り。

問5【内容把握問題】

設問のねらい 古代中国の歴史・文化・文学と日本の文化・文学との関連＋会話によって理解を深める

現代語訳

研究発表Ⅱ『百人一首』『新古今和歌集』高階貴子（＝高内侍《こうのないし》・儀同三司母《ぎどうさんしのはは》）和歌

「忘れじの　行く末までは　かたければ　今日を限りの　―（おまえを）忘れるつもりはない（と言うあなたの言葉）の将来

命ともがな」

単語・文法

- **じ**（助動詞）　打消意志。～まい。～つもりはない。
- **行く末**（名詞）　将来。

現代語訳

研究発表Ⅲ『紫式部日記』　現代語訳

清少納言こそしたり顔にいみじう侍りける人（省略・なれ）。さばかりさかしだち、真名書き散らして侍るほども、よく見れば、まだいと足らぬこと多かり。

かく人にことならむと思ひ好める人は、必ず見劣りし、行く末うたてのみ侍れば、艶になりぬる人は、いとすごうすずろなる折も、もののあはれにすすみ、をかしきほども見過ぐさぬほどに、おのづからさるまじくあだなるさまにもなるには侍るべし。

そのあだになりぬる人のはて、いかでかはよく侍らむ。

までは（頼みにすることが）難しいので、今日を最後の（日として息絶える）命と（いうもの）であればなあ。

- **かたし**（形ク）　難しい。
- **もがな**（終助詞）　願望。～であればなあ。

清少納言は得意顔で大変でございました人（である）。あれほど利口ぶって、漢字を書き散らしております程度も、（私が）よく見ると、まだひどく足りないことが多い。

このように人と違って特別であろうと思い好んでいる人は、必ず見劣りし、将来は嘆かわしいばかりでございますので、優美に（いつも振る舞うように）なった人は、たいそうものさびしく情趣のない（つまらない）時も、しみじみとした情趣にひたり、趣のあることも見逃さないうちに、自然と不適切で浮薄な様子にもなるのではございましょう。

その浮薄になった人の最後が、どうしてようございましょうか、いやよくないでしょう。

- **したり顔なり**（形動ナリ） 得意顔だ。
- **いみじ**（形シク） ①甚だしい。②すばらしい。③大変だ。ひどい。ここでは③。「いみじう」は形容詞シク活用「いみじ」連用形「いみじく」ウ音便。
- **さばかり**（副詞） あれほど。
- **さかしだつ**（タ四） 利口ぶる。
- **真名**《まな》（名詞） 漢字。
- **多かり**（形ク） 形容詞ク活用「多し」には終止形「多かり」、已然形「多かれ」がある。ここは終止形。
- **かく**（副詞） このように。
- **ことなり**（形動ナリ） 他と違っている。特別である。
- **うたて**（副詞） いやに。情けなく。嘆かわしく。
- **のみ**（副助詞） ①限定 ～だけ。～ばかり。②強調 ただもう～。～ばかり。ここでは②。
- **艶なり**（形動ナリ） 優美だ。華やかで美しい。
- **すごし**（形ク） ものさびしい。ぞっとする。「すごう」は形容詞ク活用「すごし」連用形「すごく」ウ音便。

- **すずろなり**（形動ナリ） ①なんとなく（心が動くさま）だ。②情趣がない。つまらない。③思いがけない。④関係がない。⑤むやみやたらである。ここでは②。
- **もの・の・あはれ** しみじみとした情趣。
- **すすむ**（マ四） （心が）はやる。積極的にそうしようとする。
- **おのづから**（副詞） ①自然と。②偶然。たまたま。③万一。ひょっとして。ここでは①。
- **さる・まじく** ラ変動詞「さり」連体形＋打消当然・不適当の助動詞「まじ」連用形。（※助動詞「まじ」は終止形接続、ただしラ変型には連体形に接続する。「さり」は副詞「さ」＋ラ変「あり」の転、「そのようである」の意味。）そうあるべきではない。不適当だ。
- **あだなり**（形動ナリ） ①はかない。②浮気だ。いいかげんだ。③浮薄だ。うわついている。ここでは③。
- **いかで**（副詞） ①なんとかして～（願望・意志の語）。②どうして・どうやって（疑問）。③どうして～か、いや～でない。ここでは③。

(i)

【異なるテクスト【文章Ⅰ】と【研究発表Ⅰ】を関連させて、会話によって理解を深める問題】

7 正解 ② 標準

分析！

【文章Ⅰ】注1［指《シテ》レ竹《ヲ》曰《ハク》、「何《ゾ》可《ケンヤ》三一日《モ》無《カル》二此《ノ》君一。」（『晋書』『世説新語』）による。］

王徽之が「竹」を「此《ノ》君」と呼んだ。

《【文章Ⅰ】波線部「この君」の発言の状況を確認・分析》

分析・思考！

清少納言は簾の外の声に対して「誰そ」と問いかけているので、**外に誰がいるのか、わかっていない。**

清少納言は簾の中に差し入れられた**「呉竹」を見て「おい、この君にこそ」と言った。**

本文［(藤原行成)**「呉竹の名をいととく言はれ」「誰が教へを聞きて、人のなべて知るべうもあらぬことをば言ふぞ」**］は、藤原行成が**「清少納言が竹の異名を知っている」**と見抜いた発言。

本文［(殿上人)**「殿上にて言ひののしりつるは。上も聞こし召して、興ぜさせおはしましつ」**］は、**清少納言の漢学の知識教養を評価した発言。**

《【研究発表Ⅰ】》

【研究発表Ⅰ】［王徽之が「竹」を愛し好んだ逸話は『晋書』や『世説新語』にある。］

《生徒の会話》

生徒A（清少納言は）［【研究発表Ⅰ】にある『晋書』『世説新語』までも読んでいたのでしょうか。］

判断！

清少納言は「竹」の異名が「此の君」だと知っていた！⬇正解は②。

(ii)【(i)＋生徒の会話で、【文章Ⅰ】の行成の発言の真意を理解する問題】 8 正解 ④ やや難

分析！

【文章Ⅰ】〔(藤原行成)「まことに、そは知らじを」〕

思考！

「誰」が、「何」を知らないのか？

分析！

(i)清少納言は、王徽之が「竹」を愛し好んだ逸話が書かれた『晋書』『世説新語』を読んでいた。

清少納言は「竹」の異名が「此の君」だと知っていた。

＋

【文章Ⅰ】〔「上も聞こし召して、興ぜさせおはしましつ」と語る〕

殿上人の発言を、藤原行成は否定していない。

＋

【文章Ⅰ】〔頭の弁（＝藤原行成）もろともに、同じこと（＝「栽ゑてこの君と称す」）をかへすがへす誦し給ひて、〕

＋

生徒C〔藤原行成に対しても、中宮定子に対しても、女性である清少納言は、漢学の知識をひけらかすことを憚って、謙遜して嘘をついてはぐらかしているのですね。〕

思考・判断！

藤原行成は、清少納言が「竹」の異名が「此の君」だと知っていることから、女性であるのに漢詩文に対する深い知識と教養があることに感心している！　清少納言は、謙遜して「『此の君』が『竹』の異名とは知らなかった」と嘘をついている！

思考・推測・判断！

藤原行成は、清少納言の発言［竹の名とも知らぬものを］に込められた**真意「漢学の知識をひけらかすことを憚り謙遜を込めてついた嘘」を見抜いて、その嘘にあわせている！⬇正解は④。**

(iii) 9 正解 ⑤ やや難

【異なるテクスト【研究発表Ⅱ】と関連させて『枕草子』の執筆意図を考察させる問題】

分析・思考！

【文章Ⅰ】［誰がことをも、「殿上人ほめけり」など聞こし召すを、さ言はるる人をも、よろこばせ給ふもをかし。］

「をかし」とは**中宮定子の「よろこばせ給ふ」態度や人柄について。**

「誰がことをも」とは「（清少納言でなくても、お仕えする女房の）誰のことをでも」という意味。

中宮定子の、自分に仕える女房に対する、温かい心が伝わってくる。

【研究発表Ⅱ】［『枕草子』の中で、中関白家《なかの》の凋落については全く言及していない。ただひたすら中宮定子のすばらしさを描いている。］

判断！

知的で明るく開放的なサロンであったのは、中宮定子の人柄によるもの！

『枕草子』は中宮定子の素晴らしさを描くのが目的！⬇正解は⑤。

(iv) 10 正解 ② 標準

【【研究発表Ⅲ】『紫式部日記』＋歴史的背景から紫式部の、清少納言への感情を読み取る問題】

分析！

［清少納言こそしたり顔にいみじう侍りける人（〈省略〉なれ）。］

［さばかりさかしだち、真名書き散らして侍るほども、よく見れば、まだいと足らぬこと多かり。］

分析・思考！

❶『紫式部日記』で、紫式部は清少納言に否定的な感情を持っている。

❷「よく見れば」の主体は、紫式部。

❸歴史的背景⬇紫式部のお仕えする彰子と、清少納言のお仕えする定子は、一条天皇の寵愛を競う関係にあった。女主人が敵同士。

＋

❹歴史的背景⬇先に入内して、一条天皇に寵愛されていた定子に仕える清少納言の活躍は、後から入内した彰子に仕える紫式部にとって、決して無視できるものではなかった。

判断！

❶＋❷＋❸＋❹！⬇「敵視」＝「ライバル視」が最も適当。⬇正解は②。

清少納言を①「無視」③「忌避（＝嫌って避ける）」しているならば、「よく見」たりしない。①③は誤り。

女主人の「敵」に仕える女房は「敵」。清少納言を⑤「揶揄（＝からかうこと）」する程度ではもの足りない。⑤は誤り。

清少納言の宮中における活躍と評価は④「軽蔑（＝軽んじ蔑《さげす》む）」することのできるものではなかった。④は誤り。

女流作家をめぐる関連系図

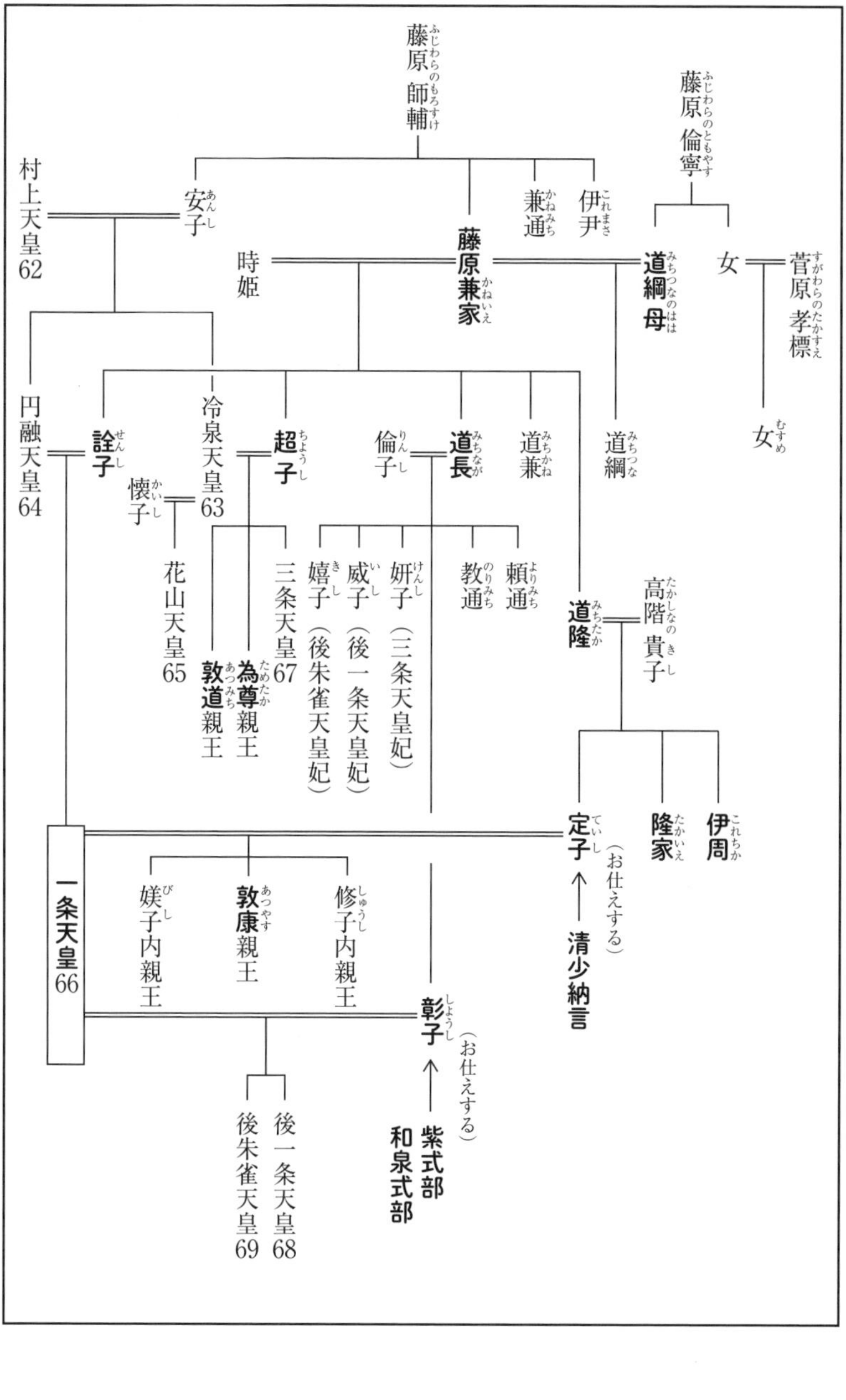

※天皇の下の数字は天皇の代を表す。（例・一条天皇は第66代の天皇）

出典解説

饅頭こわい　落語『饅頭こわい』は北宋末、南宋初の葉夢《しょうぼう》得《とく》『避暑録話』巻二や明の謝肇淛《しゃちょうせい》『五雑俎《ござつそ》』巻十六や馮夢《ふうむ》龍《りょう》『笑府』巻十二にもあり、江戸時代前期から中期に日本に伝わった。曾我休自の仮名草子『為愚痴《いぐち》物語』（寛文二年一六六二年刊）巻第三第十六話「野間藤六女を誑《たぶらか》し餅くふ事」があり、やがて落語にまとめられた。

山中一夕話　明末の思想家李贄《りし》が編纂した『開巻一笑』上下集各七巻という笑い話を（清の笑々先生と称する者が）増訂した書。七巻。

李贄（一五二七～一六〇二）、（字《あざな》もしくは）号は卓吾。郷試に合格するも進士にならず下級官吏を転々とし、五十一歳で雲南省姚安府の知府（＝府知事）に栄転、任期満了の五十四歳で辞し、著述に専念。儒教・道教・仏教に通じ、王陽明の影響を受け「童心（＝純真な心）説」を主張し、儒教に忌憚のない批判を加えた。七十六歳の時に乱道惑世の思想犯として投獄され獄中で自刎。著作の『焚書』六巻、『蔵書』六十八巻は清朝に入っても禁書とされた。その思想は幕末の吉田松陰にも影響を与えた。

《本文解説》

【文章Ⅰ】は落語『饅頭こわい』の要約。松が「饅頭こわい」と言って、仲間から饅頭をせしめる話。

【文章Ⅱ】は『山中一夕話』下集五巻の一節。苦学の末にやっと科挙試験に合格したものの、高邁・高潔な理想をかかげ「官職」を棄てるふりをして、名声を得ていちはやく「美官」をせしめる「口先だけで実力のない者」の「偽善」を鋭く指摘している。『避暑録話』とほぼ同文。

《読解のポイント！》

共通の話題は「饅頭」！**【文章Ⅰ】**と**【文章Ⅱ】**を「饅頭」で関連させ、生徒の会話によって思考を深め、巧みなたとえを用いた**【文章Ⅱ】**の李贄の主張を把握しよう！

書き下し文・現代語訳

字音（＝音読み）は現代仮名遣いカタカナルビ。　漢文では適宜、時制を補って解釈する。

字訓（＝訓読み）は古典仮名遣い平仮名ルビ。　「ば」の解釈は（平安時代の古文文法と違い）現代語に近い。

文章Ⅱ

書《ショ》を読《よ》みて挙《キョ》に応《オウ》ぜずんば、則《すなは》ち已《や》む。
書《ショ》を読《よ》みて挙《キョ》に応《オウ》じて登科《トウカ》を望《のぞ》む。
登科《トウカ》して仕《つか》ふ。
仕《つか》へて以《もっ》て進取《シンシュ》す。
苟《いやし》くも道《ドウ》と義《ギ》とに違《たが》はずんば、皆可《みなカ》ならざるは無《な》きなり。
　而《しか》るに世《よ》に一種《イッシュ》の人有《ひとあ》り。
既《すで》に仕《つか》へて禄《ロク》を得《う》れば、反《かへ》って嘐嘐然《コウコウゼン》として仕《つか》へざるを以《もっ》て
高《たか》しと為《な》し、
之《これ》を棄《す》てんと欲《ほっ》するがごとし。
此《こ》れ豈《あ》に其《そ》の情《ジョウ》ならんや。
故《ゆゑ》に其《そ》の経営《ケイエイ》、仕《つか》へんと欲《ほっ》するよりも甚《はなは》だしき有《あ》り。
或《ある》いは、間《カン》を得《え》ずして入《い》り、

学問をして科挙試験を受けないならば、その時は終わりである
（＝それまでである）。

学問をして科挙試験を受けて、合格を望む。

合格して仕官する。

仕官してそうして（勇み）進んで物事をする。

もしも（人としての正しい）道と義とに背かないならば、みなまあよいのである。

　けれども世間には一種の人がいる。

仕官して俸禄を得ると、かえって大きな声で仕官しないことを高邁・高潔なこととして、
官職を棄てようとするようだ。

これはどうしてその真情であろうか、いやそうではない。

だから、そのつとめ励むこと（＝行為）は、仕官しようとするときよりも、甚だしいことがある。

あるものは、（乗ずべき）機会が無いのに強引にきっかけを作って割り込み、

或《ある》いは故《ことさ》らに小辜《ショウコ》を為《な》して以《もつ》て去《さ》らんとし、因《よ》りて以《もつ》て遅留《チリユウ》し往往《オウオウ》にして遂《つひ》に名《な》を窃《ぬす》みて以《もつ》て美官《ビカン》を得《え》て辞《ジ》せず。

世《よ》終《つひ》に寤《さと》らざるなり。

言《い》へること有《あ》り。窮書生饅頭《キユウショセイマンジユウ》を識《し》らず。
計《はか》るに従《よ》りて得《う》る無《な》し。
一日市肆《イチジツシシ》に列《つら》ねて鬻《ひさ》ぐ者有《ものあ》るを見《み》る。
輒《すなは》ち大呼《タイコ》して地《チ》に仆《たふ》る。
主人《シュジン》驚《おどろ》きて問《と》ふ。
曰《い》はく、「吾饅頭《われマンジユウ》を畏《おそ》る」と。
主人《シュジン》曰《い》はく、「安《いづ》くんぞ是《こ》の理《ことわり》有《あ》らんや」と。
乃《すなは》ち饅頭百許枚《マンジユウヒヤクキヨマイ》を空室《クウシツ》に設《まう》け、之《これ》を閉《と》ざし、
徐《おもむ》ろに外《そと》より伺《うかが》ふも、寂《セキ》として声《こゑ》を聞《き》かず。
壁《かべ》に穴《あな》して之《これ》を窺《うかが》へば、則《すなは》ち手《て》を以《もつ》て搏撮《ハクサツ》し、食《く》らふ者半《ことなか》ばを過《す》ぐ。

あるものは、わざわざ小さな罪を犯してそれで官職を去ろうとし、（引きとめられ）そこでそれで（辞めるでもなく）ぐずぐずととどまりしばしばそのまま（実力もないのに）評判を得てそれでよい官職を得て、辞退はしない。

世間（の人）は結局（最後まで）悟らないのである。


（次のように）言っていること（＝話）がある。貧しい学生が饅頭を知らなかった。

考えるが（何かに）よって手に入れる方法がない。

ある日、町中の店で、饅頭を並べて売る者がいるのを見た。

すぐに大声を上げて地面に倒れた。

（店の）主人は驚いて（わけを）尋ねた。

（貧しい学生が）言うことには「私は饅頭をおそれる」と。

主人が言うことには、「どうしてこの道理があろうか、いやない」と。

そこで饅頭百個ばかりを空き部屋に用意して、この部屋を閉ざし（この男を閉じ込め）、
そっと外から様子をうかがったが、ひっそりとして物音がしない。

（主人が）壁の穴から様子を（そっと見て）のぞくと、（貧しい学生は、饅頭を）手でつかみとり、食べたことは（百個ばかりの饅

亟《すみや》かに門《モン》を開《あ》け、其《そ》の然《しか》るを詰《なじ》る。
曰《い》はく、「吾此《われこれ》を見《み》れば忽《たちま》ち自《おのづか》ら畏《おそ》れず」と。
主人《シュジン》其《そ》の紿《あざむ》くを知《し》り、怒《いか》りて叱《シッ》して曰《い》はく、「若《なんぢ》尚《な》ほ畏《おそ》るること有《あ》るか」と。
曰《い》はく、「猶《な》ほ臘茶両碗《ロウチャリョウワン》を畏《おそ》るること有《あ》るのみ」と。
此《こ》れ豈《あ》に仕《つか》へざるを求《もと》むる者《もの》ならんや。

語句の解釈

- **読ムレ書ヲ** 「しょをよむ（＝しょをよむ）」。学問する。
- **而** 原則、文中では読まない、書き下さない（軽く文をつなぐ）助字。順接でも逆接でも用いる。直前の語に、送り仮名「テ・シテ」「ドモ」などを添える。
- **挙** 「きよ（＝きょ）」。科挙試験。
- **矣** 読まない、書き下さない助字。推量・完了・断定を表す。

頭の）半分以上であった。（主人は）すぐに門を開けて、貧しい学生がそのようである（＝饅頭を平気でたくさん食べている）こと（のわけ）を問いただす。（貧しい学生が）言うことには、「私はこれを見ると、突然自然とこわくなくなった」と。主人は貧しい学生が偽ったのを知り、怒って怒鳴って言うことには、「おまえはまだおそれるものがあるのか」と。（貧しい学生が）言うことには「まだ臘茶二杯をおそれることがあるだけだ」と。※「臘茶」は茶の一種。

これはどうして仕えないのを求める者であろうか、いやそうではない。

- **登科ス** 「とうくわ（＝とうか）」。科挙試験に合格する。
- **進取ス** 「しんしゆす（＝しんしゅす）」。勇み進んで物事をする。
- **道** 「だう（＝どう）」。人が守り行うべき正しい道理。道理。
- **義** 「ぎ」。人として踏み行うべき正しい道。
- **可ナリ** 「かなり」。まあよい。まあ満足だ。よろしい。よしとする。

●**也**　「なり」。文末で平仮名で「なり」と書き下す（読まない、書き下さないこともある）助字。（きっぱりと言い切る語気）断定を表す。～である。～だ。疑問・反語の形の文末では平仮名で「や」「か」と書き下す。語末や句末で強調する時は平仮名で「や」と書き下す。

●**而**《ルニ》　文頭で「しかるに」「しかれども」「しかも」と訓読するときは逆接。そうではあるが。けれども。

●**嘐嘐然**《トシテ》　「かうかうぜんとして（＝こうこうぜんとして）」。大きな声で。「嘐嘐」は「言うことや志が大きい。ほらを吹く」。

●**也哉**　「や」。「也」はきっぱりと言い切る語気の助字。「哉」は反語の語気の助字。

●**経営**　「けいえい」。計画をたてて物事をすること。物事をおさめ営むこと。事業をはかりいとなむこと。

●**得**レ**間**《ヲ》　「かんをう」。乗ずべき隙間を見つける。

●**故**《ラニ》　「ことさらに」。ことさら。わざと。

●**幸**　「こ」。罪。

●**因**《リテ》　「よりて」。それが原因で。そういうわけで。そこで。

●**遅留**《ス》　「ちりう（＝ちりゅう）」。とどまる。

●**往往**《ニシテ》　「わうわう（＝おうおう）」。しばしば。ともすれば。

●**遂**《ニ》　「つひに（＝ついに）」。そのまま。すぐに。かくて。その結果。

●**窃**《ム》レ**名**《ヲ》　「なをぬすむ」。（実力がないのに）評判を得る。虚名を博す。

●**辞**《ス》　「じす」。辞退する。

●**終**《ニ》　「つひに（＝ついに）」。とうとう。結局。最後まで。

●**寤**《ル》　「さとる」。悟る。

●**窮**　「きう（＝きゅう）」。貧しい。

●**書生**　「しよせい（＝しょせい）」。学問をする人。ここでは科挙試験のために学問をしている人。

●**市肆**　「しし」。町中の店。商店。「肆」には①「ほしいまま」②「つらぬ〈つらねる〉」③「みせ」などの読み・意味がある。ここでは③。

●**鬻**《グ》　「ひさぐ」。売る。

●**輒**《チ》　「すなはち」。①そのたびごとに。②すぐに。ここでは②。

●**畏**《ル》　「おそる」。おそれる。こわく思う。

●**理**　「ことわり」。道理。

●**乃**《チ》　「すなはち（＝すなわち）」。そこで。やっと。なんとまあ。

●**百許枚**「ひやくきょまい（＝ひゃくきょまい）」。百個ばかり。「許」は「ばかり・ほど」。「枚」は数えるのに添える語。

●**徐**《ロニ》「おもむろに」。そっと。静かに。ゆっくり。

●**窺**《フ》「うかがふ（＝うかがう）」。のぞく。そっと見る。

●**搏撮**《ス》「はくさつす」。つかみ取る。「搏」は「手でとらえる」。「撮」は「取る。つまむ」。

●**亟**《カニ》「すみやかに」。すぐに。

●**詰**《ル》「なじる」。問い詰める。問いただす。

●**忽**《チ》「たちまち」。突然。

●**自**《ラ》「おのづから（＝おのずから）」。自然と。

●**紿**《ク》「あざむく」。偽る。

●**叱**《ス》「しつす（＝しっす）」怒鳴る。ののしる。責める。

●**若**「なんぢ」。おまえ。

句法

●**不**レA《ンバ》、**則**《チ》**已**《ム》。否定の形＋仮定の形「Aずんば、則ち已む。」
意味「Aしないならば（Aしなければ）、それまでである。」
※助動詞「ず」連用形＋係助詞「は」の間に、力強さを出す「ん」が加わり、「ん」の下の「は」が発音しやすいように「ば」と濁音化した。

●**苟**《クモ》A《バ》、B。仮定の形「苟くもAば、B。」
意味「もしも（万一にも・かりにも）Aならば、B。」

●**無**《シ》レ**不**《ル(ハ)》レA。二重否定の形「Aざる（は）無し。」
意味「Aしないものはない。Aでないものはない。みなAする。みなAだ。」

●**若**《シ》レA《ガ》。比喩の形「Aのごとし。」
意味「Aのようだ。Aと同じである。」

●**欲**《ス》レA《ント》。時・願望を表す形「Aんと欲す。」
意味「今にもAしようとする。」「今にもAしそうだ。」「Aしようと思う。Aしたいと思う。」

●**豈**《ニ》A《ン》**也哉**。反語の形「豈にAんや。」
意味「どうしてAしようか、いやAしない。」
※「也」はきっぱりと言い切る語気の助字。
※「哉」は反語の語気の助字。

● A《ハ》 （ 形容詞《シ》二 ／ 形容動詞《ナリ》二 ）（ 於 ／ 于 ／ 乎 ） B《ヨリ（モ）》一

比較の形「AはBより（も）形容詞（～し）。」

「AはBより（も）形容動詞（～なり）。」

意味「AはBよりも～である。」

※「於」「于」「乎」は読まない・書き下さない助詞（置き字）。

● 或《イハ》A《シ》、或《イハ》B《ス》。 畳用を表す形「或いはAし、或いはBす。」意味は「あるものはAし、あるものはBする。」「ある時はAし、ある時はBする。」

● 安《クンゾ》A《ンヤ》。 反語の形「安くんぞAんや。」

意味「どうしてAしようか、いやAしない。」

● A 爾。（空欄×） 限定の形「Aのみ。」意味は「（ただ）Aだけである。」

※「爾」の他に「而已（矣）・耳・已」も用いられる。

● 豈《ニ》A《ン》耶。 反語の形「豈にAんや。」

意味「どうしてAしようか、いやAしない。」

※「耶」は反語の語気の助字。

設問解説

問1【語の読みの問題】

設問のねらい 「苟」・「遂」・「乃」＋語順

（1） 1 正解 ③ やや易

「苟」の読み・意味は「かりそめ」「かりそめにす」「いやしくも」「まことに」など。

分析！

仮定形

苟《クモ》 A《バ》、 B。

書き下し文　苟《いやし》くもAば、B。

意味　**もしも（万一にも・かりにも）Aならば、B。**

《古文との違い》

※「未然形＋ば」→順接仮定条件を表す。

※「已然形＋ば」→順接仮定条件を表すことが多い。（順接確定条件を表すこともある。）

思考！

［苟 不ンバレ 違ハ二 道ト 与ニ一レ 義、皆 無キレ 不ルハレ 可ナラ 也。］

［苟］は文頭にある＋下に**「不ンバレ」**と「ば」が添えられている。助動詞「ず」連用形＋係助詞「は」（意味「〜ナイ・ナラバ」）の間に、力強さを出す「ん」が加わり、「ん」の下の「は」が発音しやすいように「ば」と濁音化した。

判断！

「いやしくも」と訓読し、仮定の形「もしも（万一にも・かりにも）〜ならば」の意味。**➡正解は③。**

(2)　2　正解　①　易

分析！

「遂」の読み・意味は「とぐ〈遂げる〉」「つひに（＝ついに）〈そのまま。すぐに。かくて。その結果〉」など。

［遂 窃ミテレ 名ヲ］……下に述語（動詞）**「窃ミテレ」**がある。

（窃＝**述語（動詞）**、名＝**目的語**）

判断！

副詞「つひに（＝ついに）」と訓読し「そのまま。すぐに。かくて。その結果」の意味。**➡正解は①。**

（3） 3 正解 ④ 易

「乃」の意味・読みは「すなはち（＝すなわち）〈そこで。かえって。それなのに。意外にも〉」「なんぢ〈おまえ〉」など。

分析！

述語（動詞）

「乃 設《ケ》二饅 頭 百 許 枚《ヲ》 空 室《ニ》一、」 ⬇下に述語（動詞）「設《ケ》二」がある。

判断！

副詞「すなはち（＝すなわち）」と訓読し「そこで」の意味。（会話文でないので二人称「なんぢ」ではない。）⬇**正解は④**。

問2【語の意味の問題】

設問のねらい 「辞」・「理」＋語順・文脈

（ア） 4 正解 ⑤ 易

「辞」の読み・意味は「ことば」「ことわる〈受けない〉」「やむ〈職を退く〉」「さる〈去る。立ち去る〉」など。

分析・思考！

「往 往《ニシテ》 遂《ニ》 窃《ミテ》レ 名《ヲ》 以《テ》 得《テ》二 美 官《ヲ》一 而 不レ 辞。」⬇「**不レ辞**」の目的語は**「美官」（＝よい官職）**。

判断！

「辞す」は「断る・辞退する」意味。⬇**正解は⑤**。

①「辞典」は「ことばを順序立てて並べ、意味を説明した書物」。②「謝辞」は「感謝・お詫びのことば」。③「美辞」は「美しく飾ったことば」。④「辞世」は「この世を去ること」。

（イ） 5 正解 ④ 易

「理」の読み・意味は「をさむ（＝おさめる）〈みがく。正す。整える。処置する。さばく〉」「ことわり〈道理。物事のすじみち〉」「きめ〈すじ。肌のきめ〉」など。

分析・思考！

「曰《ハク》、「吾畏《ルト》二饅頭《ヲ》一。」主人曰《ハク》、「安《クンゾ》有《ランヤ》二是《ノ》理一。」」➡「是」は「畏《ル》二饅頭《ヲ》一」を指す。

判断！

「是《ノ》理」は「饅頭をおそれる」という「道理」。➡正解は④。

①「処理」は「処置」。「理」は「おさめる」。②「管理」は「つかさどり、おさめること」。③「料理」は「はかりおさめること」。⑤「代理」は「本人にかわって事をすること」。「理」は「おさめる」。

問3【解釈の問題】 6 正解 ① やや易

設問のねらい 「豈」の用法

「豈」の用法

「豈《ニ》A《ン》哉。」は反語の形「豈にAんや。」と訓読。意味「どうしてAしようか、いやAしない。」

「豈《ニ》A哉。」は推量・疑問の形「豈にAか。」と訓読。意味「ひょっとしたらAなのだろうか。」

「豈《ニ》不レA哉。」は詠嘆の形「豈にAずや。」と訓読。意味「なんと（まことに）Aではないか。」

※（「哉」の他に「乎・耶」なども用いられる。）

分析！

「**此《レ》豈《ニ》其《ノ》情《ナラン》也哉。**」➡「**此《レ》**」は「（既《ニ》仕《ヘテ》而得《うレバ》レ禄《ヲ》、反《ッテ》）**嘐嘐然《トシテ》以《テ》レ不《ルヲ》レ仕《ヘ》為《シ》高《シト》、若《シ》レ欲《スルガ》レ棄《テント》レ之《ヲ》。**」を指す。「**其《ノ》**」は「**一種の人**」を指し、「**情**」は「**本心・真情**」の意味。

思考・推測！

結局は「**得《テ》二美官《ヲ》一而不レ辞《セ》。**」➡「**此《レ》**」は「**一種の人**」の「**本心・真情**」**ではない！**

判断！

反語！➡正解は①。

問4【白文問題（返り点・送り仮名と書き下し文の組合せの問題）】 7 **正解** ⑤ **やや難**

設問のねらい 文脈（問3との関連）＋返読文字「有」＋語順と構造＋返読文字「欲」＋「於」を用いた比較形

《文脈》問3との関連！

「而《ルニ》世《ニ》有《リ》二一種《ノ》人一。既《ニ》仕《ヘテ》而得《レバ》レ禄《ヲ》、反《ッテ》嘐嘐然《トシテ》以《テ》不《ルヲ》レ仕《ヘ》為《シ》レ高《シト》、若《シ》レ欲《スルガ》レ棄《テント》レ之《ヲ》。此《レ》豈《ニ》其《ノ》情《ナラン》也哉。故《ニ》其《ノ》経営、有甚於欲仕。」

分析！

「**之**」＝「**仕（＝仕官・官職）**」。

「此《レ》」＝「(既《ニ》仕《ヘテ》而**得《レバ》**レ禄《ヲ》、反《ッテ》)嘐嘐然《トシテ》以《テ》不《ルヲ》レ仕《ヘ》為《シ》レ高《シト》、若《シ》レ欲《スルガ》レ棄《テント》レ之《ヲ》」。

「**其《ノ》**情《ナラン》」＝「**一種の人**の真情」。

「**其《ノ》経営**」＝「**一種の人**」の「(既《ニ》仕《ヘテ》而**得《レバ》**レ禄《ヲ》、反《ッテ》)嘐嘐然《トシテ》以《テ》不《ルヲ》レ仕《ヘ》為《シ》レ高《シト》、若《シ》レ欲《スルガ》レ棄《テント》レ之《ヲ》。」**とつとめ励む行為。**

思考・推測！

一種の人は、科挙試験に合格して出仕して俸禄を得ると、せっかく念願かなって、官職を得たのにもかかわらず、なぜ「出仕しないことを高邁・高潔なこと」として、職を捨てようとつとめ励むのか？（問6とも関連！）

《返読文字「有」の語順》

「有」返読文字

［ 主語・場所 ］＋ 有 ＋［ 目的語 ］。

※「有」は［目的語］から返読する。「無」も同じ。

分析！

［文全体の語順と構造］

［其ノ経営、有甚於欲仕。］

主語：其ノ経営、
述語（動詞）：有
目的語：甚於欲仕。

分析！

［甚於欲仕］

形容詞：甚
「欲」動詞：欲

《返読文字「欲」》※共通テスト漢文（P57）参照

「欲」は返読文字。願望の形「（～んと）欲す」と訓読し、「～しようと思う。～したいと思う」の意味。

「欲」はすぐ下の動詞「仕」から返読するので、「欲《ス》」に返り点「レ点」をつけ、**「欲《ス》レ」**。

「仕」は動詞。読み・意味は「つかふ」。仕官・官職がテーマ！➡「仕《フ》」を未然形にして、送り仮名「ント」を添え、

「仕《ヘント》」。

「欲《ス》レ仕《ヘント》」（＝「仕へんと欲す」）。

《置き字「於」を用いた比較形》

分析！

「於」は、原則、文中で読まない、書き下さない助字（＝置き字）で、場所・対象・時・受身・比較を表す。

比較形

A《ハ》 {形容詞《シ》二 / 形容動詞《ナリ》二} {於 / 于 / 乎} B《ヨリ（モ）》一

書き下し文　AはBより（も）形容詞（〜し）。／AはBより（も）形容動詞（〜なり）。

意味　AはBよりも〜である。

「甚」は形容詞「甚だし」。

判断！

「於」の上が形容詞「甚だし」なので、「於」は比較を表す、読まない・書き下さない助字（＝置き字）！

思考・対比！

「一種の人」は、「読《ミテ》レ書《ヲ》（＝学問をして）」**科挙試験に合格。**目的は**朝廷に仕えて「官職」を得る**ため。

合格・出仕の前「欲《スル》レ仕《ヘント》」――「官職」を得ようとする！
↕
合格・出仕の後「其《ノ》経営」＝「若《シ》レ欲《スルガ》レ棄《テント》レ之」――「官職」を捨てようとする！

判断！

「一種の人」の、「合格・出仕の前の行為」「合格・出仕の後の行為」とを比較！

主語　　　述語（動詞）　　　目的語

「其《ノ》経営、有甚於欲仕。」

A　　　　　形容詞　助字（比較）　B

思考！

A＝「其《ノ》経営」。＝科挙試験に合格・出仕の後、官職を捨てようとする（つとめ励む行為）。

B＝「欲仕」。＝科挙試験に合格・出仕の前、官職を得ようとする（行為）。

「欲《ス》レ仕《ヘント》」の「欲《ス》レ」の送り仮名を連体形「欲《スル》レ」にし、送り仮名「ヨリ」「ヨリモ」を添え、「欲《スルヨリ》レ仕《ヘント》」または「欲《スルヨリモヘント》レ仕」。

「欲《スルヨリ》レ仕《ヘント》」「欲《スルヨリモ》レ仕《ヘント》」から「於」をはさんで「甚《ダシ》」に返読するために返り点「レ点」にさらに「一点」を加えて、「欲《スルヨリ》㆑仕《ヘント》」「欲《スルヨリモ》㆑仕《ヘント》」。

「甚《ダシ》」に返り点「二点」をつけて、「甚《ダシ》二」。

《目的語》

「甚《ダシ》二於欲《スルヨリモ》レ仕《ヘント》。」

統合・判断！

最後に全体の述語「有《リ》」に返読する。「有《リ》」は体言に相当する目的語から返読する。
目的語の中で最後に訓読するのが「甚《ダシ》二」。
「甚《ダシ》二」の活用語尾を連体形にして「甚《ダシキ》二」。または「甚《ダシキモノ》二」と送り仮名に「モノ」を添える。
「有《リ》」はすぐ下「甚《ダシキ》二」「甚《ダシキモノ》二」から返読するので、返り点「レ点」をつけて、「有《リ》レ」。
正解は⑤。

「其《ノ》経営、有《リ》レ甚《ダシキ》二於欲《スルヨリモ》レ仕《ヘント》。」

問5【白文問題（書き下し文と解釈の組合せの問題）】 8 正解 ② 標準〜やや難

設問のねらい 「若」の用法＋「尚」＋返読文字「有」＋文脈＋文末の助字「乎」＋【文章Ⅰ】との関連、

《「若」の用法》

「若」「如」の用法

仮定形 文頭にある＋返り点はない＋下に「A、《バ》B。」

若《シ》A、《バ》B。　如《シ》A、《バ》B。

書き下し文　若《も》しAば、B。　如《も》しAば、B。

意味　もしAならば、B。

比喩形 返り点で返読

若《シ》レA《ノ》。　如《シ》レA《ノ》。

書き下し文　Aのごとし。

意味　Aのようだ。

比較形 否定の語「不」など＋返り点で返読

（A）不《ハ》レ若《カ》レB《ニ》。 （A）不《ハ》レ如《カ》レB《ニ》。

書き下し文 （Aは）Bに若《し》かず。 （Aは）Bに如《し》かず。

意味 AはBに及ばない。
AよりもBのほうがよい。

並列形 二つの名詞AとBの間

A 若《シクハ》 B。 A 如《シクハ》 B。

書き下し文 A若《も》しくはB。 A如《も》しくはB。

意味 A（か、）あるいは（また）B（かのどちらか）。

「若」だけの用法 「会話文」「手紙文」などの中の、文頭・文中。

若

書き下し文 若＝「なんぢ（＝なんじ）」

意味 おまえ（二人称の代名詞）

「如」だけの用法

如《ク》

書き下し文 如《ゆ》く

意味 ゆく・いたる・おもむく（動詞）

分析！ 「主人知《リテ》二其《ノ》給《クヲ》一、怒《リテ》而叱《シテ》曰《ハク》、「若尚有畏乎。」」

思考！ ❶主人は目の前の窮書生の嘘を見抜いて怒って怒鳴って話しかけている！
「若」は会話文の文頭にある！

《「尚」の用法》

「尚」の読み・意味は「なほ（＝なお）」「こひねがふ（＝こいねがう）」「たつとぶ（＝たっとぶ）・たふとぶ（＝とうとぶ）」

「たかし〈高い〉」「たかくす〈高くする〉」「くはふ（＝くわう）〈くわえる〉」「ひさし〈ひさしい〉」などがある。

《語順》

述語

［ 若 尚 有 畏 乎。］ ⬇下に述語「有」がある。

判断！ 「尚」は、副詞「尚《な》ほ」！

思考・推測！

❷語順から考えると「若」は主語？（ただし主語は省略されることもある！）

＋

返読文字「有」（問4にもある用法）

分析！ ［「主語・場所」＋有＋「目的語」］の語順。

思考・判断！

❸「有」は目的語「畏」から返読する。

＋

「乎」は文末で疑問・反語・詠嘆などを表す助字（終助詞・終尾詞）。

分析！

疑問詞は使われていない！

文末の助字「乎」「哉」だけを用いる疑問形・反語形・詠嘆形

疑問形 **連体形　+か。** 訳 **～か。**
反語形 **未然形+ん+や。** 訳 **～ようか、いや～ない。**
詠嘆形 **連体形　+かな。** 訳 **～なあ。**

直後「曰《ハク》「X」」の「**曰《ハク》」の主語は、窮書生。⬇「X」は窮書生の、主人に対しての発言。**

思考・推測！
窮書生は、怒って怒鳴る主人に対して、何か弁解している？

判断！
窮書生が何か答えているので、「若尚有畏乎。」**は主人の質問！　疑問の形！**
❹（疑問詞がない）疑問の形で、疑問の助字「乎」（終助詞・終尾詞）**は、「か」と訓読し平仮名で書き下す。**

統合・判断！
❶+❷+❸+❹⬇「若尚ほ畏るるもの有るか」と訓読。⬇正解は②。
《【文章Ⅰ】との関連》「これを見た連中が一杯食わされたと気付き「本当はいったい何がこわいんだ」とつめよると、」もヒント！

問6【内容把握問題】

設問のねらい　異なるテクストを関連させて内容を把握+会話によって思考を深める

(i)**【異なるテクストを関連させる問題】**　9　**正解**　④　**標準**

分析！
生徒Bの会話「「こわい」と言いつつ、本当は欲しくてたまらない」に注目！

生徒Cの会話「この「オチ」がなんともおもしろい！」に注目！

思考・推測！

なぜ「こわい」と言ったのか？⬇「欲しくてたまらないもの」を手に入れるため！

「オチ」とは「しゃれや意外な結末などで、人を笑わせ効果的に話を終わらせる言葉」。

判断！

「こわい」もの＝「欲しい」ものと判断！

対比！

空欄「X」には「オチ」（＝しゃれや意外な結末などで、人を笑わせ効果的に話を終わらせる言葉）が入る！

> 【文章Ⅰ】「へそ曲がりの『松』」は枕元に並べられていた「饅頭」をむしゃむしゃ食べた。
> ↕
> 【文章Ⅱ】「窮書生」は百個ばかりの「饅頭」を半分以上食べた。

思考・推測！

空腹が満たされた今、次に「欲しい」もの＝次に「こわい」ものは何か？⬇一気に食べたので、のどが詰まっているはず！

判断！

「茶」でのどを潤したいはず！＋おもしろい「オチ」にもなっている！⬇正解は④。

(ii)【比喩の問題】 10 **正解** ③ 標準～やや易

分析！

対比！ たとえを見抜くために、目的である「得たもの」に注目！➡**「こわいもの」＝「欲しいもの」＝「得たもの」！**

「一種の人」…勉強し科挙試験に合格、「官職」（俸禄）を得る➡「官職を棄てる」ふり➡「美官」を得る
↕
「窮書生」…「饅頭」を食べたいが、手に入らない　➡「饅頭がこわい」ふり➡「饅頭」を得る

判断！ **「一種の人」＝「窮書生」、「美官」＝「饅頭」➡正解は**③。

(iii) **【筆者の主張を把握する問題】** 11 正解 ⑤ 標準

思考！ 一種の人が勉強の末、念願かなって科挙試験に合格、仕官して俸禄を得た（＝「官職」を得た）のに、「仕官しないことを高潔な生き方」と考えて、官職を棄てようとする理由は、何か？

推測！ 不満があったからだろうか？➡何に対する不満か？

分析！ **「得《レバ》レ禄《ヲ》」の後に「嘐嘐然《トシテ》」と態度を翻していることに注目！**

推測！ **「俸禄」が思ったより十分でないので、がっかりしたのか？**

巧みな比喩に注目！

窮書生

現状「**饅頭**」を手に入れることができなかった。

理由「**饅頭**」を**手に入れる手段「お金」がない？**（注　**窮書生は困窮している貧しい学生。**）

対策「**饅頭こわい**」（**と叫んで倒れる**）**ふりをした。**

結果「窮書生」は、主人を騙した結果、手段「お金」もないのに、たくさんの「**饅頭**」がある部屋に閉じ込められる。

「饅頭」を思う存分食べることに成功！

一種の人

現状「**美官**」を手に入れることができなかった。「**官職**」**は得たが「美官」でないので「十分な俸禄」は無い。**

理由「**美官**」を**手に入れる手段「実力」がない？**（**漢文常識！「実力」＝試験結果、お金、政界の人脈。**）

対策「仕官しないことを高潔な生き方」として「**官職を棄てる**」**ふりをした。**

結果「一種の人」は、「名を窃む（＝実力もないのに評判を得る）」（＝世間の人を騙した）結果、手段「実力」もないのに、「**美官**」で慰留される。

「美官」を手に入れることに成功！

思考！

問3と関連させる！

［豈《ニ》其《ノ》情《ナラン》也哉。］

筆者は、「一種の人」の「実力」がないことを見抜いている！

筆者は、「一種の人」の「仕官しないことを高潔な生き方とすること」について「偽善」だと見抜いている！

筆者は、「一種の人」の「官職」を棄てようとする態度を「単なるふり（パフォーマンス）」だと見抜いている！

筆者は、「一種の人」の「美官を得たいという本音」＝「出世をたくらむ野心」まで見抜いている！

「世終ニ不レ寤ル也。」に注目！⬇世間の人は、「一種の人」の「実力不足」「偽善」「単なるふり（パフォーマンス）」「出世をたくらむ野心」を悟らない。

しかし筆者は見抜いている！

推測！

筆者は「一種の人」を軽蔑するはず！

判断！

正解は⑤。

① 〔人としての道義にかなった賢者〕〔高潔で高邁な考え方だと高く評価〕が誤り。

② 〔現実の厳しさを理解できない青二才〕〔単なる理想にすぎないと嘲笑〕が誤り。

③ 〔世俗を離れ名利を望まない隠者〕〔節を守った生き方だと心から感服〕が誤り。

④ 〔処世術が下手で昇進できなかった不遇な官僚〕〔負け惜しみだと冷笑〕が誤り。

漢文常識！

世が乱れて「正しい道」が行われない時は、知識人はあえて出仕せず、「在野《ざいや》の人」となることがあり、世間は名利を求めない高潔な生き方を高く評価した。古くは伯夷《はくい》・叔斉《しゅくせい》（殷末の賢人。臣下でありながら「殷」の紂王を武力で倒した「周」王朝に仕えることを潔しとせず、首陽山に隠れ「采薇《さいび》の歌」を作って世を嘆き飢え死にした賢人）に始まる。

解答・解説編
予想問題・第3回

解　答

問題番号	設問	解答番号	正解	配点
第3問	問1	1	1	4
		2	5	4
		3	4	4
	問2	4	1	5
	問3	5	4	5
	問4	6	2	7
	問5	7	1	7
		8	3	7
		9	5	7

問題番号	設問	解答番号	正解	配点
第4問	問1	1	3	3
		2	5	3
		3	2	3
	問2	4	2	4
		5	3	4
		6	4	4
	問3	7	4	3
	問4	8	1	6
	問5	9	5	5
	問6	10	5	4
		11	5	5
		12	1	6

第3問　古文　やや難

出典解説

源氏物語　平安時代中期（十一世紀初頭）に成立した作り物語（五十四帖）。作者は紫式部。

《第一部》（一桐壺〜三十三藤裏葉）

桐壺の帝と桐壺の更衣のはかなくも美しい愛（玄宗皇帝と楊貴妃の悲恋がモデル）は光源氏という結晶を生む。臣籍に下された源氏は、亡くなった母の面影（亡き桐壺の更衣に生き写しの藤壺の女御）を求めて恋愛遍歴を重ねる。藤壺の女御との密通と子供（後の冷泉帝）の誕生。藤壺の女御の姪で、彼女に生き写しの少女（後の紫の上）を引き取ることで、心慰められる。父桐壺の帝の亡き後、須磨明石で不遇な貴公子時代を送る。都に返り咲いてからは政略家としての顔も見せ、大邸宅六条院を造営して、紫の上と風流な生活を楽しむ。

《第二部》（三十四若菜上〜四十一幻）

四十歳を過ぎて、藤壺の姪の十四歳の女三の宮を新たに妻として加えることから六条院の秩序にかげりが見えはじめる。源氏が紫の上の病気を気遣う中で、女三の宮は源氏を裏切り、柏木と密通し薫を出産する。紫の上の病気と死去。源氏の出家を暗示。

《第三部》（四十二匂宮〜五十四夢浮橋）

源氏の死後、薫と匂宮の時代。四十五橋姫から五十四夢浮橋までは舞台が宇治に移るので宇治十帖という。女三の宮と柏木の息子である薫と、源氏の孫である匂宮は、宇治の八の宮の姫君たちに恋をする。大君亡き後、異母姉妹の浮舟は薫に引き取られるものの、匂宮の情熱に流されていく。浮舟はどちらも選べず、宇治川への入水自殺をはかる。横川の僧都に助けられた浮舟は、二度と薫に逢おうとはしなかった。**本居宣長**は『源氏物語』の本質を**「もののあはれ」**にあるとした。

紫式部は一条天皇の中宮彰子（＝藤原道長の娘）に仕えた。日記は『紫式部日記』。清少納言は一条天皇の皇后定子（＝藤原道隆の娘）に仕えた。随筆は『枕草子』。

《本文解説》

【文章Ⅰ】は、『源氏物語』「蛍」巻。源氏が、物語論にかこつけて養女の玉鬘に言い寄り困惑させる箇所。紫式部は源氏の口を借りて、自身の物語論「現実の再構築である虚構の物語は、単なる事実を記述した日本紀を凌駕する」を述べる。**【文章Ⅱ】**は、『紫式部日記』の一節。左衛門の内侍が、紫式部に「日本紀の御局」とあだ名をつけたことに、紫式部が憤る箇所。**【資料】**の系図と本文は、光源氏が養女の玉鬘に惹かれずにはいられない、過去のいきさつ。

《読解のポイント》
【文章Ⅰ】の源氏の発言に込められている、紫式部自身の「物語論」と紫式部の意図に、**【文章Ⅱ】【資料】**を関連させて、深く理解しよう！

現代語訳

文章Ⅰ

殿も、こなたかなたにかかるものどもの散りつつ、御目に離れねば、

源氏も、あちらこちらにこのようなもの（＝物語）（の多く）が散らばっては、御目に離れないので、

a「あなむつかし。女こそものうるさがらず、人に欺かれむと生まれたるものなれ。ここらのなかに、まことはいと少なからむを、かつ知る知る、かかるすずろ事に心を移し、はかられ給ひて、暑かはしきさみだれの、髪の乱るるも知らで書き給ふよ」

a（源氏）「ああうっとうしい。女（というもの）は面倒くさがらず、人にだまされようと生まれ（つい）ているものである。多くの（物語の）中で、真実はきわめて少ないようなことを、一方では知りながら、このようなつまらないことに心を移し、だまされなさって、暑苦しい五月雨の（中で）、髪の乱れるのも知らないで（物語を）書き（＝書写し）なさるよ」

とて、笑ひ給ふものから、また、

とおっしゃって（源氏は）笑いなさるけれども、また、

b「かかる世の古事ならでは、げに何をか紛るることなきつ

b（源氏）「このような世間の古いこと（＝古物語）でなくては、

れづれを慰めまし。

さても、このいつはりどもの中に、げにさもあらむとあはれを見せ、つきづきしくつづけたる、はた、はかなしごとと知りながら、いたづらに心動き、らうたげなる姫君のもの思へる見るに、かた心つくかし。

またいとあるまじき事かなと見る見る、おどろおどろしくとりなしけるが目おどろきて、静かにまた聞くたびぞ、にくけれどふとをかしきふしあらはなるなどもあるべし。

このごろをさなき人の、女房などに時々読まするを立ち聞けば、ものよく言ふ者の世にあるべきかな。

そらごとをよくし馴れたる口つきよりぞ言ひ出だすらむとおぼゆれど、さしもあらじや」

とのたまへば、

c「げにいつはり馴れたる人や、さまざまにさも酌み侍らむ。

本当に何を（以て）紛れることのない所在なさを慰めるだろうか、いや慰めるすべはないであろうのに。

それにしてもこの作りごとの多く（＝数々の作り物語）の中で、なるほどそうもあるだろうとしみじみと感慨深いさまを見せ、もっともらしく（書き）連ねてある（のは）、そうはいうもののまた、取るに足りないことと承知しながら、無駄に心が動き、（いかにも）可憐な様子の姫君がものを思っている（のを）見ると、少しの関心が生じるよ。

また、『あまりにもありそうにないことだなあ』と見ながら、大げさに取り扱った（＝誇張して書いた）のが目が驚いて（惑わされて）、冷静に再び聞く時は、腹が立つけれど、（何かの拍子に）ふっと興味深いところがはっきり現れているのなどもあるだろう。

このごろ、幼い人（＝明石の姫君）が、女房などに時々読ませるのを立ち聞きすると、ものをうまく言う者が世の中にはいるのだろうなあ。

嘘をうまくつきなれている口（もとの様子）から言い出しているのだろうと思われるけれども、そうでもないのだろうか」

と（源氏が）おっしゃると、

c（玉鬘）「ほんとに作り事を言い馴れている人が、いろいろとそのようにも推察するのでしょうか。

ただいとまことのこととこそ思う給へられけれ」

とて、硯をおしやり給へば、

d「こちなくも聞こえおとしてけるかな。

神代より世にあることを記しおきけるななり。

日本紀《にほんぎ》などはただかたそばぞかし。

これらにこそ道々しくくはしき事はあらめ」

とて笑ひ給ふ。

e「その人の上とて、ありのままに言ひ出づる事こそなけれ、よきもあしきも世に経る人のありさまの、見るにも飽かず聞くにもあまることを、後の世にも言ひ伝へさせまほしきふしぶしを、心にこめがたくて言ひおきはじめたるなり。

よきさまに言ふとては、よき事のかぎり選《え》り出《い》でて、人に従はむとては、又あしきさまのめづらしき事をとり集めたる、みなかたがたにつけたるこの世の外のことならずかし。

（私は）ただもう本当に真実のできごとと（つい）思われましたなあ（＝思わずにはいられませんでした（こと）よ）」

とおっしゃって、（玉鬘は機嫌を損ねて書写をやめて）硯を押しやりなさるので、

d（源氏）「無風流にも（物語を）悪く申しあげてしまった（こと）よなあ。

（物語は）神代からこの世にあることを書き記しておいたものであるそうだ。

日本紀などはほんの一部分（の記述に過ぎないもの）だよ。

これら（＝物語）にこそ、道理にかなって詳細なことは書いてあるだろう」

とおっしゃって、（源氏は）笑いなさる。

e（源氏）「（物語は、特定の）その人の身の上と言って、ありのままに言い出すことはないが、よいことも悪いことも、（この）世に過ごす人の有様の、見るのにも満足しないで、聞くのにも（聞き）あまることを、後の時代にも言い伝えさせたい、数々（の事柄）を、心にしまっておきがたくて言い置き始めているものである。

よい様子に言おうとしては、よい事のかぎりを選び出して（書き）、読者に従おう（＝迎合しよう）としては、また悪い様子の珍しい事を取り集めている（こと）、みな（善と悪と）それぞれに関して

人のみかどの才《ざえ》、つくりやう変はる。

おなじ大和の国のことなれば、むかしいまのに変はるべし。

深きこと浅きことのけぢめこそあらめ、ひたぶるにそらごとと言ひはてむも、ことの心たがひてなむありける。

仏のいとうるはしき心にて説きおき給へる御法も、方便といふ事ありて、悟りなき者は、ここかしこ違ふ疑ひをおきつべくなむ、方等経の中に多かれど、言ひもてゆけば、一つ旨にありて、菩提と煩悩との隔たりなむ、この人のよきあしきばかりの事は変はりける。

よく言へば、すべて何事もむなしからずなりぬや」と、物語をいとわざとのことにのたまひなしつ。

f「さてかかる古事の中に、まろがやうに実法《じほふ》なる痴者《しれもの》の物

（書き付け）ている（ことは）、この世の外のことではない（＝この世に実在することである）よ。

中国の学問は、作り方が（我が国と）異なる。

同じ日本の国のことであるから（中国の物語ほどは違わないが、それでも）、昔は今の（物語）に違っているだろう。

深いことと浅いことの相違はあるだろうが、（物語を）ひたすら作り事と言い切る（としたら、その）ようなのも、（物語の）実情が違っていた（こと）よ。

仏がたいそう立派な心で説き残しなさっている経文も、方便ということがあって、悟りのない者は、（経文の）あちらこちらが違う（＝矛盾するという）疑問をきっと抱いてしまうに違いなく、（方便は）方等経の中に多いが、せんじつめていくと（＝つまるところ、結局）、同一の趣旨にあって、（ちょうど）菩提（＝悟りを得た境地）と煩悩（＝心身を悩ませる妄念）の隔たり（というもの）は、この（物語の登場）人物の善い人と悪い人（の差）ぐらいの事は違っていたなあ。

よく言うと、すべて何事も無益でないようになったね」と、（源氏は）物語を、本当にわざわざ（創作目的があって作る大事なもの）のこととしてことさらおっしゃった。

f（源氏）「さてところで、このような昔の物語の中に、私のよう

語はありや。
いみじくけどほき、ものの姫君も、御心のやうにつれなく、そらおぼめきしたるは世にあらじな。
いざ、たぐひなき物語にして、世に伝へさせむ」
と、さし寄りて聞こえ給へば、顔をひき入れて、
g「さらずとも、かくめづらかなる事は、世語りにこそはなり侍りぬべかめれ」
とのたまへば、
h「めづらかにやおぼえ給ふ。
げにこそまたなき心ちすれ」
とて寄りゐたまへるさま、いとあざれたり。
i「思ひあまり　むかしのあとを　たづぬれど
　親にそむける　子ぞたぐひなき
不孝なるは、仏の道にもいみじくこそ言ひたれ」
とのたまへど、顔ももたげ給はねば、御髪をかきやりつつ、

にまじめ一方の愚か者の話はあるか。

たいそうよそよそしい、何かの（物語の）姫君も、（あなたの）お心のように冷淡で、（私の懸想に対して）そらとぼけている姫君は決していないだろうよ。

さあ、（私たち二人の仲を世に）類のない物語にして、（後の）世に語り伝えさせよう」

と（源氏は玉鬘のそばに）近寄って申しあげなさると、（玉鬘は）顔を（着物の襟の中に）引き入れて、
g（玉鬘）「そうでなくても、このようにめったにない事は、世間の語り草になってしまうに違いないようです」

と（玉鬘が）おっしゃると、
h（源氏）「めったにないと思われなさるか。

（私もあなたへの気持ちは）本当にまたとない気持ちがする」

とおっしゃって、（源氏が）近寄って座りなさっている様子は、本当に（うちとけ）戯れている。

i（源氏）「思いあまって、昔の物語（の例）を探すけれど、親にそむいている子は、類がない。

親不孝であるのは、仏の道でもひどく言っている（＝きびしく戒めている）」

と（源氏は）おっしゃるけれども、（玉鬘は）顔ももちあげなさら

いみじくうらみ給へば、からうじて、

j「ふるきあとを　たづぬれど　げになかりけり
　この世にかかる　親の心は」

と聞こえ給ふも、心はづかしければ、いといたくも乱れ給はず。

　かくしていかなるべき御ありさまならむ。

ないので、（源氏は玉鬘の）御髪を（何度も）かきやっては、甚だしく恨み言をおっしゃると、（玉鬘は）やっとのことで、

j（玉鬘）「古い物語（の例）を探すけれども、本当に（例が）なかったなあ。この世にこんな親の心は」

と（玉鬘が源氏に）申しあげなさるのも、（源氏にとっては）気恥ずかしいので、（源氏は）それほどひどくもだらしなく（はめをはずし）なさらない。

　こうして、（これから）どうなるであろう（お二人の）ご様子であるのだろう。

単語・文法

- **かかる**（連体詞）このような。ここでは物語をさす。
- **ども**（接尾語）複数を表す。〜ら。〜のいくつか。
- **あな**（感動詞）ああ。
- **むつかし**（形シク）①うっとうしい。②面倒だ。煩わしい。③気味が悪い。ここでは①。
- **ものうるさがる**（ラ四）（何となく）うるさく思う。（何となく）面倒くさく思う。
- **ここら**（副詞）たくさん。
- **かつ**（副詞）一方で。
- **すずろ事**（名詞）とりとめのない事。つまらない事。
- **はかる**（ラ四）だます。
- **さみだれ**（名詞）「五月雨《さみだれ》」。陰暦五月頃に降り続く長雨。梅雨。
- **さみだれの**　同音によって「乱るる」を導く用法。
- **とて**　と（のたまひ）て＝とおっしゃって。
- **ものから**（接続助詞）逆接確定条件。〜けれども。
- **世・の・古事**「古物語」をさす。
- **つれづれ**（名詞）手持ちぶさた。退屈。

●まし　反実仮想。
●いつはり（名詞）・ども（接尾語）「いつはり」は「事実でないこと・嘘」で、ここでは「作りごと。作り物語」をさす。「ども」は複数を表す接尾語。「作りごと（の多く）。（数々の）作り物語」。
●げに（副詞）本当に。なるほど。
●さ（副詞）・も（係助詞）そうも。
●あはれ（名詞）しみじみと感慨深いさま。
●見す（サ下二）見せる。
●つきづきし（形シク）似つかわしい。ふさわしい。
●はた（副詞）そうはいうものの。また。
●はかなしごと（名詞）取るに足りないこと。たわいないこと。
●いたづらなり（形動ナリ）①無駄だ。役に立たない。②むなしい。はかない。③何の趣もない。④することがない。ひまだ。ここでは①。
●らうたし（形ク）かわいい。可憐だ。
●らうたげなり（形動ナリ）（いかにも）かわいらしい様子だ。可憐な様子だ。「〜げなり」は「いかにも〜の様子だ・〜らしく見える」。

●かた心（名詞）少しの関心。少し心ひかれること。
●かし（終助詞）念押し。〜よ。
●いと（副詞）
程度が甚だしいさま。①たいそう。とても。②あまり・それほど〜（否定）。

事態が並々でないことへの詠嘆。③本当に。まったく。④あまりにも〜（否定）。ここでは④。
●ある・まじき　ラ変動詞「あり」連体形＋打消当然・打消推量の助動詞「まじ」連体形「あるはずがない。ありそうにない」。
●かな（終助詞）詠嘆　〜なあ。〜よ。
●見る見る（副詞）見ながら。
●おどろおどろし（形シク）①気味が悪い。②おおげさだ。ここでは②。
●とりなす（サ四）取り扱う。
●ふと（副詞）（何かの拍子に）ふっと。思いがけず。急に（思いついて）。とっさに。
●をかし（形シク）①興味深い。おもしろい。②趣がある。風情がある。③すばらしい。すぐれている。④かわいらしい。愛らしい。美しい。⑤滑稽だ。おかしい。

ここでは①。

●**あらはなり**（形動ナリ）　①丸見えだ。露骨だ。②はっきりしている。明らかである。明白だ。ここでは②。

●**そらごと**（名詞）　事実でないこと。嘘。作りごと。

●**口つき**（名詞）　口もとの様子。物の言い方。

●**さしも**（副詞）　さ（副詞）＋し（副助詞）＋も（係助詞）。そのようにも。そうでも。

●**のたまふ**（八四）　尊敬語　本動詞　おっしゃる。

●**酌む**（マ四）（他人の心中や物事を）推察する。

●**侍り**（ラ変）　予想問題・第1回（P70〜71）参照。

●**思う・給へ・られ・けれ**　八行四段活用動詞「思ふ」連用形「思ひ」のウ音便＋八行下二段の謙譲の補助動詞「給ふ」未然形＋自発の助動詞「らる」連用形（自然に〜れる。（つい）〜れる。〜せずにはいられない。）＋詠嘆の助動詞「けり」已然形（〜たなあ。〜た（こと）よ。）（係助詞「こそ」の結び。）「つい思われましたなあ」「思わずにはいられませんでした（こと）よ」。

●**給ふ**（八下二）　謙譲語　補助動詞　〜させていただく。〜ております。〜ます。〜です。

●**こちなし**（形ク）　①不作法だ。ぶしつけだ。②無骨だ。無風流だ。ここでは②。

●**言ひおとす**（サ四）　悪く言う。けなす。

●**聞こえおとす**（サ四）「言ひおとす」の謙譲語。悪く申し上げる。

●**て・ける・かな**　完了の助動詞「つ」連用形＋詠嘆の助動詞「けり」連体形＋詠嘆の終助詞「かな」。「〜てしまった（こと）よなあ」。

●**な・なり**　断定の助動詞「なり」連体形「なる」（が「なん」と）撥音便（になり）「ん」の無表記＋伝聞の助動詞「なり」終止形。「〜であるそうだ。〜であるとかいう」。

●**日本紀**（名詞）『日本書紀』などの日本の歴史を記した書。六国史のこと。

●**かたそば**（名詞）　一部分。

●**ぞ・かし**　係助詞の文末用法「ぞ」（終助詞）＋終助詞「かし」。「〜だよ」。

●**道々し**（形シク）　道理にかなっている。

●**こそ・なけれ、〜**　係助詞「こそ」＋形容詞ク活用「なし」已然形。「こそ＋已然形、〜」で逆接的に文が続く。「（無い）が、〜。（無い）けれども、〜」。

●**飽か・ず** 満足しないで。物足りなく。
●**人・の・みかど** 外国の朝廷。異朝。ここでは中国。
●**才**（名詞）学問。漢学。
●**けぢめ**（名詞）差。相違。
●**こそ・あら・め、～** 係助詞「こそ」＋ラ変動詞「あり」未然形＋推量の助動詞「む」已然形。「こそ已然形、～」で逆接的に文が続く。「（あるだろう）が、～。（あるだろう）けれども、～」。
●**ひたぶるなり**（形動ナリ）一途だ。ひたすらだ。
●**言ひはつ**（タ下二）言い切る。
●**む・も** 婉曲・仮定の助動詞「む」連体形＋係助詞「も」。「～としたら、そのようなのも」。
●**こと・の・心** 実情。事情。
●**うるはし**（形シク）①立派だ。美しい。②きちんとしている。端正だ。③本格的だ。④（人の間柄がきちんとして）親しい。仲がよい。⑤由緒正しい。
●**方便**（名詞）衆生を教え導くための（相手に応じた）手段。
●**つ・べく・なむ** 完了・強意の助動詞「つ」終止形＋当然・推量の助動詞「べし」連用形＋強調・強意の係助詞「なむ」。「きっと～に違いなく」。

●**言ひ・もてゆく** 順を追って話していく。次々と話を進めていく。せんじつめていく。
●**言ひ・もてゆけ・ば** せんじつめていくと。結局。
●**旨**（名詞）趣旨。
●**菩提**（名詞）悟りを得た境地。
●**煩悩**（名詞）心身を悩ませる妄念。
●**むなし**（形シク）無益だ。
●**ず・なり・ぬ・や** 打消の助動詞「ず」連用形＋ラ行四段活用動詞「なる」連用形＋完了の助動詞「ぬ」終止形＋詠嘆の間投助詞「や」。「ないようになったね」。
●**わざと**（副詞）①わざわざ。ことさら。②正式に。本格的に。③特に。格別に。ここでは①。
●**言ひなす**（サ四）ことさらに言う。あえて言う。
●**のたまひなす**（サ四）「言ひなす」の尊敬語。ことさらにおっしゃる。あえておっしゃる。
●**まろ**（名詞）私。
●**実法なり**（形動ナリ）まじめである。
●**いみじ**（形シク）①（程度が）甚だしい。②すばらしい。立派だ。優れている。嬉しい。③大変だ。ひどい。

恐ろしい。悲しい。《よいにつけ悪いにつけ、不吉なほど程度が甚だしいさま》。

- **けどほし**（形ク） よそよそしい。
- **つれなし**（形ク） ①冷淡だ。②さりげない。そしらぬ顔だ。平然としている。③平気だ。④何の変化もない。ここでは①。
- **そらおぼめき**（名詞） そらとぼけること。
- **世に**（副詞） ①はなはだ。②決して（〜打消）。ここでは②。
- **たぐひ**（名詞） 同類。同じような物事。
- **たぐひなし**（形ク） 並ぶものがない。またとない。
- **さら・ず・とも** ラ変動詞「然《さ》り」未然形＋打消の助動詞「ず」終止形＋逆接仮定条件の接続助詞「とも」。「そうでなくても」。
- **世語り** 世間の語りぐさ。世間話。世間の評判。
- **なり・侍り・ぬ・べか・めれ。** ラ行四段活用動詞「なる」連用形＋ラ変の丁寧の補助動詞「侍り」連用形＋完了・強意の助動詞「ぬ」終止形＋当然・推量の助動詞「べし」連体形「べかる」（が「べかん」と）撥音便（になり）「ん」無表記＋推定・婉曲の助動詞「めり」已然形。「なってしまうに違いないようです」。
- **またなし**（形ク） またとない。
- **寄りゐる**（ワ上一） 近寄って座る。
- **あざる**（ラ下二） ①ふざける。たわむれる。うちとける。②しゃれる。風流である。ここでは①。
- **うらむ**（マ上二） 恨み言を言う。不満を訴える。
- **からうじて**（副詞） やっとのことで。
- **心はづかし** （相手が立派なのでこちらが）気恥ずかしい。気がひける。
- **いたく**（副詞） ひどく。
- **乱る**（ラ下二） 礼儀がくずれる。うちとける。
- **いかなり**（形動ナリ） どのようだ。

現代語訳

文章Ⅱ『紫式部日記』

左衛門の内侍《ないし》といふ人侍り。

左衛門の内侍という人がおります。

あやしう、すずろによからず思ひけるも、え知り侍らぬ心憂きしりうごとの、多う聞こえ侍りし。

内裏《うち》の上の、源氏の物語、人に読ませ給ひつつ聞こし召《め》しけるに、

「この人は、日本紀をこそ読み給ふべけれ。

まことに才《ざえ》あるべし」

とのたまはせけるを、ふと推《お》し量《はか》りに、「いみじうなん才がる」と、殿上人などに言ひ散らして、日本紀の御局《みつぼね》とぞつけたりける、いとをかしくぞ侍る。

この古里の女の前にてだにつつみ侍るものを、さる所にて、才さかし出で侍らんよ。

妙にわけもなく（私のことを）よくないように思った（そうだ）が、（それについて）知ることができません（＝心当たりのありません）不愉快な陰口がたくさん聞こえてきました。

一条天皇が、『源氏物語』を人に読ませなさってはお聞きになった（という）ときに、

「この人（＝紫式部）は『日本書紀』（をはじめとする漢文体の正史）を読みなさるに違いない。

本当に（漢籍に関する）学識があるに違いない」

と（一条天皇が）おっしゃった（という）のを、（左衛門の内侍が）急に（思いついて）当て推量で、「（紫式部は）甚だしく学識をひけらかす」と、殿上人などにいいふらして、（私のことを）「日本紀の御局」と（あだ名を）つけていた（という、そのことは）、ほんとうに笑止千万でございます。

この実家の侍女たちの前でさえ（漢籍を読むことを）はばかりますのに（まして、どうして私が）そのような所（＝宮中）で学識をひけらかしましょうよ（そんなことはするわけがない）。

単語・文法

● **あやし**（形シク）①不思議だ。変だ。妙だ。②けしからぬ。不都合だ。③粗末だ。みすぼらしい。④身分が低い。ここでは①。「あやしう」は形容詞シク活用「あやし」連用形「あやしく」のウ音便。

●**すずろなり**（形動ナリ） ①なんとなく～だ。わけもない。②情趣がない。③思いがけない。④関係がない。⑤むやみやたらだ。ここでは①。

●**ける・も** （伝聞）過去の助動詞「けり」連体形＋逆接の接続助詞「も」。「も」は（係助詞ではなく）連体形接続の逆接確定条件の接続助詞と解釈しておく。漢文でよく用いられる用法。「た（そうだ）が」。

●**え**（副詞） 打消 ～でき（ない）。

●**心憂し**（形ク） ①つらい。情けない。②いやだ。不愉快だ。ここでは②。

●**しりうごと**（名詞） 陰口。

●**多う** 形容詞ク活用「多し」連用形「多く」のウ音便。

●**聞こゆ**（ヤ下二） 共通テスト古文（P18）参照。

●**せ・給ひ** 使役の助動詞「す」連用形＋ハ行四段の尊敬の補助動詞「給ふ」連用形。「人に読ませ給ひ」とあるので「せ」は使役。

●**聞こし召す**（サ四） 尊敬語 本動詞 ①お聞きになる。②召し上がる。ここでは①。

●**日本紀**（名詞） 日本書紀などの日本の歴史を記した書。六国史のこと。漢文で表記されている。

●**才**（名詞） 漢籍に関する学識・教養。漢学。学問。

●**のたまはす**（サ下二） 尊敬語 本動詞 おっしゃる。

●**ふと**（副詞） 急に（思いついて）。思いがけず。

●**いみじ**（形シク） ①（程度が）甚だしい。②素晴らしい。立派だ。③大変だ。ひどい。ここでは①。「いみじう」は形容詞シク活用「いみじ」連用形「いみじく」ウ音便。

●**才がる**（ラ四） 学識をひけらかす。

●**をかし**（形シク） ①興味深い。おもしろい。②趣がある。風情がある。③すばらしい。すぐれている。④かわいらしい。美しい。⑤滑稽だ。ここでは⑤で、「笑止千万だ。笑止だ（＝非常にばかばかしく笑うべき事だ）。」

●**古里**（名詞） （宮仕え先に対して）実家。自宅。

●**だに**（副助詞） ①最小限の限定（希望・願望） せめて～だけでも。②類推（軽いものをあげて、重いものを類推させる） さえ。ここでは②。

●**つつむ**（マ四） はばかる。遠慮する。

●**ものを** （接続助詞） 逆接の確定条件。～のに。

●**さる**（連体詞） 「然《さ》る」。そのような。

●**さかし出づ**（ダ下二） 才知を表す。ひけらかす。

設問解説

問1 【単語の解釈】

設問のねらい 「むつかし」「つきづきし」「らうたげなり」＋文脈把握！

(ア) 1 正解 ① やや易

分析！

「むつかし」は形容詞シク活用。意味は①「うっとうしい」②「面倒だ。煩わしい」③「気味が悪い」。

「むつかる（＝不快に思う）」に対応する形容詞。うっとうしく不快な感じ、処置がやっかいで面倒だという感じを表す。

❶リード文［長雨が続く］＋本文［さみだれ（＝五月雨）］からも季節は、**梅雨の頃。**
❷リード文より、六条院の女性たちが物語を読み、玉鬘も物語を読んで**書写**をしている場面から始まっている。
平安時代、紙や墨が高級品。**印刷技術のなかった頃は、本は借りて書き写していた。これを「書写」という。**

傍線部直前に「あちらこちらに本が散らかって源氏の目に離れない」とある。


思考！
❶じめじめした梅雨の長雨の頃＋❷部屋には（書写のために）本が散乱。

判断！

源氏はうっとうしく不快なはず！⬇正解は①。

(イ) 2 正解 ⑤ やや易

「つきづきし」は形容詞シク活用。意味は「似つかわしい。ふさわしい」。


分析！

「付き付きし」でイメージ！二つのものや二つのことが、離れず調和がとれている感じを表す。

「このいつはり」とは「この作りごと」。玉鬘が書写している「作り物語」をさす。

「ども」は複数を表す接尾語で、「数々の」という意味。

「げにさもあらむとあはれを見せ」は「なるほどそうもあるだろうとしみじみと感慨深いさまを見せ」という意味。

「見せ」ているのは作り物語の作者。


思考！ 作り物語の作者が、ストーリー展開を**【つきづきしく（書き）つづけたる】**と「書き」を補う！

判断！ その場面場面に応じて「似つかわしく・ふさわしく」という意味。意訳して「もっともらしく」。**➡正解は⑤。**

(ウ) 3 **正解** ④ 易

「らうたし」は形容詞ク活用。意味は「かわいい。可憐だ。いじらしい」。

「労甚《らういた》し」から変化した語と言われている。弱い子供や女性に対していたわってやりたい気持ちを表す。

「〜げなり」は形容動詞を作る活用語尾で、「いかにも〜の様子だ」という意味。**➡正解は④。**

問2 【文法問題】 4 正解 ① 標準

設問のねらい 主体判定＋敬語・敬意の方向＋助動詞「らる」・「けり」

《最初にチェック！話し手と聞き手の確認！》

本文（会話文cの直後）【とて、硯をおしやり給へば、】。書写をしていたのは玉鬘なので、cは玉鬘の会話文。聞き手は源氏。

文法 ……品詞分解

ハ行四段活用動詞「思ふ」
連用形「思ひ」ウ音便
思う

ハ行下二段活用の謙譲の補助動詞「給ふ」
未然形
給へ

自発の助動詞「らる」
連用形
られ

詠嘆の助動詞「けり」
已然形
けれ

分析・判断！

「思う」は「思ひ」のウ音便。心情表現とともに用いられている「らる」の意味は自発。「自然に～れる。（つい）～れる。～せずにはいられない」。④は誤り。

未然形で「給へ」となるのは、ハ行下二段活用の謙譲の補助動詞「給ふ」。②は誤り。

ハ行下二段活用の謙譲の補助動詞「給ふ」は、会話の話し手（＝私）の動作に使う。

cは玉鬘の会話文なので、「思う」主体は玉鬘。正解は①。

ハ行下二段活用の謙譲の補助動詞「給ふ」は、話し手から聞き手に対する敬意の方向。

cの話し手は玉鬘。聞き手は源氏。話し手「玉鬘」から、聞き手「源氏」に対する敬意の方向。③は誤り。

会話文の中で、自己の感想・動作に用いられる「けり」は詠嘆。「～たなあ。～た（こと）よ」。⑤は誤り。

直訳すると「自然と思われましたなあ」。

これを「つい思われました（こと）よ」「思わずにはいられませんでしたなあ」と現代語訳する。

尊敬の「給ふ」と謙譲の「給ふ（給ふる）」を対比！

《尊敬の「給ふ」》

	語幹	未然形	連用形	終止形	連体形	已然形	命令形	活用の種類
尊敬語	たま	は	ひ	ふ	ふ	へ	へ	四段活用

1 四段活用をする。
2 本動詞は「お与えになる。くださる」。
3 補助動詞は（連用形）＋給ふ「（お）〜なさる。お〜になる。〜（て）くださる」。

《謙譲の「給ふ（給ふる）」》

	語幹	未然形	連用形	終止形	連体形	已然形	命令形	活用の種類
謙譲語	たま	へ	へ	○	ふる	ふれ	○	下二段活用

1 下二段活用をする。（原則、終止形と命令形はない。）
2 会話文（手紙文など）の中にだけ用いられる。
3 「思ふ・見る・聞く・知る」の連用形「思ひ・見・聞き・知り」の下に接続する。「思ひ」は「思う」とウ音便をおこすこともある。
補助動詞のみ。
4 会話文の話し手（＝私）の動作にだけ使う。
5 敬意の方向は、話し手が聞き手に対して。
6 「思ひ悩む」などの複合語につくときは「思ひ給へ悩む」となる。
7 訳は「〜させていただく・〜（て）おります・〜ます・〜です」
（※話し手から聞き手に対する敬意を表すので、丁寧語に近い訳も許容する。）

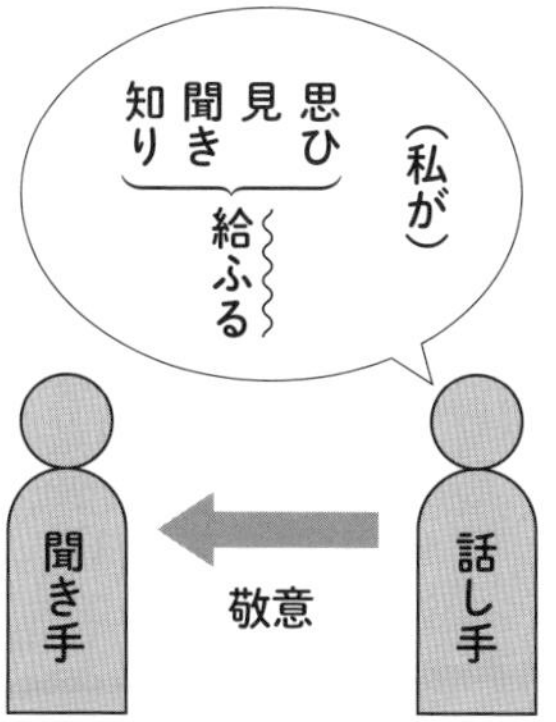

問3 【異なるテクストを関連させる問題】 5 正解 ④ 標準

設問のねらい 指示語の内容＋異なるテクストの内容把握と関連づけ＋古文常識

分析！

【文章Ⅰ】『源氏物語』……［これら］は複数を表し、［このいつはりども］、すなわち、「数々の作り物語」をさす。

対比！

日本紀（＝漢文で書かれた正史）→かたそば（＝一部分）

数々の作り物語→道々しくくはしき事（＝道理にかなった詳細な事）がある

分析！

【文章Ⅱ】『紫式部日記』

一条天皇が『源氏物語』の作者、紫式部に対して「日本紀」を読んでいると見抜いて、高く評価。

左衛門の内侍が紫式部に「日本紀の御局」と悪意を持ってあだ名をつけ、漢学の学識をひけらかすと言いふらした。

判断！

「日本紀の御局」は紫式部のあだ名で、「軽蔑」はしていない。左衛門の内侍に対して腹立たしく思っているだけ。不適当なものとしての、正解は④。

推測・判断！

【文章Ⅰ】ではもちろん、紫式部に「日本紀の御局」とあだ名をつけた左衛門の内侍の陰口を意識している。

「私は漢籍に関する学識を、宮中などでひけらかすような軽薄な人間ではない（が、『日本紀』などは『かたそば』と言えるぐらいの学識を持っている）」という紫式部の矜持《きょうじ》である。紫式部にとって、（一条天皇の評価は、おそらくありがたかったであろうが）「日本紀」などは、やはり「かたそば」に過ぎないという、自負《じふ》がある。しかし当時、女性は一般的に、漢籍を本格的に学ぶことはなかったので、【文章Ⅰ】で、源氏の個人の見解として語らせることで、紫式部の矜持・自負をうまく隠している。

問４【内容把握問題】 6 **正解** ② **やや難**

設問のねらい 源氏の会話から「物語論」を把握

《源氏の会話文ｂ》※現代語訳（Ｐ156～Ｐ157）参照。

《会話文ｅ》※現代語訳（Ｐ158～Ｐ159）参照。

分析・判断！

これをまとめると、

❶（物語には）ありのままには言わないけれど、実在のモデルがいる。

❷（物語は）心ひとつに込めがたく、後の世に伝えさせたいことを書き置いたもの。

❸よいことばかり、悪いことばかり集めているものもあるが、（物語に書かれた内容は）この世に実際にあったこと。

❹中国のは作り方が違う。

❺日本の物語は、昔と今では作り方が違うし、深い、浅いの相違があるが、すべてが作り事とは言えない。

❻仏法にも方便がある。悟りのない者は矛盾を感じる。

❼菩提と煩悩との隔たり＝（物語の登場人物の）よい人、悪い人の隔たり。

統合！

❶「実在のモデルがいる」＋❷「心ひとつに込めがたく、後の世に伝えさせたいこと」＋❸「この世に実際にあったこと」

＝（物語には）現実に実在する人物の、実際にあったことで、どうしても後の世に伝えたいことを描いている。

判断！ ❶「ありのままには言わない」＋❸「よいことばかり、悪いことばかり集めているものもある」**➡虚構・誇張がある。**

正解は②。「後世に語り伝えずにはいられない現実の人間のありさまをもとに、虚構を交えて描いている」。

①［創作能力と意欲の高さだけは評価］が誤り。

③［評価を意識するあまりに読者に迎合して］が［内容］の［深浅］につながるわけではないので、誤り。

④［あの世や中国、昔や現在の日本を舞台］が誤り。

⑤［人々を仏道に導く手段］［悟りを開くきっかけ］が誤り。

問5【異なるテクストを関連づけ、会話によって思考を深める問題】

設問のねらい 紫式部の意図の把握

(i) 7 **正解** ① 標準〜やや難

分析！ 問3 **【文章Ⅰ】**会話文d「(源氏)日本紀などはただかたそばぞかし。これらにこそ道々しくくはしき事はあらめ。」とは、**「物語が日本紀などの正史を凌駕する（＝超える）」**という意味。

問4 **【文章Ⅰ】**会話文eより、(源氏)「**(物語は)後世に語り伝えずにはいられない現実の人間のありさまをもとに、虚構を交えて描いている**」。

統合・判断！ 会話文d会話文eの二つとも**紫式部自身の「物語論」**であり、**それを源氏に語らせている。**問3と問4を連動させて深めた問題。**➡正解は①。［虚構による現実の再構築である物語は、単なる事実を記述した日本紀を凌駕する］。**

【文章Ⅰ】 会話文d会話文eで、紫式部は源氏に「物語論」を語らせている。その「物語論」の中で、

②「日本紀を読むぐらいの高い見識がなければ、本当に優れた物語は創作できない」とは源氏は語っていない。②は誤り。

③「物語の真意を理解するためには教養が必要」「女性も日本紀を学ぶべきだ」とは源氏は語っていない。③は誤り。

④「後世で必ず高く評価される」とは源氏は語っていない。④は誤り。

⑤「仏法の真理を悟ることにも通じるところがある」とは源氏は語っていない。⑤は誤り。

(ii) 8 **正解** ③ 標準～やや難。

《f～hの話し手と内容》

分析！

会話文fの話し手は**源氏**。物語をきっかけに、源氏の恋心に気づかぬふりをする玉鬘をからかい半分で口説いている。

会話文gの話し手は**玉鬘**。「（養父が養女を口説くなどという）めったにないことは世間（の噂）話になる」と、「世間の目」を持ち出して、源氏を牽制している。

会話文hの話し手は**源氏**。玉鬘の「めったにない」という言葉尻を捉えて、玉鬘への「またなき心ち（＝恋心）」を訴える。

判断！

❶源氏は玉鬘に言い寄っている。玉鬘は困惑しつつ源氏を牽制している。

《iの話し手と内容》

分析！

会話文iの話し手（和歌を詠んだ人物）は**源氏**。

i「思ひあまり　むかしのあとを　たづぬれど　親にそむける　子ぞたぐひなき
不孝なるは、仏の道にもいみじくこそ言ひたれ」

思考・推測！

「昔の物語でも親の言うことを聞かない子は類がない」と昔の物語を引き合いにして、「親の言うことを聞かない親不孝は仏道でも戒めている」と仏道までも引っ張り出して、**「養父である私の言うことを聞くように」と養女の玉鬘に言い寄っている。**父親が娘に「(何でも自分の)言うことを聞け」と言うことは確かにあるかもしれない。しかし**源氏は養父という「父親」の立場を利用して、養女の玉鬘に「自分の言うことを聞くように(＝自分と恋愛関係になることを承諾するように)」とまでもほのめかしている！**(実の父親ならば、実の娘に恋愛関係を要求することを言うか?)

判断！

❷源氏は昔の物語や仏道まで引っ張り出して「養父である私の言うことを聞くように」と養女の玉鬘に言い寄っている。

《i〜jまでの地の文》

分析！

「顔ももたげ給はねば、」の主体は**玉鬘。**

思考・推測！

源氏の父親らしからぬ振る舞いに対して**玉鬘は「どうしたらよいのか」と困惑！**⬇玉鬘がうつむくと、美しい髪がこぼれかかって、顔を隠す。⬇源氏は玉鬘がどう思っているのか知りたいはず！

［御髪］は玉鬘の髪の毛。［かきやりつつ、］の「つつ」は反復の接続助詞。意味は「(何度も)〜ては」。⬇美しい髪の毛で隠れた玉鬘の表情を確かめるために、**「源氏が玉鬘の御髪の毛をかきやっては」**。「うらむ」はマ行上二段活用動詞。意味は「恨み言を言う。不満を訴える」。⬇**源氏が「どうして私の気持ち(＝恋心)をわかってもらえないのか」と玉鬘に恨み言を言う。**

判断！

❸父親らしからぬ振る舞いに困惑する玉鬘＋源氏は玉鬘の髪をかきやっては、恋心をわかってもらえないと不満を訴える。

《jの話し手と内容》

分析！

会話文jの話し手（和歌を詠んだ人物）は**玉鬘**。

j「ふるきあとを　たづぬれど　げになかりけり　この世にかかる　親の心は」

思考・推測！

「かかる」は連体詞。意味は「このような」。「かかる親の心」とは「娘に恋心を抱く父親の心」。

判断！

❹「古い物語にも娘に恋心を抱く父親の心はない」と詠むことで、玉鬘は源氏を牽制している。

統合・判断！

❶＋❷＋❸＋❹⬇正解は③。

生徒Dの会話【資料Ⅲ】から考えると、玉鬘は二十一歳だけれども九州から上京したばかりだから、世間しらずのうら若い女性。実の父親とはまだ会えず、都では養父の源氏しか頼る人がいないという弱い立場。一方、養父である源氏は多くの女性遍歴を持つ三十六歳。玉鬘に亡き夕顔の面影を重ねているのかな。若き青春の日の情熱を懐かしむとか。」もヒント！

① 〔源氏がi「養父であるから信頼してもらえない」と、自分の髪をかきあげながら、玉鬘に愚痴をこぼす〕、〔玉鬘はj「昔の物語の実の親でも源氏のようには大切にしてくれない」と源氏を立派な養父だと思って深く感謝〕が誤り。

② 〔源氏がi「養父である私にも親孝行しなさい」と仏道を引用してからかう〕、〔玉鬘は自分の髪をいじりながらすねて不満をもらし、j「昔の物語にも親孝行を強制する父親はいない」と恥ずかしそうにやりかえしている〕が誤り。

④ 〔源氏がi「養父の私が娘へ抱く恋心は仏も戒めている」〕、〔玉鬘は自分の髪で顔を隠しながら、j「昔の物語にも養女にまで手を出す不埒《ふらち》な父親はいない」と非難することで、源氏の危険な魅力に必死に抵抗しようとしている〕が誤り。

⑤［源氏がⅰ「養父の私がついているから大丈夫だ」］、［玉鬘の髪をなでながらなだめている］、［玉鬘はｊ「昔の物語でも私の実の父親のようにひどい父親はいない」といっそう悲しみに暮れている］が誤り。

分析！

（ⅲ）**【会話によって異なるテクストへの考察を深める問題】** 9 **正解** ⑤ **やや難**

生徒Ｄの会話［またどうして源氏の口を借りて「物語論」を述べるだけで終わらなかったのでしょう］

教師の最後の会話に注目！「紫式部の真の意図」を総括する。

❶読者に『源氏物語』はそういった『浅い』物語ではない」と思わせる。

❷源氏の人物像にリアリティを与えてもいる。

❸最後に［かくしていかなるべき御ありさまならむ。］と語り手の紫式部の言葉で結ぶことで、読者を物語世界に引き込む。

しかしこれだけが狙いではない。➡**❶＋❷＋❸による「紫式部の真の意図は何か」を考えさせる問題。**

分析・思考！

最初の教師の会話［「物語論」の背後には「（ⅰ）」という紫式部の大胆な主張が根底にあるのだが、「これは源氏個人の見解ですが」とばかりに、源氏の冗談「笑ひ」の後ろに紫式部は隠れていて、**『紫式部自身の「物語論」』に対する「読者の批判」を実に巧妙にかわしているんだよ。**］に注目！

思考・推測！

【文章Ⅱ】にあるように、当時、女性に漢籍に関する学識・教養があることは、同性である女性からも嫉妬・批判の対象になった。まして女性が確かな見識を持って堂々と意見を主張したり、自由に議論したりすることは憚られると紫式部は判断したからこそ、**「源氏の口」を借りて『紫式部自身の「物語論」』を述べた**のでは？。

判断！

「物語」の主たる読者は**【文章Ⅰ】**の会話文ａｂにもあるように女性である。左衛門の内侍のような女性**読者の、『紫式部自身の「物語論」』に対する批判をかわす**ことが真の意図であったと考えるべきである。

❶＋❷＋❸によって『源氏物語』の世界と内容そのものに魅せられた読者は、批判をすっかり忘れてしまうのである。

正解は⑤**「『紫式部自身の「物語論」』に対する批判」。**

③「反感」は抱いていない。「こんなに（＝源氏のように）魅力的で危険な男」に「惹かれている」だけ。③は誤り。

教師と生徒の会話だけならば、②も考えられる。**【文章Ⅱ】**だけならば、①と④も気になるかもしれない。

教師と生徒の会話＋【文章Ⅰ】＋【文章Ⅱ】で総合的に考察を深めることがポイント！

第4問　漢文　やや易

出典解説

韓昌黎集　中唐の政治家、文学者の韓愈の全集。四十巻。『外集』十巻。『遺文』一巻。門人の李漢の撰。

韓愈（七六八〜八二四）は中唐の政治家、文学者。字《あざな》は退《たい》之《し》。号《ごう》は昌黎《しょうれい》。諡《おくりな》は文（公）。三歳で父を失いついで兄も失い、嫂《あによめ》に育てられた。苦労して勉学に励み科挙試験（進士科）に合格しやっと官界に入り、何度か躓きながらも最後は高官に上りつめた。韓愈は後輩の指導にも力を入れたので、「韓門」という文学者の一団ができた。文章では李翺《りこう》、漢詩では賈島《かとう》（故事成語「推敲」で有名）など。友人の孟郊も詩人。

文章家としては、四六駢儷文（四字六字を中心として、対句や典故を用い修辞の美を競う華麗な文体）に対して、「古文」（思想性を重んじる前漢以前の古文の文体）を用いるべきだと主張。この「古文復興運動」に柳宗元も加わった。韓愈の作品は『雑説』『師の説』など。柳宗元の作品は『捕蛇者《ほだしゃ》の説』『韋《ゐ》中立に答へて師道を論ずる書』など。

詩人としては、中唐の白居易と並び称される。白居易がわかりやすい平易な用語を用いたのに対して、韓愈は詩においても復古的用語を用い、散文に近い作風。一般的に「李白・杜甫・韓愈・白居易」が唐の四大詩人。

韓非子　共通テストの出典解説を参照。

《本文解説》

【問題文Ⅰ】は『韓昌黎集』巻十にある七言律詩。押韻は初句末と偶数句末。巻十は律詩を収録している。題は『左遷セラレテ至リ二藍関ニ一示ス二姪孫ノ湘ニ一（＝左遷《サセン》せられて藍関《ランカン》に至《いた》り姪孫《テッソン》の湘《ショウ》に示《しめ》す）』。

憲宗は仏教を篤く信奉し、仏骨を宮中に迎えて三日間の供養をした。韓愈は儒学者の立場からこれに反対し、『仏骨を論ずる表』を奉り諫めたところ、危うく死罪になりかけ、罪一等を減ぜられて潮州（＝広東省）の刺使（＝地方長官）に左遷された。韓愈は即日出発し、藍関に至った。韓愈は五十二歳。この詩は、姪孫（＝兄弟の孫）の湘が心配してやってきたので作った七言律詩。韓愈は潮州で善政を行い、翌年、憲宗の死後に許されて長安に戻り五十七歳で没す。

【問題文Ⅱ】は『韓非子』巻四第十三「和氏」の一節。

楚の国の和氏が宝玉の原石を王に献上したが、宝玉と認められないばかりか、うそつきだとして足切りの刑にあう。二度の体刑を受け、三代目の王になって目から血の涙を流すほど泣いた後、はじめてその価値が認められた。筆者の韓非子はこの話を例として「法術」の真価が王に認められるのが、いかに難しいか、時には死をも賭さなければならないほどであるかを説く。「和氏」は「法術を説く士」、「玉璞」は「法術」、「玉璞を石と鑑定した玉人」は「大臣・近習」のたとえ。

《読解のポイント》

共通の話題は「君主によって罰せられた人」。**【問題文Ⅰ】**と**【問題文Ⅱ】**を読解し、生徒の会話によって**【問題文Ⅱ】**と「研究発表」を関連させて思考を深め、巧みなたとえを用いた**【問題文Ⅱ】**の韓非子の主張に深く迫ろう！

書き下し文・現代語訳

字音（＝音読み）は現代仮名遣いカタカナルビ。
字訓（＝訓読み）は古典仮名遣い平仮名ルビ。
漢文では適宜時制を補って解釈する。
「ば」の解釈は（平安時代の古典文法と違い）現代語に近い。

問題文Ⅰ

左遷《サセン》せられて藍関《ランカン》に至《いた》り姪孫《テッソン》の湘《ショウ》に示《しめ》す
一封《イップウ》朝《あした》に奏《ソウ》す九重《キュウチョウ》の天《テン》
夕《ゆふべ》に潮州《チョウシュウ》に貶《ヘン》せらる路八千《みちハッセン》
聖明《セイメイ》の為《ため》に弊事《ヘイジ》を除《のぞ》かんと欲《ほっ》す
肯《あ》へて衰朽《スイキュウ》を将《もっ》て残年《ザンネン》を惜《を》しまんや

左遷されて秦嶺の関所の藍関に至り、兄弟の孫の湘に示す
一通の上奏文を朝に宮中の天子のもとにさしあげた
その日の日暮れに潮州に左遷される。道のりは八千里
聡明な天子のために弊害を取り除こうと思った（からこそで）
どうして老いさらばえた身で余命を惜しもうか、いや惜しんだりしない

雲《くも》は秦嶺《シンレイ》に横《よこ》たはつて家《いへ》何《いづ》くにか在《あ》る
雪《ゆき》は藍関《ランカン》を擁《ヨウ》して馬《うま》前《すす》まず
知《し》る汝《なんぢ》が遠《とほ》く来《きた》る応《まさ》に意《イ》有《あ》るべし
好《よ》し、我《わ》が骨《ほね》を収《をさ》めよ瘴江《シヨウコウ》の辺《ほとり》

雲は秦嶺に低くたれこめて、（長安の）我が家はどこにあるのか（わからない）
雪は藍関をうずめて馬は前へ進まない
私にはわかる。あなたが遠くやって来たのはおそらく考えるところがあるのだろう
（もしものことがあったら）私の骨を拾うがよい。瘴気の立ちこめる韓江のほとりで

語句

問題文Ⅰ

- **左遷** 「させん」。官職を落として転任させる。
- **姪孫** 「てつそん（＝てっそん）」。兄弟のまご。おいまご。
- **湘** 「しやう（＝しょう）」。湘は名前。韓湘。
- **一封** 「いつぷう（＝いっぷう）」。一通の上奏文。必ず封をした。
- **奏《ス》** 「そうす」。申し上げる。さしあげる。
- **九重天《ノ》** 「きうちよう（＝きゅうちょう）のてん」。宮中（の天子）。天子の宮殿の門は九つあり、また天が九重であるとされ、天子を天に比することから。
- **貶《セラル》** 「へんせらる」。官位を下げられる。送り仮名に「らる」を添える。
- **路八千** 「みちはつせん（＝みちはっせん）」。八千里の道のり。
- **聖明** 「せいめい」。知徳の非常に優れていること。
- **弊事** 「へいじ」。弊害。
- **将《テ》** 「もつて（＝もって）」。〜によって。〜で。〜の身で。
- **衰朽** 「すいきう（＝すいきゅう）」。衰え朽ちる。老衰。
- **残年** 「ざんねん」。残り少ない命。余命。
- **擁《ス》** 「ようす」。抱きかかえる。つつみこむ。うずめる。

● 有リレ意「いあり」。意志がある。
● 好シ「よし」。〜するがよい。どうか〜してくれ。
● 好＋動詞　〜するのがよろしい。〜するのがよい。

句法

問題文Ⅰ

● 肯ヘテAンヤ。　反語の形「肯へてAんや。」
意味「どうしてAしようか、いやAしない。」
古い文、古文に準じた文では「肯へて」「敢へて」一字で反語を表すことがある。
● 何クニカA。　疑問の形「何《いづ》くにかA（連体形）」。

書き下し文・現代語訳

問題文Ⅱ

字音（＝音読み）は現代仮名遣いカタカナルビ。
字訓（＝訓読み）は古典仮名遣い平仮名ルビ。

楚《ソ》人《ひと》和氏《カシ》玉璞《ギョクハク》を楚《ソ》の山中《サンチュウ》に得《え》、奉《ホウ》じて之《これ》を厲王《レイオウ》に献《ケン》ず。
厲王玉人《レイオウギョクジン》をして之《これ》を相《ソウ》せしむ。
玉人《ギョクジン》曰《い》はく、「石《いし》なり」と。
王和《オウカ》を以《もつ》て誑《キョウ》と為《な》し、其《そ》の左足《サソク》を刖《あしき》る。
厲王薨《レイオウコウ》じ、武王位《ブオウくらゐ》に即《つ》くに及《およ》び、和《カ》又《また》其《そ》の璞《ハク》を奉《ホウ》じて之《これ》を武《ブ》

● 収ム「をさむ（＝おさむ）」。手に入れる。
● 瘴「しやう（＝しょう）」。山川に生ずる毒気。瘴気。

意味「どこにAか。」
● 応ニシレA。　再読文字「応にAべし。」
意味「おそらくAだろう。きっとAだろう。Aに違いない。」「当然Aべきだ。Aしなければならない。」

漢文では適宜時制を補って解釈する。
「ば」の解釈は（平安時代の古典文法と違い）現代語に近い。

楚の国の人和氏は玉璞を楚の山中で見つけ、ささげ持ってこれを厲王に献上した。
厲王は（宮中の）玉工にこれをよくみさせた（＝鑑定させた）。
玉工が言うことには「石である」と。
王は和をうそつきと考えて彼の左足を切る刑にした。
厲王が死んで、武王が即位するに及んで、和はさらにまたその玉

王《オウ》に献《ケン》ず。

武王《ブオウ》玉人《ギョクジン》をして之《これ》を相《ソウ》せしむ。又《また》曰《い》はく、「石《いし》なり」と。

王《オウ》又《また》和《カ》を以《もつ》て誑《キョウ》と為《な》し、其《そ》の右足《ユウソク》を刖《あしき》る。

武王《ブオウ》薨《コウ》じ、文王《ブンオウ》位《くらゐ》に即《つ》く。和《カ》乃《すなは》ち其《そ》の璞《ハク》を抱《いだ》きて楚山《ソザン》の下《もと》に哭《こく》すること、三日三夜《サンジツサンヤ》、涙尽《なみだつ》きて之《これ》に継《つ》ぐに血《ち》を以《もつ》てす。

王之《オウこれ》を聞《き》き人《ひと》をして其《そ》の故《ゆゑ》を問《と》はしめて曰《い》はく、「天下《テンカ》刖《あしき》らるる者《もの》多《おほ》し。子《シ》奚《なん》ぞ哭《コク》することの悲《かな》しきや」と。

和《カ》曰《い》はく、「吾《われ》刖《あしき》らるるを悲《かな》しむに非《あら》ざるなり。

夫《か》の宝玉《ホウギョク》にして之《これ》に題《ダイ》するに石《いし》を以《もつ》てし、貞士《テイシ》にして之《これ》に名《な》づくるに誑《キョウ》を以《もつ》てするを悲《かな》しむ、此《こ》れ吾《わ》が悲《かな》しむ所以《ゆゑん》なり」と。

王乃《オウすなは》ち玉人《ギョクジン》をして其《そ》の璞《ハク》を理《をさ》めしめて宝《たから》を得《え》たり。

遂《つひ》に命《なづ》けて和氏《カシ》の璧《ヘキ》と曰《い》ふ。

璞をささげ持ってこれを武王に献上した。

武王は玉工にこれをよくみさせた（＝鑑定させた）。さらにまた玉工が言うことには「石である」と。

王はさらにまた和をうそつきと考えて、彼の右足を切る刑にした。

武王が死んで、文王が位についた。

和はそこでその玉璞を抱いて楚の山のもとで大声で泣くことは、三日三晩、涙が尽きて血をこれ（＝涙）に続け（て流し）た。

王はこれを聞いて人にその理由を尋ねさせて言うことには、「天下に足切りの刑を受ける者は多い。あなたはどうして大声で泣くことが（そんなに）悲しいのか（＝あなたはなぜ血の涙を流すほど悲しそうに泣くのか）」と。

和が言うことには、「私は足切りの刑にされたのを悲しむのではないのである。

あの宝玉であって（それなのに）石と品定めをし、操が正しい（正義を守る）人であって（それなのに）うそつきと名付けることを悲しむ、これが私が悲しむ理由である」と。

王はそこで玉工にその玉璞を磨かせて宝を得た。

その結果（これを）名付けて和氏の璧と言う。

語句

問題文Ⅱ

●**楚人**「そひと」。楚の国の人。

●**玉璞**「ぎよくはく（＝ぎょくはく）」。掘り出したままでまだ磨いていない玉。

●**奉**《ズ》「ほうず」。ささげ持つ。うやうやしく持つ。

●**而** 文中で読まない、書き下さない（軽く文をつなぐ）助字。順接でも逆接でも用いる。直前の語に送り仮名「テ・シテ」「ドモ」などを添える。

●**玉人**「ぎよくじん（＝ぎょくじん）」。玉を彫刻する職人。玉工。

●**相**《ス》「さうす（＝そうす）」。くわしく見る。

●**也**「なり」。文末で平仮名で「なり」と書き下す（読まない、書き下さないこともある）助字。（きっぱりと言い切る語気）断定を表す。～である。～だ。疑問・反語の形の文末では平仮名で「や」「か」と書き下す。語末や句末で強調する時は平仮名で「や」と書き下す。

●**誑**「きやう（＝きょう）」。あざむく。たばかる。偽りの言葉で人をあざむく。

●**刖**《ル》「あしきる」。足を断ち切る（刑罰）。

●**薨**《ズ》「こうず」。諸侯が死ぬ。

●**乃**《すなはチ》「すなはち（＝すなわち）」。そこで。

●**哭**《ス》「こくす」。大声をあげて泣く。

●**継**《グ》「つぐ」。続ける。続く。

●**故**「ゆゑ（＝ゆえ）」。理由。わけ。

●**矣** 文末で読まない、書き下さない助字。推量・完了・断定を表す。

●**題**《ス》「だいす」。品定めする。名付ける。

●**以**《テ》「もつて（＝もって）」。①方法・手段。②原因・理由。③「而」と同じ（軽く文をつなぐ）。

●**貞士**「ていし」。操の正しい（正義を守る）人。

●**所以**「ゆゑん（＝ゆえん）」。①原因・理由。②方法・手段。

●**理**《ム》「をさむ（＝おさむ）」。玉を磨く。

●**焉** ここでは文末で読まない、書き下さない助字。（きっぱりと言い切る語気）断定を表す。

●**遂**《ニ》「つひに（＝ついに）」。そのまま。その結果。そこで。

●**命**《ク》「なづく」。名付ける。

●**璧**「へき」。平たい円形で、中央に穴のある石。「たま」

と訓読してもよい。

●**「和氏の璧」**（「くわしのへき」「くわしのたま」＝「かしのへき」「かしのたま」）と言われ、歴史に残る宝玉となった。戦国時代、「和氏の璧」を手に入れた趙の恵文王に、秦の昭王が城十五城と趙の宝である和氏の璧を交換しようと言ったので、趙の国の藺相如《りんしょうじょ》は使者として赴いたが、秦の昭王が約束の城を与える気がないのを知って、身命を賭して和氏の璧を無事に守って持ち帰ったという故事から「連城《れんじょう》の璧」とも言われる。ここから「完璧」の故事成語が生まれた。

句法

問題文Ⅱ

●**使《ム》二A《ヲシテ》B一。** 使役の形「AをしてBしむ。」
意味「AにBさせる。」

●**以《テ》レA《ヲ》為《ス》レB《ト》** 判断の形「Aを以てBと為す。」
意味「AをBとする。AをBと考える。」

●**B《スルニ》以《テス》レA《ヲ》。** 書き下し文「BするにAを以てす。」
意味「BするのにAでする。」「以《テ》レA《ヲ》B《ス》。」の倒置。

●**以《テ》レA《ヲ》B《ス》。** 書き下し文「Aを以てBす。」
意味「AでBする。」

●**奚《ゾ》A也。** 疑問の形「奚ぞAや。」
意味「どうしてAか。」※疑問詞「奚」＝「何」。

設問解説

問1【語の意味の問題（同じ意味の漢字を指摘させる問題）】

設問のねらい 語の読み・意味「弊」「応」「相」＋語順

(ア) 1 **正解** ③ やや易

「弊」の読み・意味は「たふる〈たおれる〉」「たふす〈たおす〉」「やぶる〈やぶれる〉」「つかる〈つかれる〉」「悪い。害になる。粗末だ」など。

分析！……漢詩は二句セットで考える。

［欲《ス》下 為《ニ》二 聖 明《ノ》一 除《カント》中 弊 事《ヲ》上］ —— ［肯《ヘテ》 将《テ》二 衰 朽《ヲ》一 惜《シマンヤ》二 残 年《ヲ》一］

「聖明」とは「聡明な天子」の意味。リード文から「憲宗」を指す。「衰朽」とは「衰え朽ちる」の意味。臣下である「韓愈」を指す。

思考！ リード文**［「仏骨」を宮中に迎えて供養した憲宗を諫めて］**

「弊事」＝［「仏骨」を宮中に迎えて供養した」こと。「害になること」と思ったから諫めて「除かんと欲す」。

判断！ **「弊」は「害」。⬇正解は③。**

(イ) 2 **正解** ⑤ 易

「応」の読み・意味は「こたふ〈こたえる〉」「順う」「当たる」「受ける」再読文字「応に〜べし」など。

分析！……漢詩は二句セットで考える。七言の場合は四字＋三字のまとまりで考える。

リード文**［見送りに来てくれた姪孫（＝兄弟の孫の）湘に対して作った詩］注［姪孫（＝兄弟の孫の）湘への呼びかけ］**

［知《ル》 汝《ガ》 遠《ク》 来《ル》 応レ 有《ル》レ 意］ —— ［好《シ》 収《メヨ》二 我《ガ》 骨《ヲ》一 瘴 江《ノ》 辺］

「応」の左下に返り点「レ」があり、述語「有《ル》レ」から返読している。

思考・推測！

湘が見送りに来てくれたことに対して「考えがあってのことだろう」と思って感謝し、「自分が死んだら骨を拾ってくれ」と頼んでいる。

判断！

「応」は再読文字「応に〜べし」と訓読する。ここでは「おそらく〜だろう」の意味。再読文字「当」と同じ用法。

正解は⑤。

(ウ) 3 正解 ② やや難

「相」の読み・意味は「みる〈くわしく見る。占う〉」「たすく〈たすける。補佐する〉」「かたち。ありさま。様子」「君主を補佐して政治を行う大臣。宰相」「あひ（＝あい）〈お互いに。動作・行為が相手に及ぶことを表す〉」など。

分析！

楚人和氏は「玉璞（＝磨いてない玉）」を得て厲王に献上した。

「厲王使玉人相之。玉人曰《ハク》、「石也《ト》。」」**に注目！**

思考・推測！

「相」の直前「玉人（＝玉を彫刻する職人）」がすることは何か？

①**（本物の宝玉の原石か）鑑定すること。**＋②**（宝玉の原石を宝玉へ）磨くこと。**

磨いたらすぐ「宝玉」だとわかるはず。➡厲王にも武王にも献上したのはまだ磨いていなかったものか？

判断！

磨く前に、玉人（＝玉の職人）がすることは「（本物の宝玉の原石か）**くわしく見る。鑑定すること」。⬇正解は②。**

「鑑」には「みきわめる。見分ける」の意味がある。

問2 【解釈の問題】

設問のねらい 「九重」「貶」「奚」＋疑問形

(1) 4 正解 ② やや易

「九重」には「ものがいくつも重なること」「天子の宮殿」「天子」「大空」などの意味がある。

分析！

リード文 **「「仏骨」を宮中に迎えて供養した憲宗を諫めて、」＋「奏《ス》」とは帝（＝天子）に対して。**

判断！

「九重」の意味は「天子の宮殿」「天子」。

正解は②。

天子の宮殿の門は九つあったことから。漢文では「きうちよう（＝きゅうちょう）」、古文では「ここのへ（＝ここのえ）」と読む。

(2) 5 正解 ③ やや易

「貶」の読み・意味は「おとす」「けなす」「さげすむ。おとしむ」など。

分析！

リード文 **「「君主に罰せられた人」」**＋「中唐の「韓愈」が、「仏骨」を宮中に迎えて供養した憲宗を諫めて、危うく死罪になりかけ、罪一等を減じられて潮州に赴くこととなり」

注1「**潮州——今の広東省潮安県。**」＋本文「**路八千（道のりが八千里）**」の「**遠方**」！

思考！

「罰」＝「（都である長安を離れ）八千里離れた潮州（＝広東省）に赴くこと」！⬇中央の官僚にとっては「左遷」！

判断！

「貶」の意味は「おとす（官位を下げる）」で、「左遷（＝官位を下げられて遠地に転任する）」！⬇**正解は③。**

官位に関係する語は（主語が天子・帝・朝廷で無い場合は）受身の「る」「らる」を添えることが多い。

ここも「韓愈」が主語なので、「貶《セラル》」。

(3) 6 **正解** ④ **標準**

疑問詞「奚」は（疑問詞「何」と同じく）「なんぞ」「なにを」などの読みがある。P51〜52参照。

《疑問詞と文末の確認》

疑問詞「奚」は「何」と同じく「なんぞ」と訓読する場合が多く、疑問形・反語形・詠嘆形で用いられる。

文末の助字（終助詞・終尾詞）「**也**」がある！

疑問詞「奚《ゾ》（＝何《ゾ》）」＋文末の助字「也」「乎」「哉」の疑問形・反語形・詠嘆形

疑問形

奚《なん》ぞ ～ 連体形 ＋や。 訳 **どうして・なぜ～か。（理由を問う）**

反語形

奚ぞ ～ 未然形＋ん ＋や。 訳 **どうして～ようか、いや、～ない。**

※送り仮名に「ん」を添える。

詠嘆形

奚ぞ ～ 連体形 ＋や。 訳 **なんと～ことか。なんと～ことよ。**

分析！

［王聞《キ》レ之《ヲ》使《メテ》三人《ヲシテ》問《ハ》二其《ノ》故《ヲ》一］

「之」「其」＝「和が玉璞を抱いて楚の山のもとで、三日三晩、血の涙を流すまで大声で泣いていたこと」。「故」＝理由。

思考・判断！

「いつから」「どこで」は知っていた。➡**「理由」を尋ねさせた！　疑問形！**

分析！

［天下刖《ラルル》者多《シ》矣。］

思考・推測！

「天下に足きりの刑を受ける者は多い。」しかし「三日三晩、血の涙を流すまで大声で泣く」人はいなかった。

文王は「和氏が単に足きりの刑を受けて泣いているわけではない」と知っていた。

判断！

［哭《スルコト》之悲《シキ》（＝「三日三晩、血の涙を流すほど大声で泣く様子が、あまりに悲しい様子である」）**］ 理由を尋ねた！**

「奚」は「なんぞ」と訓読して「どうして〜か」「なぜ〜か」という理由を尋ねた。➡**正解は④。**

問3 【空欄補充問題】 7 正解 ④ やや易

設問のねらい 漢詩の知識（押韻）

分析！

一句七字、八句からなる七言律詩。

七言律詩は第一句末と偶数句末に押韻する［「声」（＝最初の子音）を除いた部分「韻」をそろえる］。

中国の発音をまねた「字音（＝音読み）」で考える。

【問題文Ⅰ】偶数句末の韻を確認！

二句末「千」sen／四句末「年」**nen**／六句末「前」**zen**／八句末「辺」**hen**

韻は「en」。第一句末も押韻するので、選択肢の「字音（＝音読み）」をチェック。**➡韻「en」を探す！**

① 主「syu」② 空「kû（kū）」③ 帝「tei」④ 天「**ten**」⑤ 宮「kyû（kyū）」

※「û」（訓令式）「ū」（ヘボン式）長音（＝のばす音）。

判断！

正解は④。

問4 【心情説明問題】 8 正解 ① やや易

設問のねらい 傍線部（頸聯）に込められた著者の心情を把握＋前後（頷聯・尾聯）も確認

分析！……漢詩は二句セットで考える！

頸聯の前半・後半に分けて考える！

《前半の分析》

［雲《ハ》横《タハッテ》二秦嶺《ニ》一家何《クニカ》在《ル》］⬇雲のために（長安の）我が家は見えない。

思考・推測！

雲はさまざまな障害を表す？

❶長安を離れるのがつらい？　寂しい？

《後半の分析》

［雪《ハ》擁《シテ》二藍関《ヲ》一馬不《レ》前《マ》］⬇雪のために馬は前へ進まない。「潮州」への道のりは「八千」と遠い。

思考・推測！

雪はこれからの困難を表す？進まない馬に韓愈自身を重ね合わせている？

❷韓愈は長安を離れたくない？　潮州に行きたくない？

《正しく分析するために直前の頷聯の心情も把握》

分析！……傍線部直前の心情・漢詩は二句セットで考える！

「欲《ス》下為《ニ》二聖明《ノ》一除《カント》中弊事《ヲ》上」――「肯《ヘテ》将《テ》二衰朽《ヲ》一惜《シマンヤ》二残年《ヲ》一」

思考・推測！

❸憲宗のために諫言をしたことを後悔はしていない。

《正しく分析するために直後の尾聯の心情も把握》

分析！

傍線部直後の心情・漢詩は二句セットで考える！

「知《ル》汝《ガ》遠《ク》来《ル》応《ニ》シレ有《ル》レ意」――「好《シ》収《メヨ》二我《ガ》骨《ヲ》一瘴江《ノ》辺」

思考・推測！

❹潮州で死ぬことも覚悟している。

統合！

❶＋❷＋❸＋❹⬇韓愈は諫言を後悔はしていないが、遠い潮州で死ぬかもしれず、いよいよ長安を離れるに際して、寂しさを感じ、遠く潮州へ赴く困難に対して不安を感じている。

判断！

正解は①。

② 〔汚名をすすぐ〕〔困難に挑戦しようと決意〕が誤り。

③ 〔やっと長安での窮屈な宮仕えという束縛から解放〕〔自由を喜ぶ〕が誤り。

④「早く長安を出発して任地で善政を施し」「活躍して再起を図ろうと勇む」が誤り。
⑤「むこうみずな諫言を深く後悔」が誤り。

問5【白文問題（返り点と書き下し文の組合せの問題）】 9 正解 ⑤ やや易

設問のねらい 使役形＋「相」（問1(ウ)と関連）＋「之」

分析！

使　玉人　相　之。

（A 名詞：玉人　B 述語（動詞）：相　目的語：之）

A 名詞「玉人」に「ヲシテ」を添える。

B の中心となる述語は動詞「相《ス》」。「相」は問1(ウ)から「くわしく見る。鑑定する」意味の動詞。

「之」は目的語で「玉璞」を指す。

判断！

使《ム》二玉人《ヲシテ》相《セ》レ之《ヲ》。　玉人をして之を相せしむ。　**➡正解は⑤。**

問6【異なるテクスト（【文章Ⅰ】＋【文章Ⅱ】＋研究発表）から比喩と筆者の主張を把握する問題】

出題のねらい 共通点の把握＋研究発表（法家の思想）＋具体例と巧みな比喩を通して筆者の主張の把握

(i) 10 正解 ⑤ 標準

故事成語の確認！

「完璧」については、P186参照

対比・分析！

共通点である「君主に罰せられた人」の具体例

【問題文Ⅰ】韓愈は憲宗に諫言して危うく殺されそうになり左遷されたが、諫言を後悔していない。

【問題文Ⅱ】和氏は王に玉璞を献上して二度も足切りの刑にあったが、玉璞を献上し続けた。

共通点である「罰」の原因

【問題文Ⅰ】憲宗に諫言したこと。

【問題文Ⅱ】王に玉璞を献上したこと。

結果

【問題文Ⅰ】諫言は受け入れられず、韓愈は「罰」を受ける（＝左遷）。

【問題文Ⅱ】玉璞の価値を認められず、和氏は「罰」を受ける（＝足切りの刑）。

判断！

【問題文Ⅰ】諫言は正しい（と思ったからな）のに、受け入れられるのは難しかった！

【問題文Ⅱ】玉璞は宝玉なのに、価値が認められるのは難しかった！

➡正解は⑤。

① ［後世に伝わり故事成語を生み出す］が誤り。

② ［発見後は秘匿しておくべきだった］が誤り。

③ ［嫉妬と反発を招く恐れがあり］［不吉である］が誤り。

④ ［まず磨かれることが必要だ］が誤り。

(ii) 11 正解 ⑤ 標準

分析！ 「巧みなたとえ」とは？

「玉璞」	**価値があるもの**
「和氏」	価値あるものを王に献上する人…「貞士（＝操正しい正義を守る人）」
「玉人」	王のために価値あるものを正しく鑑定しない人
「王」	価値がわからない君主

思考！ 和氏は楚の君主に「足切りの刑」という「罰」を受けても「玉璞」を献上し続けた！➡献上しなければ、「足切りの刑」にならないのに、なぜ献上し続けたのか？

対比！ 韓非子にとって、**「玉璞」のように「価値あるもの」、君主に「罰を受け（るかもしれなく）ても主張したいもの」**は何か？

研究発表・文学史！ 韓非子は**韓の公子**で、**自国の弱化を憂えていた。**韓非子は「法（＝法令）」と「術（＝臣下を統御する方法）」をあわせた**「法術」**をもって国を治めることを主張した。**韓非子の進言は、韓王に用いられなかった。**

推測！ **韓非子は韓の公子として自国の韓の富国強兵のために、「法術」を韓王に進言したかった？**

「玉璞」	**「法術」**
「和氏」	「法術を進言する士」（＝韓非子）
「玉人」	「大臣・近習」（君主の側近で、「法術」を妨げる臣下）

「王」　「韓非子の進言をすぐには受け入れることのない韓王」

判断！

正解は⑤。

①［人材］②［生命］③［諫言］は韓非子にとっては、「価値あるもの」でもない、「罰を受け（るかもしれなく）ても主張したいもの」でもない。④［忠義］は韓非子が「時代遅れ」として退けた「儒家」の思想において大切にする徳目である。

(iii)　12　**正解**　①　標準〜やや易

分析！

生徒Dの会話

「『史記』で韓非子が、自分の理解者であるはずの秦王嬴政《えいせい》のもとで非業の死を遂げたこととあわせて考えると、**【問題文Ⅱ】**の奥にある韓非子の主張［　Z　］は、重みを増すよね。」

対比！

【問題文Ⅱ】

和氏は楚の王に「玉璞」を献上した。

玉人が「石」と鑑定したので、**価値が認められない。**

和氏は、王をあざむいた罪で**二度の「足切りの刑」**という**「罰」を受け、三日三晩大声で泣き、血の涙を流した。**

和氏の「玉璞」は、（王が玉人に磨かせた結果、）天下の宝玉となった。

↔

【研究発表】

韓非子は韓の王に「法術」を進言した。

韓の国では用いられない**（価値が認められない）**。

秦王嬴政は高く評価はしたものの、やはり「（韓非子の）法術」は**すぐには用いられない**。

韓非子は、李斯や姚賈《ようか》の讒言で、投獄され**自殺に追い込まれた**。

韓非子の「法術」は、（秦王嬴政（＝後の始皇帝）に大きな影響を与えた結果、）中国統一へ貢献した。

思考・推測！

和氏の献上した「玉璞」は（認められ天下の宝玉となるまで）長い時間と和氏の大きな犠牲が必要！

韓非子の進言した「法術」は（認められ天下統一に貢献するまで）長い時間と韓非子の大きな犠牲（＝死）が必要！

判断！

韓非子は「法術」の真価が君主にすぐには理解されるのが難しい＋身に危険が及ぶことも知っていた！⬇正解は①。

② ［出仕は時の運不運］は本文に無いので、誤り。

③ ［君主の真意を見抜きそれにあわせて臨機応変に対応する必要がある］はこの文章の主題ではないので、誤り。

④ ［君主の性格や好みを熟知して行うべき］［絶対的権力を侮ってはならない］はこの文章の主題ではないので、誤り。

⑤ ［将来の身の危険も察知］はこの文章の主題ではないので、誤り。［忠言にふさわしい機会を待つべきだ］は誤り。

考察！

「君主の絶対的権力を侮ってはならない（＝逆鱗に触れるな）」「君主の性格や好みを熟知」「臨機応変に対応」「将来の身の危険も察知」などは『韓非子』『説難《ぜいなん》』の篇で「進言の難しさ」として取り上げているが、この「和氏の璧」の篇の主題ではない。

矢野　雅子（やの　まさこ）

代々木ゼミナール講師を経て、現在は某大手予備校に出講。東大・阪大・神大などの難関国公立対策、早稲田・関関同立などの難関私大対策、共通テスト対策など、幅広く担当。＜学ぶ喜び＞＜知る楽しさ＞を伝える授業が好評。文法・敬語・和歌・文学史を短期間で効率よく教える。

「学びエイド」やYouTube「古文塾」（旧「古典の部屋」）「矢野の勝てる古文」で授業動画を配信中。本質を短期間で、体系的に学ぶことができ、理解を深めるために最適。

好きなことは「自由（今この瞬間に心がワクワクすることを楽しむこと）」と「精神世界の勉強」。大好きな温泉に入りながら「ありがとう!!」とすべてに感謝している。

改訂版《かいていばん》　大学入学共通《だいがくにゅうがくきょうつう》テスト
国語《こくご》[古文《こぶん》・漢文《かんぶん》]予想問題集《よそうもんだいしゅう》

2021年９月17日　初版発行

著者／矢野《やの》　雅子《まさこ》

発行者／青柳　昌行

発行／株式会社KADOKAWA
〒102-8177　東京都千代田区富士見2-13-3
電話　0570-002-301（ナビダイヤル）

印刷所／株式会社加藤文明社印刷所

●お問い合わせ
https://www.kadokawa.co.jp/（「お問い合わせ」へお進みください）
※内容によっては、お答えできない場合があります。
※サポートは日本国内のみとさせていただきます。
※Japanese text only

定価はカバーに表示してあります。

ISBN 978-4-04-605189-9　C7081

改訂版

大学入学 共通テスト

国語［古文・漢文］

予想問題集

別冊

問題編

この別冊は本体に糊付けされています。

別冊を外す際の背表紙の剥離等については交換いたしかねますので、本体を開いた状態でゆっくり丁寧に取り外してください。

改訂版 大学入学共通テスト
国語〔古文・漢文〕 予想問題集

別冊もくじ

別冊

問題編

本冊

分析編

解答・解説編

2021年1月実施

共通テスト・
第1日程

100点　40分

第3問

次の文章は、『栄花物語』の一節である。藤原長家（本文では「中納言殿」）の妻が亡くなり、親族らが亡骸《なきがら》をゆかりの寺（法住寺《ほうじゆうじ》）に移す場面から始まっている。これを読んで、後の問い（問1～5）に答えよ。（配点50）

大北の方も、(注1)この殿ばらも、またおしかへし臥《ふ》しまろばせたまふ。これをだに悲しくゆゆしきことにいはでは、また何ごとをかはと見えたり。さて御車の後《しり》に、(注2)大納言殿、(注3)中納言殿、さるべき人々は歩ませたまふ。いへばおろかにて、(ア)えまねびやらず。(注4)北の方の御車や、女房たちの車などひき続けたり。御供の人々など数知らず多かり。法住寺には、常の御渡りにも似ぬ御車などのさまに、(注5)僧都《そうづ》の君、御目もくれて、え見たてまつりたまはず。さて御車かきおろして、つぎて人々おりぬ。

さてこの御忌《いみ》のほどは、誰《たれ》もそこにおはしますべきなりけり。山の方をながめやらせたまふにつけても、わざとならず色々にすこしうつろひたり。鹿の鳴く音《ね》に御目もさめて、今すこし心細さまさりたまふ。(注6)宮々よりも思し慰《おぼ》むべき御消息《せうそこ》たびたびあれど、ただ今はただ夢を見たらんやうにのみ思されて過ぐしたまふ。月のいみじう明《あか》きにも、思し残させたまふことなし。内裏《うち》わたりの女房も、さまざま御消息聞こゆれども、よろしきほどは、A「今みづから」とばかり書かせたまふ。進内侍《じんのないし》と聞こゆる人、聞こえたり。

契りけん千代は涙の水底《みなそこ》に枕ばかりや浮きて見ゆらん

中納言殿の御返し、

　起き臥しの契りはたえて尽きせねば枕を浮くる涙なりけり

また東宮の若宮の御乳母《めのと》の小弁《こべん》、

X　悲しさをかつは思ひも慰めよ誰もつひにはとまるべき世か

御返し、

Y　慰む方しなければ世の中の常なきことも知られざりけり

かやうに思しのたまはせても、いでや、もののおぼゆるにこそあめれ、まして月ごろ、年ごろにもならば、思ひ忘るるやうもやあらんと、われながら心憂く思さる。何ごとにもいかでかくと(イ)めやすくおはせしものを、顔かたちよりはじめ、心ざま、手うち書き、絵などの心に入り、さいつころまで御心に入りて、うつ伏しうつ伏して描《か》きたまひしものを、この夏の絵を、枇杷殿《びはどの》にもてまゐりたりしかば、いみじう興じめでさせたまひて、納めたまひし、Bよくぞもてまゐりにけるなど、思し残すことなきままに、よろづにつけて恋しくのみ思ひ出できこえさせたまふ。年ごろ書き集《つ》めさせたまひける絵物語など、(注7)みな焼けにし後《のち》、去年《こぞ》、今年のほどにし集めさせたまへるもいみじう多かりし、(ウ)里に出でなば、とり出でつつ見て慰めむと思されけり。

（注）1　この殿ばら —— 故人と縁故のあった人々。
2　御車 —— 亡骸を運ぶ車。
3　大納言殿 —— 藤原斉信。長家の妻の父。

4　北の方――「大北の方」と同一人物。

5　僧都の君――斉信の弟で、法住寺の僧。

6　宮々――長家の姉たち。彰子や妍子（枇杷殿）ら。

7　みな焼けにし後――数年前の火事ですべて燃えてしまった後。

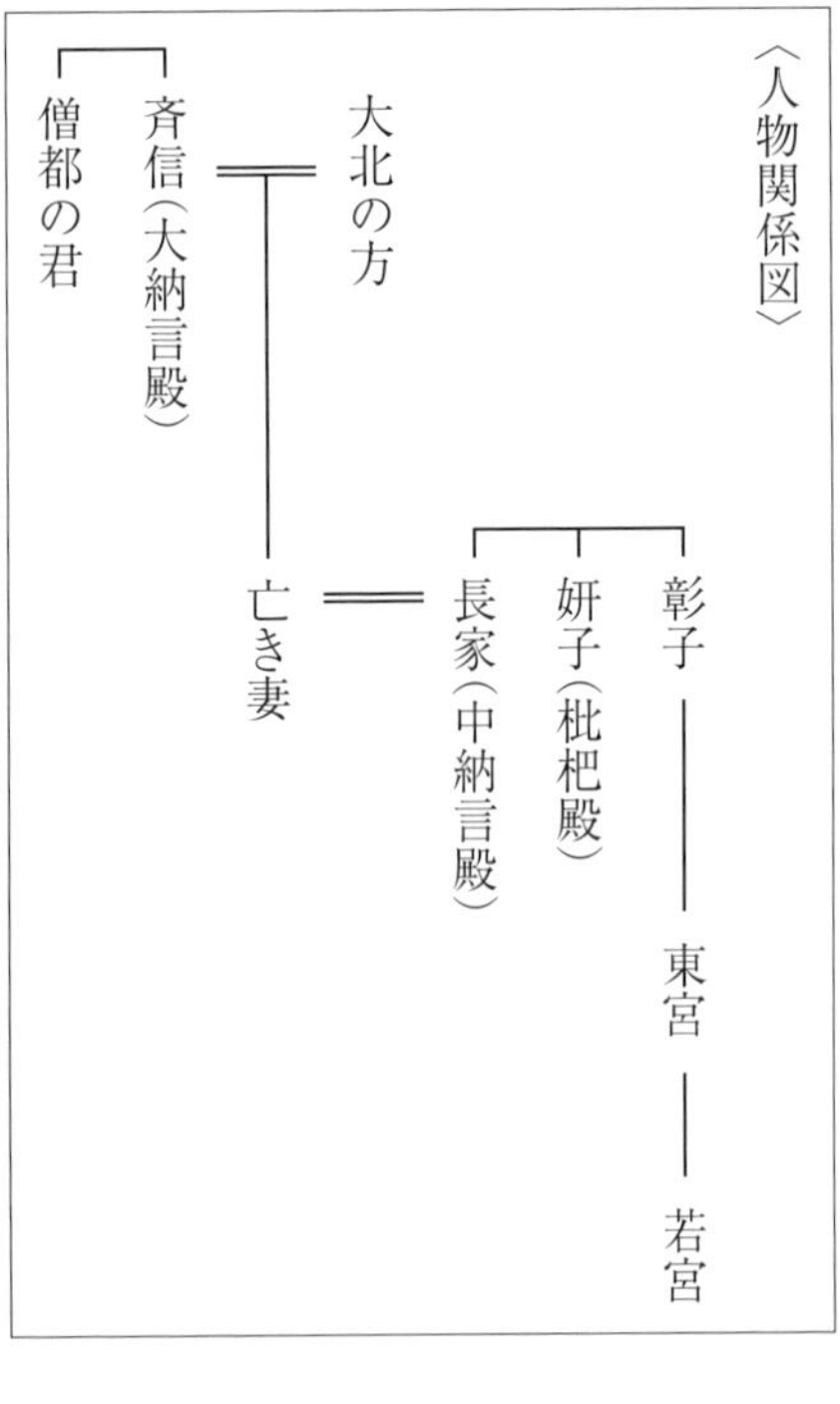

問1　傍線部(ア)～(ウ)の解釈として最も適当なものを、次の各群の①～⑤のうちから、それぞれ一つずつ選べ。解答番号は 1 ～ 3 。

(ア)　えまねびやらず　1
① 信じてあげることができない
② かつて経験したことがない
③ とても真似《まね》のしようがない
④ 表現しつくすことはできない
⑤ 決して忘れることはできない

(イ)　めやすくおはせしものを　2
① すばらしい人柄だったのになあ
② すこやかに過ごしていらしたのになあ
③ 感じのよい人でいらっしゃったのになあ
④ 見た目のすぐれた人であったのになあ
⑤ 上手におできになったのになあ

(ウ)　里に出でなば　3
① 自邸に戻ったときには
② 旧都に引っ越した日には
③ 山里に隠棲《いんせい》するつもりなので
④ 妻の実家から立ち去るので
⑤ 故郷に帰るとすぐに

問2　傍線部A「『今みづから』とばかり書かせたまふ」とあるが、長家がそのような対応をしたのはなぜか。その理由の説明として最も適当なものを、次の①～⑤のうちから一つ選べ。解答番号は 4 。

① 並一通りの関わりしかない人からのおくやみの手紙に対してまで、丁寧な返事をする心の余裕がなかったから。
② 妻と仲のよかった女房たちには、この悲しみが自然と薄れるまでは返事を待ってほしいと伝えたかったから。
③ 心のこもったおくやみの手紙に対しては、表現を十分練って返事をする必要があり、少し待ってほしかったから。
④ 見舞客の対応で忙しかったが、いくらか時間ができた時には、ほんの一言ならば返事を書くことができたから。
⑤ 大切な相手からのおくやみの手紙に対しては、すぐに自らお礼の挨拶にうかがわなければならないと考えたから。

問3　傍線部B「よくぞもてまゐりにけるなど、思し残すことなきままに、よろづにつけて恋しくのみ思ひ出できこえさせたまふ」の語句や表現に関する説明として最も適当なものを、次の①～⑤のうちから一つ選べ。解答番号は［5］。

① 「よくぞ……ける」は、妻の描いた絵を枇杷殿へ献上していたことを振り返って、そうしておいてよかったと、長家がしみじみと感じていることを表している。

② 「思し残すことなき」は、妻とともに過ごした日々に後悔はないという長家の気持ちを表している。

③ 「ままに」は「それでもやはり」という意味で、長家が妻の死を受け入れたつもりでも、なお悲しみを払拭することができずに苦悩していることを表している。

④ 「よろづにつけて」は、妻の描いた絵物語のすべてが焼失してしまったことに対する長家の悲しみを強調している。

⑤ 「思ひ出できこえさせたまふ」の「させ」は使役の意味で、ともに亡き妻のことを懐かしんでほしいと、長家が枇杷殿に強く訴えていることを表している。

問4　この文章の登場人物についての説明として最も適当なものを、次の①～⑤のうちから一つ選べ。解答番号は 6 。

① 親族たちが悲しみのあまりに取り乱している中で、「大北の方」だけは冷静さを保って人々に指示を与えていた。

② 「僧都の君」は涙があふれて長家の妻の亡骸を直視できないほどであったが、気丈に振る舞い亡骸を車から降ろした。

③ 長家は秋の終わりの寂しい風景を目にするたびに、妻を亡くしたことが夢であってくれればよいと思っていた。

④ 「進内侍」は長家の妻が亡くなったことを深く悲しみ、自分も枕が浮くほど涙を流していると嘆く歌を贈った。

⑤ 長家の亡き妻は容貌もすばらしく、字が上手なことに加え、絵にもたいそう関心が深く生前は熱心に描いていた。

問5　次に示す【文章】を読み、その内容を踏まえて、X・Y・Zの三首の和歌についての説明として適当なものを、後の①〜⑥のうちから二つ選べ。ただし、解答の順序は問わない。解答番号は 7 ・ 8 。

【文章】
『栄花物語』の和歌Xと同じ歌は、『千載和歌集』にも記されている。妻を失って悲しむ長家のもとへ届けられたという状況も同一である。しかし、『千載和歌集』では、それに対する長家の返事は、

Z　誰もみなとまるべきにはあらねども後《おく》るるほどはなほぞ悲しき

となっており、同じ和歌Xに対する返歌の表現や内容が、『千載和歌集』の和歌Zと『栄花物語』の和歌Yとでは異なる。『栄花物語』では、和歌X・Yのやりとりを経て、長家が内省を深めてゆく様子が描かれている。

① 和歌Xは、妻を失った長家の悲しみを深くは理解していない、ありきたりなおくやみの歌であり、「悲しみをきっぱり忘れなさい」と安易に言ってしまっている部分に、その誠意のなさが露呈してしまっている。

② 和歌Xが、世の中は無常で誰しも永遠に生きることはできないということを詠んでいるのに対して、和歌Zはその内容をあえて肯定することで、妻に先立たれてしまった悲しみをなんとか慰めようとしている。

③ 和歌Xが、誰でもいつかは必ず死ぬ身なのだからと言って長家を慰めようとしているのに対して、和歌Zはひとまずそれに同意を示したうえで、それでも妻を亡くした今は悲しくてならないと訴えている。

④ 和歌Zが、「誰も」「とまるべき」「悲し」など和歌Xと同じ言葉を用いることで、悲しみを癒《い》やしてくれたことへの感謝を表現しているのに対して、和歌Yはそれらを用いないことで、和歌Xの励ましを拒む姿勢を表明している。

⑤ 和歌Yは、長家を励まそうとした和歌Xに対して私の心を癒やすことのできる人などいないと反発した歌で

あり、長家が他人の干渉をわずらわしく思い、亡き妻との思い出の世界に閉じこもってゆくという文脈につながっている。

⑥　和歌**Y**は、世の無常のことなど今は考えられないと詠んだ歌だが、そう詠んだことでかえってこの世の無常を意識してしまった長家が、いつかは妻への思いも薄れてゆくのではないかと恐れ、妻を深く追慕してゆく契機となっている。

第4問 次の**【問題文Ⅰ】**の詩と**【問題文Ⅱ】**の文章は、いずれも馬車を操縦する「御術《ぎよじゆつ》」について書かれたものである。これらを読んで、後の問い（**問1〜6**）に答えよ。なお、設問の都合で返り点・送り仮名を省いたところがある。（配点 50）

【問題文Ⅰ】

吾ニ有リ二千里ノ馬一　毛（注1）骨何⁽¹⁾蕭《せう》（注2）森タル

疾《はや》ク馳《は》スレバ如ク二奔風ノ一　白日ニ無レシ留レムル陰ヲ

除《おもむ》ロニ駆《か》クレバ当タリ二大道ニ一　歩《ほ》（注3）驟《しう》ハ中《あ》タル二五（注4）音ニ一

A馬ニ雖レモ有リト二四足一　遅速ハ在リ二吾ガ **X** 一

六《りく》（注5）轡《ひ》ハ応ジ二吾ガ手ニ一　調和スルコト如シ二瑟《しつ》（注6）琴ノ一

東西ト与二南北一　高三下ス山ト与レヲ林

B惟意所欲適　九（注7）州可シ二周⁽²⁾尋ヌ一

（注）
1 毛骨――馬の毛なみと骨格。
2 蕭森――ひきしまって美しい。
3 歩驟――馬が駆ける音。
4 五音――中国の伝統的な音階。
5 六轡――馬車を操る手綱。

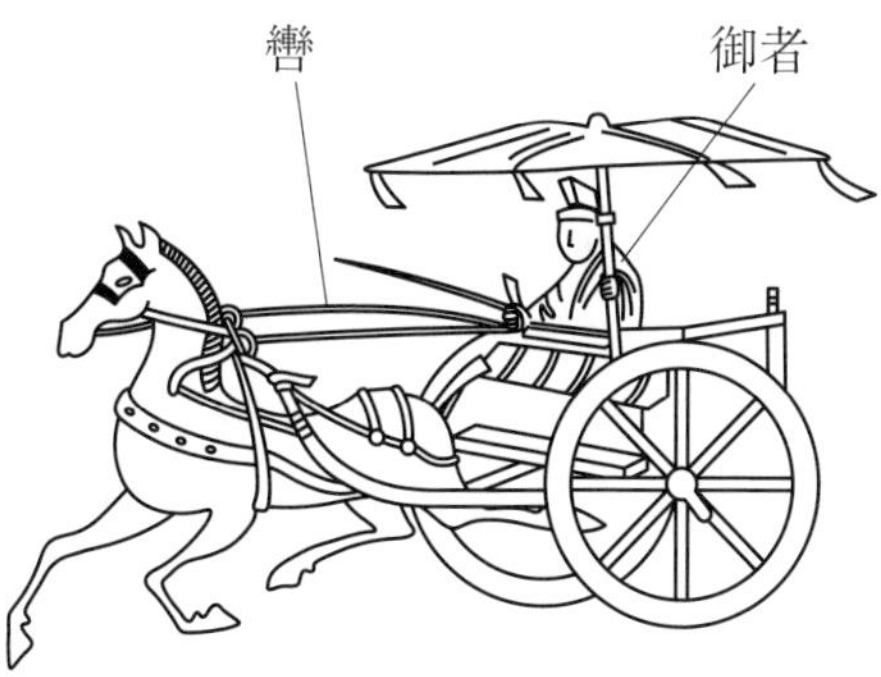

馬車を走らせる御者

至(3)レル哉人ト与レ馬　両楽不二相侵一サ

伯(注8)楽ハ識シルモ二其ノ外一ヲ　徒(ア)知ル二価ノ千金一ナルヲ

王良ハ得タリ二其ノ性一ヲ　此ノ術固(イ)已ニ深シ

良馬ハ須《ま》ツ二善(注9)馭《ぎょ》ヲ一　吾ガ言可シレ為スレ箴(注10)《しん》ト

（欧陽脩《おうようしゅう》『欧陽文忠公集《おうようぶんちゅうこうしゅう》』による）

6　瑟琴――大きな琴と小さな琴。
7　九州――中国全土。
8　伯楽――良馬を見抜く名人。
9　善馭――すぐれた御者（前ページの図を参照）。馭は御に同じ。
10　箴――いましめ。

【問題文Ⅱ】

王良は趙《ちょう》国の襄主《じょうしゅ》に仕える臣であり、「御術」における師でもある。ある日、襄主が王良に馬車の駆け競《くら》べを挑み、三回競走して三回とも勝てなかった。くやしがる襄主が、まだ「御術」のすべてを教えていないのではないかと詰め寄ると、王良は次のように答えた。

凡ソ御之所ハレ貴ブ、馬体(a)安ンジ二于車一ニ、人心(b)調《かな》ヒ二于馬一ニ、而ル後ニ可シ二以テ進(c)ムコト速《すみ》ヤカニシテ致スレ遠キヲ。Ｃ今君後則欲レ逮レ臣、先則恐レ逮二于臣一。夫レ誘《すす》メテレ道ニ争フハレ遠キヲ、非ザレバレ先ンズルニ則チ後ルル也。而シテ先(d)後ノ心ハ在リ二于臣(e)一ニ。尚ホ何ヲ以テ調ハン二於馬一ニ。此レ君之所二以後ルル一也。

（『韓非子《かんぴし》』による）

問1 波線部(ア)「徒」・(イ)「固」のここでの意味と、最も近い意味を持つ漢字はどれか。次の各群の①〜⑤のうちから、それぞれ一つずつ選べ。解答番号は 1 ・ 2 。

(ア)「徒」 1
① 只
② 復
③ 当
④ 好
⑤ 猶

(イ)「固」 2
① 強
② 難
③ 必
④ 絶
⑤ 本

問2 波線部(1)「何」・(2)「周」・(3)「至哉」のここでの解釈として最も適当なものを、次の各群の①〜⑤のうちから、それぞれ一つずつ選べ。解答番号は 3 〜 5 。

(1)「何」 3
① どこが
② いつから
③ どのように
④ どうして
⑤ なんと

(2)「周」 4
① 手あたり次第に
② 何度も繰り返して
③ あらゆるところに
④ きちんと準備して
⑤ はるか遠くより

(3)「至哉」 5
① あのような遠くまで行くことができるものなのか
② こんなにも人の気持ちが理解できるものなのか
③ あのような高い山まで登ることができようか
④ このような境地にまで到達できるものなのか
⑤ こんなにも遠く走ることができるだろうか

問3 **【問題文Ⅰ】**の傍線部A「馬雖レ有二四足一遅速在二吾X一」は「御術」の要点を述べている。**【問題文Ⅰ】**と**【問題文Ⅱ】**を踏まえれば、**【問題文Ⅰ】**の空欄Xには**【問題文Ⅱ】**の二重傍線部(a)～(e)のいずれかが入る。空欄Xに入る語として最も適当なものを、次の①～⑤のうちから一つ選べ。解答番号は 6 。

① (a) 体　② (b) 心　③ (c) 進　④ (d) 先　⑤ (e) 臣

問4 傍線部B「惟意所欲適」の返り点の付け方と書き下し文との組合せとして最も適当なものを、次の①～⑤のうちから一つ選べ。解答番号は 7 。

① 惟意所二欲適一　惟《た》だ意の欲して適《かな》ふ所にして

② 惟意所欲レ適　惟だ意《おも》ふ所に適《かな》はんと欲して

③ 惟意レ所レ欲適　惟だ欲する所を意《おも》ひ適《ゆ》きて

④ 惟意所レ欲レ適　惟だ意の適《ゆ》かんと欲する所にして

⑤ 惟意レ所二欲適一　惟だ欲して適《ゆ》く所を意《おも》ひて

問5 傍線部C「今君後則欲レ逮レ臣、先則恐レ逮ニ于臣一。」の解釈として最も適当なものを、次の①～⑤のうちから一つ選べ。解答番号は 8 。

① あなたは私に後ろにつかれると馬車の操縦に集中するのに、私が前に出るとすぐにやる気を失ってしまいました。

② あなたは今回後れても追いつこうとしましたが、以前は私に及ばないのではないかと不安にかられるだけでした。

③ あなたはいつも馬車のことを後回しにして、どの馬も私の馬より劣っているのではないかと憂えるばかりでした。

④ あなたは後から追い抜くことを考えていましたが、私は最初から追いつかれないように気をつけていました。

⑤ あなたは私に後れると追いつくことだけを考え、前に出るといつ追いつかれるかと心配ばかりしていました。

問6　【問題文Ⅰ】と【問題文Ⅱ】を踏まえた「御術」と御者の説明として最も適当なものを、次の①～⑤のうちから一つ選べ。解答番号は 9 。

①「御術」においては、馬を手厚く養うだけでなく、よい馬車を選ぶことも大切である。王良のように車の手入れを入念にしなければ、馬を快適に走らせることのできる御者にはなれない。

②「御術」においては、馬の心のうちをくみとり、馬車を遠くまで走らせることが大切である。王良のように馬の体調を考えながら鍛えなければ、千里の馬を育てる御者にはなれない。

③「御術」においては、すぐれた馬を選ぶだけでなく、馬と一体となって走ることも大切である。襄主のように他のことに気をとられていては、馬を自在に走らせる御者にはなれない。

④「御術」においては、馬を厳しく育て、巧みな駆け引きを会得することが大切である。王良のように常に勝負の場を意識しながら馬を育てなければ、競走に勝つことのできる御者にはなれない。

⑤「御術」においては、訓練場だけでなく、山と林を駆けまわって手綱さばきを磨くことも大切である。襄主のように型通りの練習をおこなうだけでは、素晴らしい御者にはなれない。

予想問題・第1回

100点　40分

第3問　次の【文章Ⅰ】は『古今著聞集』の一節である。後嵯峨天皇（本文では「内」）が、蹴鞠を見物に来ていた一人の女性（＝女房）を見初める場面から始まっている。よく読んで後の問い（**問1～5**）に答えよ。なお設問の都合で一部省略した箇所がある。

【文章Ⅰ】

いづれの年の春とかや。やよひ花のさかりに、和徳門(注1)の御つぼにて、二条の前《さき》の関白《くわんぱく》・大宮の大納言・兵部卿《ひやうぶきやう》・三位の頭中将など参りて、御鞠《おんまり》侍りしに、見物の人々に交じりて、女どもあまた見え侍る中に、内(注2)の御心よせに思し召すありけり。鞠は御心にも入れさせ給はで、かの女房のかたを頻《しき》りにご覧ずれば、女わづらはしげに思ひて、うちまぎれて、左衛門《さゑもん》(注3)の陣のかたへ出でにけり。六位(注4)を召して「この女の帰らん所見置きて申せ」と仰せられければ、蔵人《くらうど》追ひ付きて見るに、この女房心得たりけるにや、いかにもこの男すかしやりてんと思ひて、蔵人を招き寄せ、うち笑ひて、「なよ竹の、と申させ給へ。あなかしこ、御返事うけたまはらんほどは、ここにて待ち参《まゐ》らせん」と言へば、(ア)すかすとは思ひもよらず、ただすきあひ(注5)参らせんとするぞと心得て、いそぎ参りてこのよし申せば、「さだめて古歌の句にてぞあるらん」とて、御尋ねありけれども、その庭にては知る人なかりければ、為家卿(注6)のもとへ御尋ねありけるに、とり(注7)あへぬほどに、ふるき歌とて

X　たかしとて　なにかはせん　なよ竹の　一夜二夜の　あだのふしをば

と申されければ、いよいよ(イ)心にくく思し召して、御返事は無くて、「ただ女の帰らん所を確かに見て申せ」と仰せありければ、立ち帰りありつる門を見るに、なじかはあらん、見えず。また参りて「しかじか」と奏するに、御気色悪しくて、尋ね出《い》ださずは科《とが》あるべきよし仰せらる。蔵人青ざめてまかり出でぬ。この事によりて、御鞠もことさめて入らせ給ひぬ。その後はAにがにがしくまめだたせ給ひて、(ウ)心苦しき御事にぞ侍りける。（中略）

その後、蔵人は、いたらぬくまなく、もしやあふとて求めありきつつ、神仏にさへ祈り申せども、甲斐なし。（中略）

五月十三日、最勝講《さいしょう》(注8)の開白《かいびやく》の日、この女、ありしさまをあらためて、五人連れてふと行きあひぬ。蔵人あまりのうれしさに、夢うつつともおぼえず。あやしまれじと思ひて、人にまぎれて見ければ、仁寿殿《じじゆうでん》(注9)の西の庇《ひさし》になみゐて聴聞《ちやうもん》す。講(注10)はててひしめかん時、また失ひてはいかがせんと思ひて、経俊《つねとし》の、殿上(注11)の口におはする所にて、「この事しかじか奏し給へ」と語らへば、「ただいま、宮ひと所(注12)に御聴聞のほどなり。こちたし」と申しければ、力及ばず。伝奏(注13)の人やおはすると見れどもおはせず。一位殿(注14)、我が御局《みつぼね》の口に女房と物仰せらるるを見あひ参らせて、畏まりて申しけるは、「推参《すいさん》(注15)に侍れども、B天気(注16)にて侍り。しかじかの事、いそぎ奏し給へ」と申しければ、かねて聞こえある事なれば、やがて奏し申させ給ふに、女房して「神妙《しんべう》なり。かまへてこのたびは不覚せで、ゆくかたをたしかに見置きて申せ」と仰せらるるほどに、講はつれば、夕暮れにもなりぬ。この女ども、一つ車にて帰るめり。蔵人、我が身はあやしまれじと思ひて、さかさかしき(注17)女をつけて見入れさすれば、三条白川に、なにがしの少将といふ人の家なり。

このよしを奏するに、やがて御文あり。

Y　「あだに見し　夢かうつつか　なよ竹の　おきふしわぶる　恋ぞ苦しき

この暮にかならず」とばかりあり。

（橘成季『古今著聞集』巻第八による）

（注）
1　和徳門の御つぼ――内裏の綾綺殿の北にあった門の御中庭。
2　内――帝。ここでは後嵯峨天皇。
3　左衛門の陣――建春門の近くの左衛門府の武官の詰所。
4　六位――六位の蔵人。天皇のすぐそばに仕えた。
5　すきあひ参らせん――風流なやりとりをし申し上げよう。
6　為家卿――藤原為家。『続後撰和歌集』の撰者。藤原定家の子。和歌の大家。
7　とりあへぬほどに――待つほども無く。
8　最勝講の開白の日――最勝講は、毎年五月中の吉日を選んで五日にわたって清涼殿に高僧を招いて行われた法会。国家の安穏が祈られた。「開白の日」は法会の初日。
9　仁寿殿――清涼殿の東にある殿舎。
10　講はてて――法会が終わって。

11 殿上の口——宮中の清涼殿の殿上の間の入り口

12 宮ひと所に御聴聞のほどなり。——（後嵯峨天皇は）中宮様が一緒に法話をお聴きの時である。

13 伝奏の人——天皇に取り次ぎ申し上げる人。

14 一位殿——右中弁棟範の女《むすめ》。兵衛内侍《ひやうゑのないし》。後に従一位になった人。内侍は内侍司《ないしのつかさ》（天皇に近侍し、奏請・伝宣・陪膳にあたり、後宮の礼式をつかさどった）の女官。

15 推参に侍れども——ぶしつけでございますが。

16 天気——天皇の御意向。

17 さかさかしき——賢くしっかりした女。

問1 傍線部(ア)〜(ウ)の解釈として最も適当なものを、次の各群の①〜⑤のうちから一つずつ選べ。解答番号は **1** 〜 **3** 。

(ア)「すかすとは思ひもよらず」 **1**

① 女房に話しかけるとは思いもつかず
② 女房をなだめることは考えもつかず
③ 女房がだますとは思いもよらず
④ 女房と風流に遊ぶことは考えもせず
⑤ 女房が試すとは考えも及ばず

(イ)「心にくく思し召して」 **2**

① 気がかりだとご覧になって
② 奥ゆかしいとお思いになって
③ きまり悪いとお感じになって
④ もどかしいと焦りなさって
⑤ やりきれないと悩みなさって

(ウ)「心苦しき御事にぞ侍りける」 **3**

① 腹立たしいとご立腹でありました
② みっともなくお怒りにいらっしゃった
③ 気分がふさぐおそばにお控えした
④ わずらわしいご命令にお仕えした
⑤ 気の毒なご様子でございました

問2 傍線部A「まめだたせ給ひて」とあるが、後嵯峨天皇がそのようになったのはなぜか。その理由として最も適当なものを、次の①〜⑤のうちから一つ選べ。解答番号は 4 。

① 行方がわからなくなった女房のことを本気で好きになったから。
② 風流な返歌もできずに女房を失望させてしまったと恥じたから。
③ 自分の愛情を受け入れない女房の真の理由を知りたかったから。
④ ひたすら情熱を訴えて女房の気持ちを振り向かせたかったから。
⑤ 女房を見失った蔵人に怒って真剣に行方を探させたかったから。

問3 傍線部B「天気にて侍り。しかじかの事、いそぎ奏し給へ」の説明として最も適当なものを、次の①〜⑤のうちから一つ選べ。解答番号は 5 。

① 「にて」は格助詞である。
② 「侍り」は謙譲語である。
③ 「しかじか」とは、「中宮を退けよ」という意味である。
④ 「奏し」は「一位殿」の動作である。
⑤ 「給へ」は「後嵯峨天皇」に対する敬意を表す。

問4　この文章の登場人物の説明として最も適当なものを、次の①～⑤のうちから一つ選べ。解答番号は 6 。

① 女房は後嵯峨天皇が自分に熱い視線を送っているのにも全く気付かず、左衛門の陣から帰ろうとした。
② 後嵯峨天皇だけでなく貴族の誰も、最後まで女房の「なよ竹の」という発言の意図が理解できなかった。
③ 蔵人は女房がいなくなったことに重い責任を感じ、悲しむ後嵯峨天皇のために必ずさがし出すと言った。
④ 経俊は後嵯峨天皇が中宮と一緒にいるのを憚って、蔵人から聞いた話を一位殿を使って伝えさせた。
⑤ 蔵人は怪しまれてはいけないと思って、しっかりした女に命じて女房のあとをつけ家をつきとめさせた。

問5　次に掲げるのは二重傍線部「なよ竹の」とXとYの和歌に関して、生徒と教師が交わした授業中の会話である。会話の後に六人の生徒から出された発言①～⑥のうちから、適当なものを、二つ選べ。解答番号は 7 ・ 8 。

生徒　女房は『なよ竹の』という言葉を後嵯峨天皇に伝えるように蔵人に伝言しています。どういう意図なのでしょう?

教師　それは本文にあるように

X　**たかしとて　なににかはせん　なよ竹の　一夜二夜の　あだのふしをば**

という古歌に基づく表現だから、この歌を知らないと、女房の意図はわかりにくいかもしれないね。古文には「引き歌」といって有名な和歌の一部を引用して、人物の心情を豊かに表現する方法があるんだよ。『大和物語』の詞書に和歌が詠まれた状況が書いてある。

【文章Ⅱ】

『古今著聞集』の和歌Xと考えられる和歌が『大和物語』九十段にある。ただし初句「たかくとも」三句「呉竹の」が異なっている。「呉竹」は中国伝来の、竹の一種「淡竹」の異名。清涼殿の東庭に植えてあることから、皇族をたとえる。兵部卿の宮とは、陽成天皇の第一皇子元良親王を指す。当代随一の風流人。

女に、故兵部卿の宮、御消息《せうそこ》などし給ひけり。「おはしまさむ」とのたまひければ、聞こえける。

たかくとも　なににかはせん　呉竹の　一夜二夜の　あだのふしをば

「呉竹の」は、本文の「なよ竹の」と同じく、「節《よ》（＝竹の節《ふし》と節《ふし》の間の空洞の部分）」にかかる枕詞。
「ひとよ」は「一節《よ》」と「一夜《よ》」の掛詞。
「ふし」は「（竹の）節《ふし》」（「節《ふし》（事柄）」の意味も含む）と「臥し（＝伏し）」の掛詞。
「竹」の縁語は「節《よ》」と「節《ふし》」。

生徒　なるほど、本文だけでなく、『大和物語』も踏まえて、女房の「引き歌」の意図を考える必要があるのですね。

教師　また、XとYに同じ「なよ竹の」が使われていることに気づいたかな。

Y　あだに見し　夢かうつつか　なよ竹の　おきふしわぶる　恋ぞ苦しき

「なよ竹の」は「ふし」にかかる枕詞。
「ふし」は「（竹の）節《ふし》」（「節《ふし》（事柄）」の意味も含む）と「臥し（＝伏し）」の掛詞。
「竹」の縁語は「節《ふし》」。

Yは、『大和物語』の和歌を「引き歌」した女房の意図を踏まえての返歌だね。贈答歌では同じような言葉や修辞技法を用いることが多いのだよ。

生徒　ではXとYをセットにして考える必要があるのですね。

教師　それでは板書しておくから、Xの「なよ竹の」を引き歌した女房の意図と、Yの和歌に込められた後嵯峨天皇の心情について、みんなで意見を出し合ってごらん。

①**生徒A**　「帝」という最高の身分の男性から求愛されたならば、どんな女性でも嬉しいはずだ。断るなんてあり得ない。しかし後嵯峨天皇にはすでに中宮がいる。Xの和歌の「高し」とは二人の恋を成就させるために高い障害があることを指している。女房は「引き歌」によって、後嵯峨天皇が本気ならばどんな障害も問題にはならないと、求愛を受け入れるのに条件を付けたいんだ。

②**生徒B**　Xの和歌の「高し」とは「知性・教養」を指すとも考えられないかな。女房は『大和物語』の「引き歌」に後嵯峨天皇がすぐに気付くかどうか、恋人として試したのだろう。古文にはよくあることだ。女房は長く待たされて興ざめして姿を消したのだろう。後嵯峨天皇は「引き歌」に気付かず、当意即妙な返歌もできなかった自分をふがいなく思って後悔したはずだ。

③**生徒C**　私はBさんの言うような「恋人としての知性・教養を試す」という色好みの振る舞いではないように思う。なぜなら『大和物語』で、女は兵部卿の宮という貴人に対して「高し」と詠んでいることも見逃してはならない。「引き歌」によって、「帝」のような高貴な身分の男性が相手でも一時の戯れでは嫌だから、後嵯峨天皇に本気で愛してほしいと強く訴えたかったのだと思う。

④**生徒D**　なるほど、だから本文の女房も最高の身分である「帝」を本気にさせるために、謎めいた「引き歌」だけ残して、わざと姿を消しているのだね。色好みの「恋の駆け引き」だ。女房が美しい姿をあえて少ししか見せないで姿を消すからこそ、じらされた後嵯峨天皇は、かえって忘れられず本気になる。後嵯峨天皇はYの和歌で夢でも現実でも女房が忘れられず苦しいと詠んでいる。

⑤**生徒E**　『大和物語』を踏まえると、私もCさんと同じく、「高し」とは身分を指すと思う。ただし、本文の女房は最初から後嵯峨天皇の視線を「わづらはしげに」思って姿を消しているよね。女房には何か事情があるのかもしれない。「引き歌」によって「どんなに身分の高い男性が相手でも求愛に応えられない」ことをやんわり伝えたいのが、女房の真意だと思う。

⑥**生徒F**　確かに、女房が五月まで姿を見せなかったことや、蔵人が必死に探さなければ家もわからなかったことを考えると、単なる「恋の駆け引き」にしては長すぎる。「引き歌」によって「帝」という最高の身分の男性からの求愛を断るという、知性と教養を備えた女房の心遣いにも心ひかれた後嵯峨天皇は、Ｙの和歌ではかなく見た女房が寝ても覚めても恋しいと詠んだのだろう。

第4問

次の【問題文Ⅰ】の詩と【問題文Ⅱ】の文章はいずれも、「王昭君」（＝明妃）について書かれたものである。これらを読んで、後の問い（問1～6）に答えよ。なお、設問の都合で、返り点・送り仮名を省いたところがある。

【問題文Ⅰ】

漢（注1）宮《ニ》有《リ》二ア佳人一　天子初《メ》未《ダ》レ識《ラ》

一朝従《ヒテ》二漢使《ニ》一　A遠《ク》嫁《ス》二単（注2）于《ノ》国《ニ》一

（1）絶色天下《ニ》無《シ》　一《タビ》失《ヘバ》難《シ》二再《ビハ》得一

雖《モ》三能《ク》殺《スト》二画工《ヲ》一　於《イテ》レ事《ニ》竟《ニ》何《ノ》益《カアル》

B耳目《ノ》所《スラ》レ及《ブ》尚《ホ》如《シ》レ此《クノ》　万里安《クンゾ》能《ク》制《センヤ》二夷狄《ヲ》一

漢計誠《ニ》已《ニ》拙《シ》　女色難《シ》二自《ラ》誇《リ》一

明（注3）妃去《ル》時《ノ》涙　洒《イデ》向《フ》二枝上《ノ》花《ニ》一

狂風日暮ニ起コリ　飄(注4)泊シテ落ツル二誰ガ家ニカ一

紅顔勝ルハレ人ニ多シ二薄命一

莫クレ怨ムコト二春風ヲ一当ニシ二自ラ嗟ク一

（注）

1　漢宮――漢の宮中。

2　単于――匈奴の首長。呼韓邪単于。匈奴は北方の遊牧騎馬民族。冒頓単于の時に諸部族を統一。漢の国境付近で侵略と略奪を繰り返した。

3　明妃――王昭君。

4　飄泊――漂泊する。さまよう。

（欧陽脩『欧陽文忠公集』による）

【問題文Ⅱ】

元帝ノ後宮既ニ多ク、不レ得二常ニハ見ユルヲ一。乃チC使画工図形。案ジテレ図ヲ召二イ幸ス之ヲ一。諸宮人皆賂ス二画工ニ一。多キ者ハ十万、少ナキ者モ亦タ不レ減ゼ二五万ヲ一。独リ王(注1)嬙ノミ(2)不レ肯ヘテセ。遂ニ不レ得レ見ユルヲ。匈奴入朝シ、求メテ二美人ヲ一為サントス二閼《えん》(注2)氏《し》ト一。於イテレ是ニ上案ジテレ図ヲ、以テ二王嬙ヲ一行カシム。及ビテレ去ルニ召見セラルルニ、貌為リ二後宮第一一。善クシ二応対ヲ一、(3)挙止閑雅ナリ。帝悔ユルモレ之ヲ而名籍已ニ定マル。帝重ンズ二信ヲ於外国ニ一。故ニ不二復タ更メレ人ヲ一。乃チ窮(注3)二-案シ其ノ事ヲ一、画工皆棄(注4)市セラル。籍スルニ二其ノ資ヲ一皆巨万ナリ。

（注）

1　王嬙――前漢の元帝の宮女。字《あざな》は昭君。

2　閼氏――匈奴の王、単于の皇后（正妻）の称号。

（『西京雑記』による）

3　窮案――罪状を徹底的に取り調べる。

4　棄市――罪人を死刑にし、死体を市中にさらすこと。

問1　波線部(ア)「佳」・(イ)「幸」のここでの意味と、最も近い意味を持つ漢字はどれか、次の各群の①～⑤のうちから、それぞれ一つずつ選べ。解答番号は 1 ・ 2 。

(ア)「佳」 1

① 吉
② 美
③ 悲
④ 若
⑤ 正

(イ)「幸」 2

① 貴
② 喜
③ 遊
④ 寵
⑤ 楽

問2 波線部(1)「絶　色」(2)「不レ肯ヘテセ」(3)「挙　止」のここでの解釈として最も適当なものを、次の各群の①～⑤のうちから、それぞれ一つずつ選べ。解答番号は 3 ～ 5 。

(1) 「絶　色」 3

① すぐれた美貌
② 異民族との結婚
③ 遠い国の景色
④ これ以上の悲劇
⑤ 絶望した表情

(2) 「不レ肯ヘテセ」 4

① 実際よりも美しく描いてもらおうなどとは決して思わなかった。
② 画家に賄賂を贈ることを他の宮女のようには思いつかなかった。
③ 美しく描いてもらうために画家に賄賂を贈る気にならなかった。
④ 肖像画のよしあしで帝に呼ばれるという噂が信じられなかった。
⑤ 画家に賄賂を贈っても帝に呼んでもらえるとは期待しなかった。

(3) 「挙　止」 5

① 視線を上げた目
② 立ち居振る舞い
③ 巧みな琴の演奏
④ 華やかに舞う姿
⑤ 称賛すべき歌声

問3 傍線部A「遠《ク》嫁《ス》二単于《ノ》国《ニ》一」という結果になった原因として**【問題文Ⅱ】**ではどう説明しているか。最も適当なものを次の①～⑤のうちから、一つ選べ。解答番号は **6** 。

① 画家の技量不足により王昭君の美貌を正確には描けなかったから。
② 王昭君は宮女として生き残りをかけた知恵と工夫を軽視したから。
③ 画家が賄賂を寄こさない王昭君だけをわざと最も醜く描いたから。
④ 匈奴が元帝に最も美しい王昭君を差し出すよう武力で迫ったから。
⑤ 元帝は最初から美しい宮女を匈奴政策に利用する予定だったから。

問4 傍線部B「耳目《ノ》所《スラ》レ及《ブ》尚《ホ》如《シ》レ此《クノ》万里安《クンゾ》能《ク》制《センヤ》二夷狄《ヲ》一」を**【問題文Ⅱ】**を踏まえて解釈したものとして、最も適当なものを、次の①～⑤のうちから一つ選べ。解答番号は **7** 。

① 元帝は肖像画の美醜さえ正しく判断できなかった、なおさら遠方の匈奴の野心を察知することは難しかった。
② 元帝に対しては臣下の画家までも忠実でなかった、さらに遠方の匈奴がよく言うことを聞くはずがなかった。
③ 元帝は自分が気に入った美人さえも差し出した、ますます遠方の匈奴につけ込まれ攻められることになった。
④ 元帝は目前の匈奴の機嫌を取る必要があった、どうしても遠方で侵略を繰り返す匈奴の要求を断れなかった。
⑤ 元帝は自分の身近な後宮でさえ把握できてはいなかった、まして遠方の匈奴を従わせることはできなかった。

問5 傍線部C「使画工図形」の返り点と書き下し文の組合せとして最も適当なものを、次の①～⑤から一つ選べ。解答番号は **8** 。

① 使《ム》二 画 工《ヲシテ》 図《カ》㆑ 形《ヲ》。　画工をして形を図《えが》かしむ。

② 使《ム》三 画《ヲシテ》 工《ミニセ》二 図 形《ヲ》一。　画をして図形を工《たく》みにせしむ。

③ 使《ヒテ》二 画 工《ヲ》一 図《ク》レ 形《ヲ》。　画工を使ひて形を図く。

④ 使《ヒテ》レ 画《ヲ》 工《ミニス》二 図 形《ヲ》一。　画を使ひて図形を工みにす。

⑤ 使《フ》二 画 工《ノ》 図 形《ヲ》一。　画工の図形を使ふ。

問6 **【問題文Ⅱ】** の「王昭君」の逸話について **【問題文Ⅰ】** の筆者はどのように考えているか。最も適当なものを、次の①～⑤から一つ選べ。解答番号は **9** 。

① 元帝が後宮に多くの美人を集めすぎたために、美貌の王昭君の存在に気付かなかったのは運命の悪戯と言える。

② 元帝が画家の収賄に早く気付かなかったのは残念だが、後に厳罰に処したのは明君として評価すべきである。

③ 元帝が肖像画だけ見て最も醜い宮女を選び匈奴に嫁がせようとしたのは失策で、美貌の王昭君が気の毒である。

④ 元帝が王昭君を寵愛する機会が無かったのは、美貌の王昭君が謙虚でなくて運命に恵まれなかったためである。

⑤ 元帝が匈奴の厚顔な要求を拒否できなかったのは弱腰外交で、美貌の王昭君の犠牲と悲劇はよい戒めでもある。

予想問題・第2回

100点　40分

第3問　次の文章は『枕草子』の一節で、藤原行成などの殿上人たちが、清涼殿の庭の竹を折り取って、中宮定子のいる職の御曹司の清少納言のもとを訪れた場面である。これを読んで、後の問い（**問1～5**）に答えよ。

【文章Ⅰ】

五月《さつき》ばかり、月もなういと暗きに、「女房や候ひ給ふ」と、声々して言へば、「出《い》でて見よ。例ならず言ふは誰《たれ》ぞとよ」と仰せらるれば、「こは誰《た》そ。いとおどろおどろしう、きはやかなるは」と言ふ。物は言はで、御簾《みす》をもたげてそよろとさし入るる、呉竹《くれたけ》なりけり。「おい、この君にこそ（注1）」と言ひたるを聞きて、「いざいざ、これまづ殿上《てんじやう》（注2）に行きて語らむ」とて、式部卿《しきぶきやう》の宮の源《げん》中将、六位（注3）どもなど、Aありけるは往ぬ。

頭《とう》の弁《べん》（注4）はとまり給へり。「あやしくても往ぬる者どもかな。御前《ごぜん》（注5）の竹を折りて、歌詠まむとてしつるを、『同じくは職《しき》（注6）に参《まゐ》りて、女房など呼び出で聞こえて』と、持《も》て来つるに、呉竹の名をいととく言はれて、往ぬるこそいとほしけれ。誰《た》が教へを聞きて、人のなべて知るべうもあらぬことをば言ふぞ」などのたまへば、「竹の名とも知らぬものを。(ア)なめしとや思しつらむ」と言へば、「まことに、そは知らじを」などのたまふ。

(イ)まめごとなども言ひあはせてゐ給へるに、「栽《う》ゑてこの君と称す」と誦《ず》して、また集まり来たれば、「殿上にて言ひ期《き》しつるB本意《ほい》もなくては、など帰り給ひぬるぞと、あやしうこそありつれ」とのたまへば、「さることには、何《なに》のいらへをかせむ。(ウ)なかなかならむ。殿上にて言ひののしりつるは。上（注7）も聞こし召して、興ぜさせおはしましつ」と語る。頭の弁もろともに、同じことをかへすがへす誦し給ひて、いとをかしければ、人々みなとりどりに、ものなど言ひ明かして、帰るとても、なほ同じ事をもろ声に誦して、(注8)左衛門《さゑもん》の陣《ぢん》に入るまで聞こゆ。

つとめて、いととく、C(注9)少納言の命婦《みやうぶ》といふが、御文参らせたるに、このことを啓したりければ、(注10)下《しも》なるを召して、「さることやありし」と問はせ給へば、「知らず。何とも知らで侍りしを、行成《ゆきなり》の朝臣《あそん》のとりなしたるにや侍らむ」と申せば、「とりなすとも」とて、うち笑ませ給へり。誰がことをも、「殿上人ほめけり」など聞こし召すを、さ言はるる人をも、よろこばせ給ふもをかし。

（清少納言『枕草子』による）

（注）

1　この君――東晋の王徽之《きし》（字は子猷《しゆう》）が「指《シテ》レ竹《ヲ》曰《ハク》、「何《ゾ》可《ケンヤ》三一日《モ》無《カル》二此《ノ》君一。」」＝「竹を指して言うことには「どうして一日（たりと）もこの君（＝竹）無しでいられようか、いや、いられない」」と言った故事（『晋書』『世説新語』）による。藤原公任の編纂した『和漢朗詠集』には「晋《しん》の騎《き》兵参軍《へいさんぐん》王子猷《わうしいう》　栽《う》ゑて此の君と称す　唐《たう》の太子《たいし》の賓客白楽天《ひんかくはくらくてん》　愛して吾が友と為す」＝「晋の騎兵参軍の王子猷は（竹を）栽《う》えて「此の君」と呼んだ。唐の太子の賓客（＝東宮学士）の白楽天は（竹を）愛して「吾が友」とした。」とある。「騎兵参軍」は官名（将軍の参謀）。「太子の賓客」は官名（我が国の東宮学士にあたる）。

2　殿上――清涼殿の殿上の間。　3　六位――六位の蔵人。　4　頭の弁――藤原行成。三蹟の一人。

5　御前の竹――清涼殿の庭にある呉竹。呉竹は中国から日本に伝来した。

6　職――中宮職。職の御曹司。中宮定子が御所として何度か使用した。　7　上――一条天皇。

8　左衛門の陣――内裏の東門、建春門のところにある。　9　少納言の命婦――一条天皇に仕える侍女。

10　下なる――局（＝自室）にいる私、清少納言。

問1 傍線部(ア)〜(ウ)の解釈として最も適当なものを、次の各群の①〜⑤のうちから、それぞれ一つずつ選べ。解答番号は **1** 〜 **3** 。

(ア) なめし **1**

① 失礼だ
② 愚かだ
③ あきれた
④ 興ざめだ
⑤ 偶然だ

(イ) まめごと **2**

① 心のこもったこと
② もめていること
③ 風情のあること
④ とりとめもないこと
⑤ まじめなこと

(ウ) なかなかならむ **3**

① 中途半端な返事はかえってしないほうがよいだろう。
② 素晴らしい返事はとうていできそうにないだろう。
③ 並一通りの返事では残念で物足りないだろう。
④ ふさわしい返事を考えるのはかなり大変だろう。
⑤ 臨機応変な返事が難しいのは言うまでもないだろう。

問2　傍線部A「ありけるは往ぬ」の理由として最も適当なものを、次の①～⑤のうちから一つ選べ。解答番号は 4 。

① 清少納言にいち早く自分たちの正体を見破られ慌てたから。
② 清少納言にあまりに大げさな声を咎められ反省したから。
③ 中宮定子に普段通りでない訪れ方をたしなめられ困惑したから。
④ 清少納言にすぐに呉竹の異名を言われて驚き感心したから。
⑤ 中宮定子へ早く返答するために帝に相談しようと焦っていたから。

問3　傍線部B「本意」の内容として最も適当なものを、次の①～⑤のうちから一つ選べ。解答番号は 5 。

① 中宮定子の女房たちの知性を竹によって試すこと
② 清少納言の漢詩文の教養を竹によって試すこと
③ 中宮定子の女房たちと竹を題材に和歌を詠むこと
④ 中宮定子の前で竹を題材に漢詩を作り披露すること
⑤ 清少納言と竹を題材に機知に富んだ会話を愉しむこと

問4　傍線部C「少納言の命婦といふが、御文参らせたるに、このことを啓したりければ」の説明として最も適当なものを、次の①〜⑤のうちから一つ選べ。解答番号は 6 。

①「御文」は一条天皇からのお手紙である。
②「参ら」は謙譲語である。
③「せ」は使役の助動詞である。
④「啓し」の主体は中宮定子である。
⑤「ば」は順接仮定条件を表す。

分析編
問題編
共通テスト・第1日程
予想問題・第1回
予想問題・第2回
予想問題・第3回

問5 次に掲げるのは、授業の中で**【文章Ⅰ】**の「この君」についてまとめた生徒の**【研究発表Ⅰ】**と、「中宮定子」についてまとめた生徒の**【研究発表Ⅱ】**、「清少納言」について言及した**『紫式部日記』【研究発表Ⅲ】**をもとに、教師と生徒が理解を深めるために話し合った会話である。これを読んで後の(i)～(iv)の問いに答えよ。

【研究発表Ⅰ】

乱世にあって、文人たちの間に、俗世を避けて竹林で清談をする生き方が流行った。王徽之（字《あざな》は子猷）が「竹」を愛し好んだ逸話は『晋書』や『世説新語』にある。魏・晋（二二〇～四二〇）の時代に生きた代表的知識人の逸話を集めて記したのが『世説新語』。著者は南朝の宋の王族、劉義慶《りゅうぎけい》。『晋書』は唐の太宗の命によって房玄齢らが撰した晋代の歴史書。正史。

中国は、後漢の後、魏・呉・蜀の三国時代を経て西晋になり、やがて南北朝という戦乱の時代を迎えた。この魏・晋の時代に乱世を避けて名利を蔑視して命を全うすることを第一と考え、山林に隠れ住んで礼節の束縛を捨て、琴を弾じ酒を飲み、老荘思想を語り合って世俗を忘れるという、「清談」が流行した。中でも竹林にこもって清談にふけった七人の人々を「竹林の七賢」という。阮籍《げんせき》・嵆康《けいこう》・山濤《さんとう》・向秀《しょうしゅう》・劉伶《りゅうれい》・王戎《おうじゅう》・阮咸《げんかん》の七人である。

「竹」には「節」がある。「節操」に通じる「竹」は、中唐の詩人の白居易（字《あざな》は楽天）だけでなく、北宋の政治家で文学者（詩人・文章家）でもある蘇軾など多くの文人に愛された。

教師 白楽天（＝白居易）の詩は『白氏文集』（現存七十一巻）にまとめられている。男性の貴族はもちろんのこと清少納言や紫式部も『白氏文集』の「長恨歌」や「琵琶行」などは当然読んでいた。実は「長恨歌」に描かれる玄宗皇帝と楊貴妃は『源氏物語』の桐壺帝と桐壺の更衣のモデルとか。わかりやすい語句を用いて、巧みな表現と素晴らしい韻律を用いた彼の詩は、生前から本国である中国はもとより、遠く朝鮮半島や日本に伝わり、人々に愛唱されたようだ。

生徒A　では、清少納言は『白氏文集』だけでなく、**【研究発表Ⅰ】**にある『晋書』『世説新語』までも読んでいたのでしょうか。**【文章Ⅰ】**で清少納言が、波線部「この君」と言ったのは（　　(i)　　）。

教師　そうだね。どちらかを読んでいたのだろう。そもそも、この当時の女性の教養に、漢籍は必要でなかった。それなのに『白氏文集』だけでなく、『晋書』『世説新語』までも読んでいた。だから**【文章Ⅰ】**で、藤原行成は「人のなべて知るべうもあらぬこと」と言ってもいるのだろう。

生徒B　**【文章Ⅰ】**で、清少納言は藤原行成に対して「竹の名とも知らぬものを」と答えていますが、藤原行成が「まことに、そは知らじを」と言ったのは（　　(ii)　　）のですね。

生徒C　**【文章Ⅰ】**で、中宮定子は昨晩の清少納言の素晴らしい対応について、「さることやありし」と尋ねています。清少納言は同じように「知らず。何とも知らで侍りしを、行成の朝臣のとりなしたるにや侍らむ」と答えています。藤原行成に対しても、中宮定子に対しても、女性である清少納言は、漢学の知識をひけらかすことを憚って、謙遜して嘘をついてはぐらかしているのですね。

生徒D　**【文章Ⅰ】**で、中宮定子は「とりなすとも」と言って、ほほえんでいます。中宮定子は本当に清少納言のよき理解者であったのでしょう。**【文章Ⅰ】**の「誰がことをも、『殿上人ほめけり』など聞こし召すを、さ言はるる人をも、よろこばせ給ふもをかし。」から（　(iii)　）がわかります。

【研究発表Ⅱ】

中宮定子（九七六～一〇〇〇）について。※生没年は九七七～一〇〇〇年という説もある（年齢はマイナス一歳）。

父は藤原道隆《ふじわらのみちたか》。摂政関白であった兼家の長男として生まれ、関白になる。冗談と酒が好きな明るい性格。

母は高階貴子《たかしなのきし》。円融天皇の時に高内侍《こうのないし》と呼ばれた女官。漢詩文の教養がある才女。

『百人一首』**「忘れじの　行く末までは　かたければ　今日を限りの　命ともがな」**は道隆が通い始めた頃の歌だ。

九九〇年、数え年十五歳の時に、十一歳の一条天皇の後宮に入り、やがて中宮になる。

九九三年頃に、数え年二十八歳ぐらいの清少納言がお仕えするようになり、寵愛を受けるようになる。（※『大鏡』の道長と伊周の「競射」は九九五年。）

『枕草子』の定子のサロンでは和歌や漢詩文のことが日常的に話題にのぼり、『白氏文集』も引用されている。

でも本当は、定子に何が起こっていたか。

九九五年、定子が数え年二十歳の時に、父の道隆が病で死去。後ろ盾を失った中《なかの》関白家は凋落する。藤原道長が権力を握り、定子の兄弟の伊周・隆家が左遷される。妊娠中の定子は自ら鋏で髪をそぎ落とす。その後、母の貴子までも病で倒れ亡くなる。赦免されて都に戻った伊周・隆家にはかつての権力はなかった。しかし一条天皇は再び定子を呼び戻して寵愛した。

九九九年、道長は数え年十二歳の娘の彰子を入内させ、娘の彰子を中宮に、定子を皇后にした。

一〇〇〇年の十二月十六日に皇后定子は出産後に亡くなった。数え年で二十五歳。

『枕草子』の中で、中《なかの》関白家の凋落については全く言及していない。ただひたすら中宮定子のすばらしさを描いている。

生徒A　【文章Ⅰ】は、清少納言の単なる自慢話の一つかと思っていました！　中宮定子の方が年下なんですね。

生徒B　そういえば、紫式部は、権力争いの「勝者」であった道長の娘の「中宮彰子」に仕えています。

【研究発表Ⅲ】

『紫式部日記』清少納言について

清少納言こそしたり顔にいみじう侍りける人。さばかりさかしだち、真名書き散らして侍るほども、よく見れば、まだいと足らぬこと多かり。かく人にことならむと思ひ好める人は、必ず見劣りし、行く末うたてのみ侍れば、艶になりぬる人は、いとすごうすずろなる折も、もののあはれにすすみ、をかしきほども見過ぐさぬほどに、おのづからさるまじくあだなるさまにもなるには侍るべし。そのあだになりぬる人のはて、いかでかはよく侍らむ。

生徒C　【研究発表Ⅲ】『紫式部日記』を見る限り、紫式部は清少納言を（　　(iv)　　）と考えられます。清少納言が没落することを予見していますが、本当はどうなったのですか？

教師　紫式部が清少納言を（　　(iv)　　）ことに関して、大野晋氏も『源氏物語』（岩波書店）の中で鋭く言及している。清少納言が晩年どうなったかは、『無名草子』『古事談』で描かれている。調べてみなさい。

(i) 空欄(i)に入る内容として最も適当なものを、次の①〜⑤のうちから一つ選べ。解答番号は 7 。

① 簾の外に「行成」がいるとわかっていたからですね
② 「竹」の異名が「此の君」と知っていたからですね
③ 「行成」と「竹」を題材に和歌を詠もうと思ったからですね
④ 「白楽天」と同じく「竹」を「吾が友」と考えたからですね
⑤ 「竹林の七賢」の清談の故事を踏まえた表現だからですね

(ii) 空欄(ii)に入る内容として最も適当なものを、次の①〜⑤のうちから一つ選べ。解答番号は 8 。

① 清少納言が知識と教養を隠すので他人行儀に感じている
② 清少納言の機転が思わぬなりゆきになったことに驚いている
③ 清少納言の漢学の教養の程度をはっきり知りたいと疑っている
④ 清少納言の謙遜を込めた嘘にあわせたふりをしている
⑤ 清少納言は女性なので無知なのも無理はないと納得している

(iii) 空欄(iii)に入る内容として最も適当なものを、次の①～⑤のうちから一つ選べ。解答番号は 9 。

① 中宮定子が殿上人にとって憧れの的であること
② 清少納言が中宮定子の寛容さに驚いていること
③ 清少納言が中宮定子に最も寵愛されていること
④ 中宮定子が一条天皇に深く愛されていること
⑤ 清少納言が中宮定子の人柄を賛美していること

(iv) 空欄(iv)に入る内容として最も適当なものを、次の①～⑤のうちから一つ選べ。解答番号は 10 。

① 無視していた
② 敵視していた
③ 忌避していた
④ 軽蔑していた
⑤ 揶揄していた

第4問

次の【文章Ⅰ】と【文章Ⅱ】は、いずれも「饅頭」について書かれている。これらを読んで、後の問い（問1〜6）に答えよ。なお、設問の都合で返り点・送り仮名を省いたところがある。

【文章Ⅰ】

若い者が寄り合って世間話をしているうちに、「こわいもの」の話をするようになった。へそ曲がりの「松」は、問いつめられて「饅頭がこわい」と告白するうちに顔は青ざめ震えだした。一同は松を隣の部屋に寝かせてから、饅頭を枕元に並べ「餡殺」して笑ってやろうとした。さぞかし泣いてこわがっているだろうと思いきや、のぞいてみると、なんと松は「こわい。こわい」と言いながら饅頭をむしゃむしゃ食べていた。これを見た連中が一杯食わされたと気付き「本当はいったい何がこわいんだ」とつめよると、松は「　　X　　」と答えた。

（落語『饅頭こわい』より）

【文章Ⅱ】

読ミテレ(注1)書ヲ而不ンバレ応ゼレ挙ニ、則チ已ム矣。読ミテレ書ヲ而応ジテレ(注2)挙ニ而望ムニ登(注3)科ヲ一。登科シテ而仕フ。仕ヘテ而以テ進(注4)取ス。(1)苟不ンバレ違ハ二道ト与ニレ義、皆無キレ不ルハレ可ナラ也。而ルニ世ニ有リ二一種ノ人一。既ニ仕ヘテ而得《う》レバレ禄ヲ、反ッテ嘐《かう》(注5)嘐《かう》然トシテ以テレ不ルヲレ仕ヘ為シレ高シト、若シレ欲スルガレ棄《テント》レ之ヲ。此レ豈ニ其ノ情ナラン也哉。（A）故ニ其ノ経（注6）営、有リ甚於欲仕。（B）或イハ不（注7）シテレ得レ間ヲ而入リ、或イハ故《ことさら》ラニ為（注8）シテ二小辜ヲ一以テ去ラント、因リテ以テ遅留シ往往ニシテ（2）遂窃《ぬす》ミテレ名ヲ以テ得テ二美官ヲ一而不レ辞（ア）。世終ニ不ルレ寤《さと》ラ也。

有リレ言ヘルコト。窮（注9）書生不レ識ラ二饅頭ヲ一。計ルニ無シ二従リテ得ル一。一日見ル三市（注10）肆《し》ニ有ルヲ二列《つら》ネテ而鬻《ひさ》グ（注11）者一。輒チ大呼シテ仆《たふ》ルレ地ニ。主人驚キテ問フ。曰ハク、「吾畏ルト二饅頭ヲ一。」主人曰ハク、「安クンゾ有ランヤト二是ノ理一。」（イ）乃（3）設ケ二饅頭百《ひゃく》（注12）許《きょ》枚《まい》ヲ空室ニ一、閉ザシレ之ヲ、徐ロニ伺フモ二于外ヨリ一、寂トシテ不レ聞カレ声ヲ。穴シテレ壁ニ窺ヘバレ之ヲ、則チ以テレ手ヲ搏《はく》（注13）撮《さつ》シ、食《くら》フ者《こと》過グレ半バヲ矣。亟《すみや》カニ開ケレ門ヲ、詰《なじ》ル二其ノ然《しか》ルヲ一。曰ハク、「吾見レバ此ヲ忽チ自ラ不レト畏レ。」主人知リ二其ノ紿《あざむ》クヲ一、怒リテ而叱シテ曰ハク、「（C）若尚有畏乎。」曰ハク、

「　　X　　」。

此レ豈ニ求ムルレ不ルヲレ仕ヘ者ナラン耶。

（『山中一夕話』による）

（注）　1　読書——学問をする。　2　応挙——科挙試験を受ける。　3　登科——科挙試験に合格する。
4　進取——（勇み）進んで物事をする。　5　嘐嘐然——口やかましい様子。　6　経営——つとめ励む行為。
7　不得間而入——機会が無いのに強引にきっかけを作って割り込む。　8　為小辜——小さな罪を犯す。
9　窮書生——貧しい学生。科挙試験のため地方から上京して苦学している学生。　10　市肆——町中の店。商店。
11　鬻——売る。　12　百許枚——百個ばかり。　13　搏撮——つかみ取る。

問1　波線部(1)「苟」(2)「遂」(3)「乃」の読み方として最も適当なものを次の各群①～⑤のうちから、それぞれ一つずつ選べ。解答番号は［1］～［3］。

(1)　苟　［1］
① たとへば
② ただ
③ いやしくも
④ かつて
⑤ むしろ

(2)　遂　［2］
① つひに
② ことに
③ はたして
④ ほとんど
⑤ さらに

(3)　乃　［3］
① にはかに
② はたして
③ すこぶる
④ すなはち
⑤ ただちに

問2 二重傍線部(ア)「辞」(イ)「理」の意味として最も適当なものを、次の各群の①～⑤のうちから、それぞれ一つずつ選べ。解答番号は 4 ～ 5 。

(ア) 辞 4
① 辞典
② 謝辞
③ 美辞
④ 辞世
⑤ 辞退

(イ) 理 5
① 処理
② 管理
③ 料理
④ 道理
⑤ 代理

問3 傍線部A「豈ニ其ノ情ナラン也哉」の解釈として最も適当なものを、次の①～⑤のうちから一つ選べ。解答番号は 6 。

① これがどうして彼らの真情であろうか、いやそうではない。
② これがどうして世間の実情であろうか、いやそうではない。
③ これはひょっとしたら彼らの激情なのだろうか。
④ これはなんと世間の普通の人の心情ではないか。
⑤ これはもしかしたら彼らの情熱なのであろうか。

問4 傍線部B「有 甚 於 欲 仕」の返り点・送り仮名の付け方と書き下し文の組合せとして最も適当なものを、次の①〜⑤のうちから一つ選べ。解答番号は **7**。

① 有リ㆓ 甚ダシク 於イテ㆑ 欲ニ 仕フ㆒。　甚だしく欲に於いて仕ふ有り。

② 有リ㆑ 甚ダシキ㆑ 於イテ㆑ 欲スルニ㆑ 仕ヘント。　仕へんと欲するに於いて甚だしき有り。

③ 有リテ㆑ 甚ダシキモノ㆓ 於 欲ヨリモ㆒ 仕フ。　欲よりも甚だしきもの有りて仕ふ。

④ 有リ㆓ 甚ダシク 於 欲スルモノ㆑ 仕ヘント。　甚だしく仕へんと欲するもの有り。

⑤ 有リ㆑ 甚ダシキ㆓ 於 欲スルヨリモ㆑ 仕ヘント。　仕へんと欲するよりも甚だしき有り。

問5 傍線部C「若尚有畏乎」の書き下し文と解釈の組合せとして最も適当なものを、次の①〜⑤のうちから一つ選べ。解答番号は **8**。

① 畏るるもの有るを尚《くは》ふるがごときかな。　こわいものをつけ加えたいようだな。

② 若《なんぢ》尚《な》ほ畏るるもの有るか。　おまえはまだこわいものがあるのか。

③ 若《も》し尚《こひねが》へば畏るるもの有らんや。　もしも強く願えばこわいものはありはしない。

④ 尚《ひさ》しく畏るるもの有るに若《し》かんや。　ずっとこわいものがある方がよかろうか。

⑤ 若《も》しくは畏るるもの有るを尚《たふと》ぶか。　もしかしてこわいものがあるのがよいのか。

問6 次に掲げるのは【文章Ⅰ】と【文章Ⅱ】について話し合った教師と生徒の会話である。これを読んで後の(i)〜(iii)の問いに答えよ。

生徒A 【文章Ⅰ】の落語の「餡殺《あんさつ》」という表現は、「饅頭」の「餡」で「殺す」と、「暗殺」をかけている。面白いね。

教師 「餡」といえば、日本の「饅頭」の多くは、小豆や芋などに砂糖をまぜた「甘い餡子」が入っている。日本では「饅頭」は甘いものという認識があるだろう。中国の「饅頭」は「マントウ」といって、本格中華「肉まん」のようなものをイメージしたほうがいいかな。北方の人の主食で、「肉」や「野菜」が入っていたり、中身の「餡」のないものもある。日本人にとっての「米」のようなもので、おかずは別にある。南方の人は日本人と同じく「米」が主食なので、もしかしたら「窮書生」は南方から来て、北方の「饅頭」を食べたことが無かったのかもしれない。

生徒B 日本の落語の『饅頭こわい』の話と共通しているのは「こわい」と言いつつ、本当は欲しくてたまらない点だ。

生徒C 【文章Ⅰ】と【文章Ⅱ】の空欄Xには（　　(i)　　）といった言葉が入るよね。この「オチ」がなんともおもしろい！

教師 中国では古くから「科挙試験」という官吏登用試験があって、隋・唐の時代に本格的に始まった。宋代は「科挙試験」の進士科に合格すれば「エリート官僚」になることができた。地方での試験＋都での試験＋帝の前での試験と三段階もあり、大変な競争倍率だったそうだ。都には、地方から上京したが、何年も受からず、苦学している学生が多かったのだろうね。

生徒A 日本の落語の『饅頭こわい』は、もともとは中国の「科挙試験」の話だったんだ。ということであれば、**【文章Ⅱ】**の窮書生は（　(a)　）のたとえで、饅頭は（　(b)　）のたとえということだ。

生徒B 科挙試験に合格すれば生活も安定するのに、**【文章Ⅱ】**「以《テ》レ不《ルヲ》レ仕《ヘ》為《シ》レ高《シト》」とするのは、（　(b)　）が欲しいからだね。

生徒C 筆者は**【文章Ⅱ】**一種の人の「以《テ》レ不《ルヲ》レ仕《ヘ》為《シ》レ高《シト》」に対して［　Y　］。

(i) 空欄(i)に入る最も適当なものを、次の①～⑤のうちから一つ選べ。解答番号は［9］。

① 主人がこわい。
② お金がこわい。
③ 饅頭がこわい。
④ お茶がこわい。
⑤ 叱責がこわい。

(ii) 空欄(a)と(b)の組合せとして最も適当なものを、次の①～⑤のうちから一つ選べ。解答番号は 10 。

① (a)＝一種の人　(b)＝合格
② (a)＝一種の人　(b)＝道義
③ (a)＝一種の人　(b)＝美官
④ (a)＝世間の人　(b)＝名声
⑤ (a)＝世間の人　(b)＝俸禄

(iii) 空欄 Y に入る最も適当なものを、次の①～⑤のうちから一つ選べ。解答番号は 11 。

① 人としての道義にかなった賢者の、高潔で高邁な考え方だと高く評価している。
② 現実の厳しさを理解できない青二才の、単なる理想にすぎないと嘲笑している。
③ 世俗を離れ名利を望まない隠者の、節を守った生き方だと心から感服している。
④ 処世術が下手で昇進できなかった不遇な官僚の、負け惜しみだと冷笑している。
⑤ 実力もないのに出世をたくらむ野心家の、偽善的行為だと見抜き軽蔑している。

予想問題・第3回

100点　40分

第3問　次の【文章Ⅰ】は『源氏物語』「蛍」の巻の一節である。正一位太政大臣になった源氏は、かつての恋人夕顔の忘れ形見で、九州から上京した玉鬘を養女として引き取り、実の父親である内大臣に引き合わせようとしていた。本文は、長雨が続く中で、源氏の邸である六条院で、女性たちが物語などの慰みごとで過ごしていたが、玉鬘が熱心に物語を読んで書写しているので、源氏がからかうという場面から始まる。【文章Ⅱ】は『紫式部日記』の一節である。【資料】は生徒たちが調べてきた玉鬘の生い立ちと人間関係である。これらを読んで後の問い（問1～5）に答えよ。

【文章Ⅰ】

殿（注1）も、こなたかなたにかかるものどもの散りつつ、御目に離れねば、

a「あな（ア）むつかし。女こそものうるさがらず、人に欺かれむと生まれたるものなれ。ここらのなかに、まことはいと少なからむを、かつ知る知る、かかるすずろ事に心を移し、はかられ給ひて、暑かはしきさみだれの、髪の乱るるも知らで書き給ふよ」

とて、笑ひ給ふものから、また、

b「かかる世の古事ならでは、げに何をか紛るることなきつれづれを慰めまし。さても、このいつはりどもの中に、げにさもあらむとあはれを見せ、（イ）つきづきしくつづけたる、はた、はかなしごとと知りながら、いたづらに心動き、（ウ）らうたげなる姫君のもの思へる見るに、かた心つくかし。またいとあるまじき事かなと見る見る、おどろおどろしくとりなしけるが目おどろきて、静かにまた聞くたびぞ、にくけれどふとをかしきふしあらはなるなどもあるべし。このごろ（注2）をさなき人の、女房などに時々読ますするを立ち聞けば、ものよく言ふ者の世にあるべきかな。そらごとをよくし馴れた

る口つきよりぞ言ひ出だすらむとおぼゆれど、さしもあらじや」

とのたまへば、

c「げにいつはり馴れたる人や、さまざまにさも酌み侍らむ。ただいとまことのこととこそ思う給へられけれ」

とて、硯をおしやり給へば、

d「こちなくも聞こえおとしてけるかな。神代より世にあることを記しおきけるななり。日本紀《にほんぎ》などはただかたそばぞかし。これらにこそ道々しくくはしき事はあらめ」

とて笑ひ給ふ。

e「その人の上とて、ありのままに言ひ出づる事こそなけれ、よきもあしきも世に経る人のありさまの、見るにも飽かず聞くにもあまることを、後の世にも言ひ伝へさせまほしきふしぶしを、心にこめがたくて言ひおきはじめたるなり。よきさまに言ふとては、よき事のかぎり選《え》り出《い》でて、人に従はむとては、又あしきさまのめづらしき事をとり集めたる、みなかたがたにつけたるこの世の外のことならずかし。人のみかどの才《ざえ》、つくりやう変はる。おなじ大和の国のことなれば、むかしいまのに変はるべし。深きこと浅きことのけぢめこそあらめ、ひたぶるにそらごとと言ひはてむも、ことの心たがひてなむありける。仏のいとうるはしき心にて説きおき給へる御法も、方便といふ事ありて、悟りなき者は、ここかしこ違ふ疑ひをおきつべくなむ、方等経の中に多かれど、言ひもてゆけば、一つ旨にありて、菩提と煩悩との隔たりなむ、この人のよきあしきばかりの事は変はりける。よく言へば、すべて何事もむなしからずなりぬや」

と、物語をいとわざ（注3）とのことにのたまひなしつ。

f「さてかかる古事の中に、まろがやうに実法《じほふ》（注4）なる痴者《しれもの》の物語はありや。いみじくけどほき、ものの姫君も、御心のやうにつれなく、そらおぼめきしたるは世にあらじな。いざ、たぐひなき物語にして、世に伝へさせむ」

と、さし寄りて聞こえ給へば、顔をひき入れて、

g「さらずとも、かくめづらかなる事は、世語りにこそはなり侍りぬべかめれ」

とのたまへば、

h「めづらかにやおぼえ給ふ。げにこそまたなき心ちすれ」

とて寄りゐたまへるさま、いとあざれたり。

i「思ひあまりむかしのあとをたづぬれど親にそむける子ぞたぐひなき

不孝なるは、仏の道にもいみじくこそ言ひたれ」

とのたまへど、顔ももたげ給はねば、C御髪をかきやりつつ、いみじくうらみ給へば、からうじて、

j「ふるきあとをたづぬれどげになかりけりこの世にかかる親の心は」

と聞こえ給ふも、心はづかしければ、いといたくも乱れ給はず。

かくしていかなるべき御ありさまならむ。

（紫式部『源氏物語』「蛍」による）

（注）
1　殿 ── 源氏。
2　をさなき人 ── 源氏の娘。源氏と明石の上の娘の「明石の姫君」は紫の上によって育てられていた。
3　わざとのこと ── わざわざ（創作目的があって作るもの）のこと。ことさら大事なもの。
4　実法 ── まじめ一方なこと。

【文章Ⅱ】

左衛門（注1）の内侍《ないし》といふ人侍り。あやしう、すずろによからず思ひけるも、え知り侍らぬ心憂きしりうごと（注2）の、多う聞こえ侍りし。内裏《うち》（注3）の上の、源氏の物語、人に読ませ給ひつつ聞こし召《め》しけるに、「この人は、日本紀（注4）をこそ読み給ふべけれ。まことに才あるべし」とのたまはせけるを、ふと推《お》し量《はか》りに、「いみじうなん才がる」と、殿上人などに言ひ散らして、日本紀の御局《みつぼね》とぞつけたりける、いとをかしくぞ侍る。この古里（注5）の女の前にてだにつつみ侍るものを、さる所にて、才さかし出で侍らんよ。

（『紫式部日記』による）

（注）
1　左衛門の内侍 ── 内裏女房の橘隆子と見られる。
2　しりうごと ── 陰口。
3　内裏の上 ── 一条天皇。
4　日本紀 ── 『日本書紀』をはじめとする漢文体の正史。
5　古里の女 ── 実家の侍女たち。

【資料】※は故人

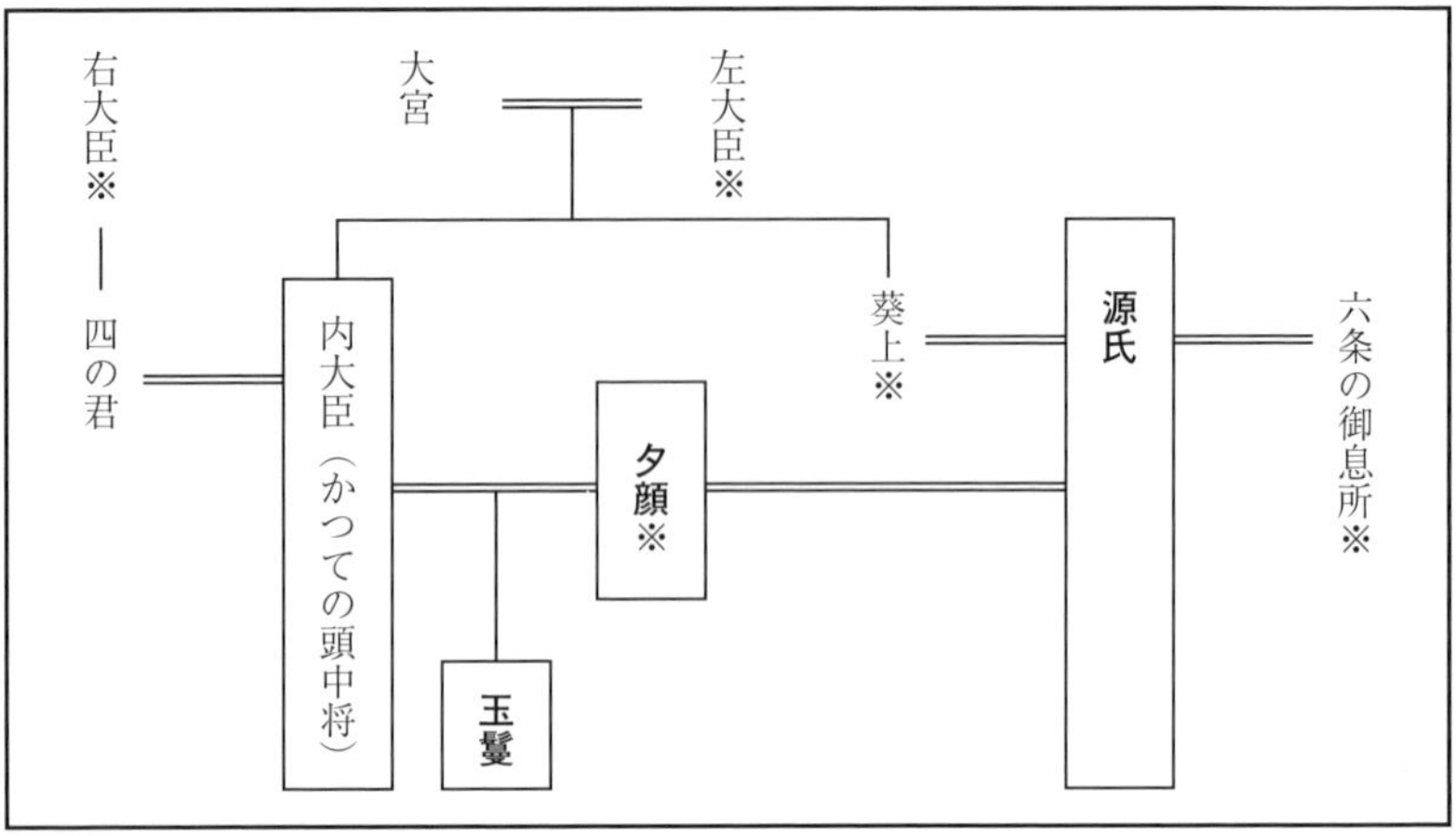

【源氏と玉鬘の関係】玉鬘にとって源氏は亡き母の恋人。

十七歳の源氏は、亡くなった前皇太子の妃である六条の御息所と恋愛関係にあった。源氏が乳母の病気を見舞いに五条の家を訪れた折に、夕顔が美しく咲く隣家の女性と知り合う。彼女が夕顔。夕顔は「帚木」の巻の「雨夜の品定め」で頭中将が語った、正妻の嫌がらせを受けて、子供を連れて行方知れずになったという女性。お互いに確かな素性も名前も明かさぬまま源氏は夕顔のもとに通うようになる。八月十六日に、源氏は夕顔とその侍女の右近を伴って、荒れ果てた某《なにがし》の院（＝別荘）に出かけたが、そこで美しい女の姿（＝六条の御息所の生き霊）が現れ、夕顔は急死してしまう。亡骸はひそかに東山に送り、源氏は悲しみのあまりに病気になる。そのまま右近を引き取ることにしたが、夕顔の死を公にしていないので、邸に残された玉鬘を引き取ることはできなかった。

夕顔が戻らない中、翌年、四歳になった玉鬘は乳母とその夫（大宰小弐）に伴われて九州に下る。小弐の死で、上京できないまま、玉鬘は美しく成長して二十歳になっていた。豪族の大夫監《たいふのげん》の求婚を避ける為に、乳母とその家族たちと上京。長谷寺に参詣する折に、右近と再会。右近が源氏に報告し、玉鬘は源氏に養女として引き取られることになった。

翌年、三十六歳になった源氏は、二十一歳の美しい玉鬘に、かつての夕顔への思いを重ねるようになる。

問1　傍線部(ア)〜(ウ)の解釈として最も適当なものを、次の各群の①〜⑤のうちから、それぞれ一つずつ選べ。解答番号は 1 〜 3 。

(ア) むつかし 1
① うっとうしい
② おろかしい
③ わからない
④ つまらない
⑤ あきれる

(イ) つきづきしく 2
① 心引かれるように
② おもしろく
③ 素晴らしく
④ 目新しく
⑤ もっともらしく

(ウ) らうたげなる 3
① 気の毒そうな
② 洗練されている
③ 高貴な身分の
④ 可憐な様子の
⑤ 気がかりな様子の

問2 傍線部A「思う給へられけれ」についての説明として最も適当なものを、次の①〜⑤のうちから一つ選べ。解答番号は **4** 。

① 玉鬘を主語とする文である。
② 「給へ」は尊敬語である。
③ 玉鬘への敬意が示されている。
④ 「られ」は受身である。
⑤ 「けれ」は伝聞過去である。

問3 傍線部B「日本紀などはただかたそばぞかし。これらにこそ道々しくくはしき事はあらめ」についての説明として、**【文章Ⅱ】**と関連して**不適当なもの**を、次の①〜⑤のうちから一つ選べ。解答番号は **5** 。

① 日本紀は歴史の一部分を記しただけである。
② 物語には道理にかなった詳しい事柄が書かれている。
③ 紫式部は左衛門の内侍の陰口を意識している。
④ 紫式部は「日本紀の御局」を軽蔑している。
⑤ 紫式部のひそやかな自負が込められている。

問4 【文章Ⅰ】における源氏の「物語」のとらえ方として、最も適当なものを、次の①〜⑤のうちから一つ選べ。解答番号は 6 。

① 女子供の退屈しのぎで、つまらないものであるが、創作能力と意欲の高さだけは評価している。
② 後世に語り伝えずにはいられない現実の人間のありさまをもとに、虚構を交えて描いている。
③ 作者が評価を意識するあまりに読者に迎合して誇張することがあるので、内容に深浅が生じる。
④ あの世や中国、昔や現在の日本を舞台にした内容は、すべてがすべて虚偽とは言いきれない。
⑤ 人々を仏道に導く手段にもなり、最終的には悟りを開くきっかけにもなる有意義なものである。

問5　次は【文章Ⅰ】の会話と【文章Ⅱ】【資料】を踏まえた教師と生徒の会話である。これを読んで後の(i)〜(iii)の問いに答えよ。

生徒A　【文章Ⅰ】の前半では、源氏が玉鬘をからかうという形で、『紫式部自身の「物語論」』が述べられていると思います。

教師　そうだね。本居宣長も『源氏物語玉の小櫛』で「紫式部此の物語を作れる本意を、まさしくのべたるもの」と言っている。本居宣長はその本意を「もののあはれ」に結びつけようとした、これは日本史でも勉強したことがあるかな？
中村真一郎氏は、『王朝物語』の中で「紫式部による小説の定義」と述べている。鋭い見方だね。
【文章Ⅱ】を踏まえて考えると、「物語論」の背後には「　　(i)　　」という紫式部の大胆な主張が根底にあるのだが、「これは源氏個人の見解ですが」とばかりに、源氏の冗談「笑ひ」の後ろに紫式部は隠れていて、『紫式部自身の「物語論」』に対する「読者の批判」を実に巧妙にかわしているんだよ。

生徒B　【文章Ⅰ】の前半では、源氏は玉鬘に物語の効用・意義を論じていますが、【文章Ⅰ】の後半の、会話文fからは、少し内容が変わります。

生徒C　確かに、iとjの和歌のやりとりと【文章Ⅰ】の波線部C「御髪をかきやりつつ、いみじくうらみ給へば」は（　　(ii)　　）のだと思います。

生徒D　【資料】から考えると、玉鬘は二十一歳だけれども九州から上京したばかりだから、世間しらずのうら若い女性。実の父親とはまだ会えず、都では養父の源氏しか頼る人がいないという弱い立場。一方、養父である源氏は多くの女性遍歴を持つ三十六歳。玉鬘に亡き夕顔の面影を重ねているのかな。若き青春の日の情熱を懐かしむとか。しかし、またどうして源氏の口を借りて「物語論」を述べるだけで終わらなかったのでしょう。

教師　会話文ｅで「物語には『よいことばかり』、『悪いことばかり』書いたものがある」「『浅い』『深い』の相違はあるが」と源氏に言わせているけれど、「素晴らしいことばかりのはずの源氏」の「危険なところ」も憚ることなく描くことで、読者に「『源氏物語』はそういった『浅い』物語ではない」と思わせることに、紫式部はまず成功していると言えよう。「もしかしたら、こんなに魅力的で、かつ危険な男性が現実にいるかもしれない」と源氏の人物像にリアリティを与えてもいるね。しかも最後に「かくしていかなるべき御ありさまならむ。」と語り手の紫式部の言葉で結ぶことで、「私が玉鬘だったら、どうしよう?」と読者をドキドキハラハラさせて、物語の世界にぐっと引き込む手腕は、小説家としてみごととしか言いようがない。ドラマや漫画でもクライマックスで「To be continued」（＝次回へ続く）だが、まさに同じ手法だ。これを千年前に思いついているんだね。読者は（　　(iii)　　）なんかはすっかり忘れて、いやもしかしたら思いもよらず、ただ夢中で「次はまだか！」と、この後の展開を読みたくなっただろう。さすが紫式部だ！

(i) 空欄(i)に入る内容として最も適当なものを、次の①〜⑤のうちから一つ選べ。解答番号は 7 。

① 虚構による現実の再構築である物語は、単なる事実を記述した日本紀を凌駕する。
② 日本紀を読むぐらいの高い見識がなければ、本当に優れた物語は創作できない。
③ 物語の真意を理解するためには教養が必要なので、女性も日本紀を学ぶべきだ。
④ 物語は日本紀よりも深く人間の生の実相を描くので、後世で必ず高く評価される。
⑤ 物語は日本紀を超えるだけでなく、仏法の真理を悟ることにも通じるところがある。

(ii)

空欄(ii)に入る内容として最も適当なものを、次の①〜⑤のうちから一つ選べ。解答番号は 8 。

① 源氏がｉ「昔の物語にも仏道でも親に背いた子はいないのに、私は養父であるから信頼してもらえない」と、自分の髪をかきあげながら、玉鬘に愚痴をこぼすと、玉鬘はｊ「昔の物語の実の父親でも源氏のようには大切にしてくれない」と源氏を立派な養父だと思って深く感謝している。

② 源氏がｉ「昔の物語にも親に背いた子はいないので、養父である私にも親孝行しなさい」と仏道を引用してからかうと、玉鬘は自分の髪をいじりながらすねて不満をもらし、ｊ「昔の物語にも親孝行を強制する父親はいない」と恥ずかしそうにやりかえしている。

③ 源氏がｉ「昔の物語にも親に背いた子はいないから、養父である私の言うことを聞くように」と恋心をほのめかし仏道まで引っぱり出し、うつむく玉鬘の髪をかきやっては言い寄ると、玉鬘はｊ「昔の物語にも娘に恋心を抱く父親はいない」と困惑しつつ源氏を牽制している。

④ 源氏がｉ「昔の物語にも親に背いた子はいないが、養父の私が娘へ抱く恋心は仏も戒めている」と切ない思いを訴えると、玉鬘は自分の髪で顔を隠しながら、ｊ「昔の物語にも養女にまで手を出す不埒《ふらち》な父親はいない」と非難することで、源氏の危険な魅力に必死に抵抗しようとしている。

⑤ 源氏がｉ「昔の物語にも仏道でも実の親に背いた子はいないけれども、養父の私がついているから大丈夫だ」と、玉鬘の髪をなでながらなだめていると、玉鬘はｊ「昔の物語でも私の実の父親のようにひどい父親はいない」といっそう悲しみに暮れている。

(iii) 空欄(iii)に入る内容として最も適当なものを、次の①〜⑤のうちから一つ選べ。解答番号は 9 。

① 「日本紀の御局」が書いたものであること

② 『源氏物語』が単なる虚構に過ぎないこと

③ 「物語論」と矛盾した源氏の行為への反感

④ 「左衛門の内侍」を敵に回してしまうこと

⑤ 『紫式部自身の「物語論」』に対する批判

第4問 次の【問題文Ⅰ】の詩と【問題文Ⅱ】の文章は、いずれも「君主に罰せられた人」が書かれている。【問題文Ⅰ】は中唐の「韓愈」が、「仏骨」を宮中に迎えて供養した憲宗を諫めて、危うく死罪になりかけ、罪一等を減じられて潮州に赴くこととなり、見送りに来てくれた姪孫《てっそん》（＝兄弟の孫の）湘に対して作った詩である。【問題文Ⅱ】は王に玉璞を献上しようとして足切りの刑にされた「和氏」についての文章である。これらを読んで後の問い（問1～6）に答えよ。なお、設問の都合で返り点・送り仮名を省いた箇所がある。

【問題文Ⅰ】

一封朝ニ(1)奏ス九重ノ **A**
夕《ゆふべ》ニ潮（注1）州ニ(2)貶セラル路八千
欲下スル為ニ聖明ノ除(ア)カント弊事ヲ上
肯ヘテ将テ衰朽ヲ一惜シマンヤ残年ヲ一
B
雲ハ横タハッテ二秦（注2）嶺ニ一家何クニカ在ル
雪ハ擁シテ二藍（注3）関ヲ一馬不レ前マ

知ル汝ガ(注4)遠ク来ル（イ）〜応レ有ルレ意

好シ(注5)収メヨ二我ガ骨ヲ一瘴(注6)江ノ辺

（韓愈『韓昌黎集』による）

（注）
1　潮州――今の広東省潮安県。韓江に臨む。
2　秦嶺――長安の南にある山脈。ここを越えると長安は見えなくなる。
3　藍関――秦嶺にある関所。
4　汝――姪孫《てっそん》（＝兄弟の孫）である湘への呼びかけ。
5　好シ――〜するがよい。どうか〜してくれ。
6　瘴江――瘴気（＝毒気）の立ちこめている川。韓江を指す。南方は湿気が多く、風土病を長安の人々は苦手とした。

【問題文Ⅱ】

楚人和《くわ》氏《し》得二玉《ぎょく》璞《はくヲ》(注1)楚《ノ》山中《ニ》一、奉《ジテ》而献《ズ》二之《ヲ》厲《れい》王《わうニ》一。厲王使玉人(注2)相(ウ)之。玉人曰《ハク》、「石也《ト》。」王以《テ》レ和《ヲ》為《シ》レ誑《きゃうト》(注3)、而刖《あしきル》(注4)二其《ノ》左足《ヲ》一。及《ビ》二厲王薨《こうジ》(注5)、武《ぶ》王《わう》即《クニ》レ位《ニ》一、和又奉《ジテ》二其《ノ》璞《ヲ》一而献《ズ》二之《ヲ》武王《ニ》一。C武王使玉人相之。又曰《ハク》、「石也《ト》。」王又以《テ》レ和《ヲ》為《シ》レ誑《ト》、而刖《ル》二其《ノ》右足《ヲ》一。武王薨《ジ》、文《ぶん》王《わう》即《ク》レ位《ニ》。和乃《チ》抱《キテ》二其《ノ》璞《ヲ》一而哭《スルコト》二楚山《ノ》下《ニ》一、三日三夜、涙尽《キテ》而継《グニ》レ之《ニ》以《テス》レ血《ヲ》。王聞《キ》レ之《ヲ》使人問其故曰《ハク》、「天下刖《あしきラルル》者多《シ》矣。(3)子奚《ゾ》哭《スルコト》之悲《シキ》也《ト》。」和曰《ハク》、「吾非《ザル》レ悲《シムニ》レ刖《ラルルヲ》也。悲《シム》二夫《ノ》宝玉《ニシテ》而題《スルニ》(注6)レ之《ニ》以《テシ》レ石《ヲ》、貞(注7)士《ニシテ》而名《ナヅクルニ》レ之《ニ》以《テスルヲ》レ誑《ヲ》、此《レ》吾《ガ》所二以悲《シム》一也《ト》。」王乃《チ》使玉人理《をさメ》(注8)其璞而得《タリ》レ宝《ヲ》焉。遂《ニ》命《なづケテ》曰《いフ》二和氏之璧《へきト》(注9)一。

(『韓非子』による)

(注) 1 玉璞――あらたま。山から掘り出したままの、磨いていない玉。

2　玉人――玉を彫刻する職人。玉工。　3　誑――あざむく。だます。うそつき。

4　刖――足を断ち切る（刑罰）。足の筋を切断する。　5　薨――諸侯が死ぬ。　6　題――品定めする。

7　貞士――操の正しい（正義を守る）人。心正しい人。　8　理――をさむ。玉を磨く。

9　璧――平たい円形で、中央に穴のある石。

問1　波線部(ア)「弊」(イ)「応」(ウ)「相」のここでの意味と最も近い意味を持つ漢字はどれか。次の各群の①～⑤のうちから、それぞれ一つずつ選べ。解答番号は 1 ～ 3 。

(ア)「弊」 1

① 旧
② 疲
③ 害
④ 破
⑤ 粗

(イ)「応」 2

① 返
② 受
③ 順
④ 中
⑤ 当

(ウ)「相」 3

① 比
② 鑑
③ 互
④ 磨
⑤ 対

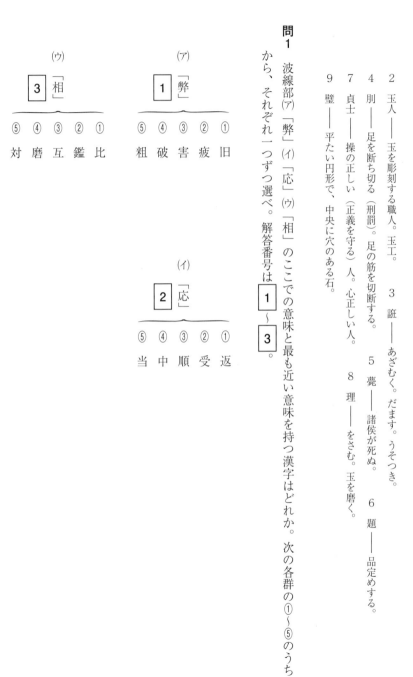

問2 波線部(1)「九重」(2)「貶」(3)「子奚《ゾ》哭《スルコト》之悲《シキ》也《ト》。」のここでの解釈として最も適当なものを、次の各群の①～⑤のうちから、それぞれ一つずつ選べ。解答番号は 4 ～ 6 。

(1) 「九重」 4

① 城壁
② 宮中
③ 大空
④ 荘厳
⑤ 恩寵

(2) 「貶」 5

① 抜擢
② 弾劾
③ 左遷
④ 讒言
⑤ 栄転

(3) 「子奚《ゾ》哭《スルコト》之悲《シキ》也《ト》。」 6

① あなたはいつから足切りの刑を悲しんで泣いているのか。
② あなたはどこで三日三晩も泣き悲しんでいるのか。
③ あなたはどうして足切りの刑を泣き悲しむことがあろうか。
④ あなたはなぜ血の涙を流すほど悲しそうに泣くのか。
⑤ あなたはなんと血涙を流すぐらい悲しげに泣くことか。

問3　空欄Aに入る語として、最も適当なものを、次の①～⑤のうちから一つ選べ。解答番号は［7］。

① 主
② 空
③ 帝
④ 天
⑤ 宮

問4　傍線部B「雲ハ横タハツテ二秦嶺ニ一家何クニカ在ル　雪ハ擁シテ二藍関ヲ一馬不レ前マ」には筆者のどのような心情が込められているか。最も適当なものを、次の①～⑤のうちから一つ選べ。解答番号は［8］。

① いよいよ長安を離れるに際して言いようのない寂しさと不安を抱く心情。
② 必ず長安に戻って汚名をすすぐために困難に挑戦しようと決意する心情。
③ やっと長安での窮屈な宮仕えという束縛から解放されて自由を喜ぶ心情。
④ 早く長安を出発して任地で善政を施し活躍して再起を図ろうと勇む心情。
⑤ 長安から遠方に赴くことになったむこうみずな諫言を深く後悔する心情。

問5 傍線部C「使玉人相之」の返り点の付け方と書き下し文の組合せとして最も適当なものを、次の①〜⑤のうちから一つ選べ。解答番号は 9 。

① 使二玉人一相之。　玉人を使ひて相ひ之《ゆ》く。

② 使二玉人一相レ之。　玉人を使ひて之《これ》を相《さう》す。

③ 使二玉人相之一。　玉人をして相ひ之かしむ。

④ 使二玉人相一レ之。　玉人に之に相せしむ。

⑤ 使二玉人相一レ之。　玉人をして之を相せしむ。

問6　次に掲げるのは【問題文Ⅱ】について生徒が調べた「研究発表」と、【問題文Ⅰ】韓愈「君主に罰せられた人」を踏まえて、【問題文Ⅱ】の韓非子について生徒が話し合った会話である。これを読んで、後の(i)〜(iii)の問いに答えよ。

研究発表

【問題文Ⅱ】筆者と作品について

『韓非子』は戦国時代末期の法家思想の韓非（？〜前二三三）の著とされる。中唐の韓愈と区別して韓非子と言われ、著書も『韓非子』と言われる。

「法（＝法令）」と「術（＝臣下を統御する方法）」をあわせた「法術」をもって国を治めることを、豊富な具体例と巧みなたとえを用いて主張し、儒家の礼儀道徳を時代錯誤と退けた。『韓非子』の巧みなたとえは「守株」「矛盾」「逆鱗」など数多くの故事成語に見ることができる。

韓非子は韓の王族、公子であった。「性悪説」を主張した儒家の荀子（＝荀況《じゅんきょう》・荀卿《じゅんけい》）のもとで、李斯《りし》とともに学んだ。生まれつき吃音で口下手であった。韓の国が国土を削られ国力が弱くなって弱小化してゆくのを憂えて、書面で韓王に進言したが、用いられることはなかった。そこで、「法」をもって国を治め、「術」を用いて臣下を統御し富国強兵を図ることを考え、廉直の士が用いられないことを嘆いて『孤憤《こふん》』『五蠹《ごと》』『説難《ぜいなん》』の篇などを著した。

司馬遷の『史記』によれば、「『孤憤』『五蠹』を見た秦王嬴政《えいせい》（＝後の始皇帝）は「この著者に会ってつきあうことができたら、死んでも思い残すことはない」とまで感動した。すでに秦王嬴政に仕えていた李斯が韓非子の著書であると言ったので、秦王嬴政は韓非子を手に入れるため武力で韓を攻撃した。韓の使者として韓非子が秦にやってきたのを秦王嬴政は喜んだが、すぐには用いることはなかった。韓非子の才能に及ばないことを自覚していた李斯は姚賈《ようか》とともに、「韓非子は韓の公子なので、秦が諸国を併合しようとする時に、秦の利益ではなく韓の利益を優先するだろう。重く用いるのでもなく、長くとどめて韓に帰国させるのは秦にとって危険だ」と讒言し投獄した。秦王嬴政が後悔して放免しようとした時には、韓非子はすでに李斯に送られた毒薬を仰いで自殺していた」という。司馬遷は、さらに「韓非子が『説難』の篇を作って進言の難しさを解説していながら、それでいて自身はその難しさから抜け出せずに死んだことを深く悲しく思う。」と続ける。韓非子の法家の思想は秦王嬴政（＝後の始皇帝）に大きな影響を与え、中国統一へとつながることとなった。

生徒A　**【問題文Ⅱ】**の「和氏の璧」は『史記』「完璧」を学習した時、「十五城」の価値があるとされた宝玉だ。「城」とは「城壁で囲まれた町」という意味だから、すごい宝玉だったのだろう。

生徒B　**【問題文Ⅰ】【問題文Ⅱ】**の「共通点」と、「研究発表」の「豊富な具体例と巧みなたとえを用いて」ということから考えると、韓非子はまず**【問題文Ⅱ】**の「具体例」で［　X　］と言いたいのだと思う。

生徒C　「巧みなたとえ」ということは、韓非子は［　Y　］を「玉璞」にたとえているのかもしれない。

生徒D　『史記』で韓非子が、自分の理解者であるはずの秦王嬴政のもとで非業の死を遂げたこととあわせて考えると、**【問題文Ⅱ】**の奥にある韓非子の主張［　Z　］は、重みを増すよね。

(i) 空欄 X に入る最も適当なものを、次の①〜⑤のうちから一つ選べ。解答番号は 10 。

① あれほど高価な宝玉は必ずや後世に伝わり故事成語を生み出す
② そこまで価値ある宝玉ならば発見後は秘匿しておくべきだった
③ あまりに完全な宝玉は嫉妬と反発を招く恐れがあり不吉である
④ そのように美しい宝玉になるためにまず磨かれることが必要だ
⑤ それほど素晴らしい宝玉でも価値が認められるのは難しかった

(ii) 空欄 Y に入る最も適当なものを、次の①〜⑤のうちから一つ選べ。解答番号は 11 。

① 「人材」
② 「生命」
③ 「諫言」
④ 「忠義」
⑤ 「法術」

(iii) 空欄 Z に入る最も適当なものを、次の①～⑤のうちから一つ選べ。解答番号は 12 。

① 臣下の進言の真価が君主にすぐに理解されることはきわめて難しく、身に危険が及ぶこともあるということ。
② 臣下は世の中に凡庸な君主が多いことを理解して、出仕は時の運不運であることを覚悟するべきだということ。
③ 臣下が君主に諫言する時は、君主の真意を見抜きそれにあわせて臨機応変に対応する必要があるということ。
④ 臣下の君主への直言は、君主の性格や好みを熟知して行うべきで絶対的権力を侮ってはならないということ。
⑤ 臣下が君主へ忠誠心を示すには、将来の身の危険も察知して忠言にふさわしい機会を待つべきだということ。